异构制造大数据智能融合技术及应用

姚雪梅 著

清华大学出版社
北 京

内 容 简 介

本书是一部异构制造大数据智能融合技术的学术专著。本书以制造业大数据为背景,围绕旋转设备的运行状态展开,系统介绍了在多源异构制造大数据的基础上利用多源数据融合的方法实现旋转设备的运行状态监测和智能诊断。

本书的最大亮点和特色是遵循理论性与实践性相结合、先进性与实用性相结合、专业性与通用性相结合的原则。

本书适合以下读者:对人工智能、机器学习、数据融合感兴趣的读者;希望用计算机的算法解决机械相关领域问题的研究者、工程设计人员和应用人员。本书可以作为计算机专业和机械专业的本科毕业设计和研究生学术论文的参考资料,尤其是可供研究多源数据融合和机械设备故障诊断方向的学生、研究人员参考;还可以作为相关工程技术人员的辅助参考。

版权所有,侵权必究。举报: 010-62782989,beiqinquan@tup.tsinghua.edu.cn。

图书在版编目(CIP)数据

异构制造大数据智能融合技术及应用 / 姚雪梅著. --北京: 清华大学出版社,2024.10. -- ISBN 978-7-302-67526-6

Ⅰ. F407.4

中国国家版本馆 CIP 数据核字第 2024SF2180 号

责任编辑: 袁勤勇　杨　枫
封面设计: 傅瑞学
责任校对: 申晓焕
责任印制: 刘　菲

出版发行: 清华大学出版社
网　　址: https://www.tup.com.cn,https://www.wqxuetang.com
地　　址: 北京清华大学学研大厦 A 座　　邮　编: 100084
社 总 机: 010-83470000　　邮　购: 010-62786544
投稿与读者服务: 010-62776969, c-service@tup.tsinghua.edu.cn
质量反馈: 010-62772015, zhiliang@tup.tsinghua.edu.cn
课件下载: https://www.tup.com.cn,010-83470236

印 装 者: 三河市龙大印装有限公司
经　　销: 全国新华书店
开　　本: 185mm×260mm　　印　张: 12.75　　字　数: 290 千字
版　　次: 2024 年 11 月第 1 版　　印　次: 2024 年 11 月第 1 次印刷
定　　价: 58.00 元

产品编号: 104377-01

前　言

新一代智能制造已成为大国科技博弈的关键要素。"中国制造"和"智能制造"长久以来在国家发展战略中占据重要地位，是社会经济发展和人民安居乐业的重要保障。继德国"工业4.0战略"推出后，2015年5月，国务院印发《中国制造2025》，提出要求按照"四个全面"战略布局要求，实施制造强国战略。《中国制造2025》是推进实施制造强国的战略文件与行动纲领，该纲领文件明确支持战略性重大项目和高端装备实施技术改造的政策方向。落实信息化与工业化的两化融合是实现高端装备技术改造的重要前提。在两化融合中，大型旋转机械装备智能运维是践行并验证高端装备技术改造的典型对象与应用场景。通过智能装备运维，有助于提高高端装备在运行过程中的安全性与可靠性，帮助企业实现降本增效、为国民生产创造财富收益。因此，开展旋转设备状态监测和故障智能诊断研究在工业生产中具有重要意义。本书先从制造大数据技术采集旋转设备的实时数据，利用云存储技术进行存储，利用数据融合技术提取敏感特征，借助于机械学习模型进行故障诊断，最后还通过一个应用实践案例使全书介绍的主要理论知识得到充分应用，帮助读者深入理解异构制造大数据智能融合的基础理论及其应用技术。

《中国制造2025》指出，要加强建设制造强国，大力发展高端装备制造业，需要提高信息化水平并与工业化相结合，研究设备的故障监测、预警与健康管理技术。随着信息产业与工业的结合，旋转装备更加智能化、多功能化，准确智能的实时监测与诊断迎来新的挑战。机器学习是学习样本数据的内在规律和表示层次，在这个过程中获得的信息能够识别图像、声音等数据，反过来可以更精确地解释监测对象的现象表征。旋转机械是主要的制造设备之一，利用先进的传感技术多方位采集旋转设备的故障数据，利用多源数据融合技术将采集到的多源异构数据决策融合获得具有故障表征的敏感特征，将其送入机器学习的模型中，利用其超强的自学习能力，获得故障表征与故障数据之间的映射关系，从而预测机械设备可能出现的故障，进而实现事前干预，提高设备的使用寿命。目前，现有的设备故障诊断的图书处于单学科、单领域考虑解决问题的居多，较少考虑跨学科跨领域的交叉解决方案，不利于提高学生项目创新和实践能力。因此，在相关专家的建议和指导下，组织出版本书，以满足交叉领域学科专业研究生的教学需要。

本书各章内容简介如下。

第1章主要介绍制造大数据的概念、发展现状、关键技术（包括数据采集、预处理、分析和处理流程）、应用、面临的挑战、发展前景和异构制造大数据。

第2章主要介绍制造大数据的云存储技术，包括云存储的发展、云存储的系统架构及其关键技术，数据在云存储过程中涉及的数据加密技术，数字签名在云存储中的应用。

第3章主要介绍多源异构数据的证据融合方法。首先综述了多源数据融合的方法，然后介绍了常见的融合算法。针对数据融合算法中应用最广泛的证据理论无法有效处理证据冲突的问题，提出一种改进的证据融合算法。该算法首先利用邻位借值的方式避免"一票否决"现象；其次利用距离函数修正证据权重和德尔菲法修正传感器权重，结合二者共同修正基本概率赋值；然后根据冲突因子和阈值的大小关系来选择相应的融合规则完成数据融合。将改进后的算法和现有的其他改进方法对比分析来体现改进方法的有效性和鲁棒性。最后，将改进的证据理论融合算法应用到样本预测、目标识别和故障诊断中，获得了比原始算法理想的诊断率。

第4章主要介绍旋转设备在制造大数据背景下的智能故障诊断方法。首先分析旋转设备智能故障诊断的技术，接着根据制造大数据的特点，构建旋转设备故障状态监测与智能诊断模型，然后从单源信号多传感器数据融合与多源信号多传感器数据融合两个角度进行智能诊断。针对单源信号非集成模型受单一结构、单一方法的约束，且传感器本身的性能局限，难以全面反映设备状态的问题，提出一种基于改进证据理论的融合学习向量化神经网络和决策树的集成诊断模型。利用凯斯西储大学轴承故障平台的实验数据，借助FFT、PCA进行特征提取与降维，送入LVQ和DT模型中训练学习，结合IDS进行决策级融合分析，实现对轴承故障的诊断识别。针对单源传感器受信号源单一和自身性能的局限，难以在不同工况条件下全面反映机械设备运行状态的问题，提出一种基于卷积神经网络的多源传感器融合振声信号的诊断方法。利用半消声室环境中搭建齿轮箱故障诊断平台获得的齿轮运行数据，将声音信号和振动信号预处理后送入CNN模型，结合IDS进行融合决策，得到更精确的设备运行状态。

第5章基于前面工作的积累，开发一个多源数据融合与大数据分析系统。首先分析制造车间多源制造大数据的产生、处理和技术架构，提出系统的功能需求，并设计系统的感性模型和技术框架；然后阐述数据库的选择和数据结构设计以及功能模块实现；最后展示系统在贵州某电器企业的应用效果，使企业降低维修成本，提高生产效率。

本书是作者姚雪梅在攻读硕士学位、博士学位期间的主要研究成果。本书的出版得到了贵州大学省部共建公共大数据国家重点实验室开放课题（PBD2022-22）、贵州民族大学自然科学基金项目（GZMUZK［2022］YB07）、贵州省教育厅自然科学研究项目（编号：黔教技［2022］047号）的资助，在此表示衷心的感谢。在此，要特别感谢我的博士导师李少波教授、硕士导师杨云江教授，团队同仁夏大文院长、霍雨佳副院长对我在本书撰写过程中的大力支持和教导。最后，感谢书中引用文献作者的辛勤劳动。

由于作者水平有限，书中难免存在疏漏和不当之处，恳请广大读者和同行批评指正。

作　者

2024年10月

目 录

第 1 章 制造大数据简介 ··· 1
  1.1 制造大数据概念 ··· 1
  1.2 制造大数据发展现状 ·· 2
  1.3 制造大数据关键技术 ·· 3
    1.3.1 数据采集 ··· 3
    1.3.2 数据预处理 ·· 6
    1.3.3 数据分析 ··· 7
    1.3.4 制造大数据处理流程 ·· 12
  1.4 制造大数据的应用 ·· 13
  1.5 制造大数据面临的挑战 ·· 14
  1.6 制造大数据的发展前景 ·· 15
  1.7 异构制造大数据 ·· 16

第 2 章 制造大数据云存储技术 ··· 18
  2.1 云存储发展现状及趋势 ·· 18
    2.1.1 国外云存储发展现状 ·· 18
    2.1.2 国内云存储发展现状 ·· 20
  2.2 云计算及云存储技术 ·· 22
    2.2.1 云计算框架模型 ·· 22
    2.2.2 云存储系统架构 ·· 23
    2.2.3 云存储发展的关键技术 ··· 25
  2.3 数据加密技术 ·· 27
    2.3.1 密码学简介 ·· 27
    2.3.2 DES 对称加密技术 ·· 29
    2.3.3 RSA 公钥加密技术 ·· 35
    2.3.4 数字签名技术 ··· 37
  2.4 数据加密技术在云存储中的应用 ··· 39
    2.4.1 云存储中数据加密技术的设计 ···································· 39

2.4.2　云存储中数据加密技术的安全性分析 ………………………… 44
　　2.4.3　云存储中数据加密技术的实现 …………………………………… 46
　　2.4.4　云存储中数据加密技术的实验分析 ……………………………… 50

第3章　制造大数据的多源异构数据融合 …………………………………… 62
3.1　多源制造大数据融合方法综述 ……………………………………… 62
　　3.1.1　多源数据融合方法 ………………………………………………… 62
　　3.1.2　多源数据融合方法在设备故障诊断中的应用 …………………… 64
3.2　多源制造大数据融合算法分析 ……………………………………… 67
　　3.2.1　证据理论 …………………………………………………………… 67
　　3.2.2　学习向量化神经网络 ……………………………………………… 70
　　3.2.3　决策树 ……………………………………………………………… 72
　　3.2.4　卷积神经网络 ……………………………………………………… 74
3.3　证据理论决策融合算法的改进 ……………………………………… 81
　　3.3.1　证据理论的不足 …………………………………………………… 81
　　3.3.2　证据理论的改进 …………………………………………………… 83
3.4　证据理论决策融合算法的应用 ……………………………………… 88
　　3.4.1　基于神经网络和证据理论的样本预测 …………………………… 88
　　3.4.2　基于证据理论的多传感器多目标识别 …………………………… 94
　　3.4.3　改进证据理论（IDS）在设备故障中的融合诊断 ………………… 100

第4章　制造大数据背景下旋转设备的智能故障诊断 …………………… 105
4.1　制造大数据背景下设备故障智能诊断技术分析 …………………… 105
　　4.1.1　设备故障发生的一般规律 ………………………………………… 105
　　4.1.2　传统的机械设备故障诊断方法 …………………………………… 107
　　4.1.3　多源数据融合的设备故障诊断方法 ……………………………… 108
4.2　制造大数据背景下设备故障状态监测与诊断的框架 ……………… 109
4.3　基于LVQ和DT的单源信号多传感器融合智能诊断 ……………… 112
　　4.3.1　单源信号多传感器融合诊断的实验数据准备 …………………… 112
　　4.3.2　单源信号多传感器融合诊断的故障特征提取 …………………… 114
　　4.3.3　单源信号多传感器融合诊断的模型构建 ………………………… 121
　　4.3.4　基于LVQ和DT的多模型融合故障诊断方法 …………………… 122
　　4.3.5　基于IDS融合LVQ和DT的多模融合诊断结果分析 …………… 134
4.4　基于CNN的多源信号多传感器融合智能诊断 ……………………… 136
　　4.4.1　多源信号多传感器融合诊断的实验装置及数据准备 …………… 137
　　4.4.2　基于振动信号的ASCNN融合诊断模型构建 …………………… 139
　　4.4.3　基于声音信号的ESCNN融合诊断模型构建 …………………… 149

4.4.4　基于 IDS 的振声信号的融合诊断模型构建 ·············· 154
　　4.4.5　基于 IDS 的振声信号的融合诊断模型性能分析 ·········· 155

第 5 章　制造大数据多源融合及分析系统开发与实现 ············ 162
5.1　多源异构制造大数据场景 ································ 162
5.2　制造大数据多源融合与分析系统总体设计 ···················· 166
　　5.2.1　需求分析 ···································· 166
　　5.2.2　总体结构设计 ·································· 167
　　5.2.3　数据库设计 ···································· 171
5.3　制造大数据多源融合与分析系统详细设计与实现 ················ 177
　　5.3.1　系统详细设计 ·································· 177
　　5.3.2　系统实现 ···································· 180
5.4　制造大数据多源融合与分析系统应用及效果展示 ················ 182
　　5.4.1　系统安装与配置 ································ 182
　　5.4.2　应用效果展示 ·································· 183

参考文献 ·· 190

第 1 章
制造大数据简介

2009年爆发甲型H1N1流感病毒的时候，Google公司利用多年来保存的用户的所有搜索记录成功预测了流感传播的范围，甚至具体到了特定的地区和州，这一预测结果比官方数据整整提前了2周，挽救了数千万人的生命。Google公司的这一举措正是大数据的理念：以一种前所未有的方式，通过采用相应的技术对保存下来的海量数据进行分析处理，获得具有巨大商业价值的产品和服务，或者对事物有了深刻的洞察和见解，最终形成深刻的创新、变革之力。将这一理念应用到制造业过程中，便有了制造大数据的概念。

1.1 制造大数据概念

目前业界对于大数据的定义没有一个统一的标准，只是达成了一些共识。研究机构Gartner认为"大数据"是需要新处理模式才能具有更强的决策力、洞察发现力和流程优化能力的海量、高增长率和多样化的信息资产。百度知道认为"大数据"指的是所涉及的资料数据规模巨大，以致无法通过目前主流软件工具，在合理时间内达到撷取、管理、处理、并整理成为帮助企业经营决策更积极目的的资讯。普遍观点认为大数据具有4V特点：Volume(数据量巨大)、Velocity(数据流动速度快)、Variety(数据种类繁多)、Value(单个数据价值低)。IBM认为除了上述4V特点以外，还应该追加Veracity(真实性)，这些数据虽然小而零散，但却能真实地反映用户的操作动向。

制造业信息化是将信息技术、管理技术和制造技术相结合，可以改善制造业的各生产环节，提高生产效率，带动产品设计和管理的创新，实现产品的信息化、智能化和网络化，从而全面提升制造业的竞争力[1]。换句话说，在信息化基础上如何找出提升仓储、配送效率和降低成本的方法；如何极大地优化供应链，准确预测市场需求；如何以最低的成本赢得最大的收益。要想解决这一系列问题，使企业能在竞争中拥有一席之地，都将使用到制造大数据技术。

制造大数据是指以当前比较流行的大数据分析和处理技术为基础，将大数据的理念、方法应用到制造业的整个生产线上，对生产流水线上产生的大量数据进行分析和处理，获得有用的信息反过来指导生产制造车间、流通领域和销售市场的过程。贵州大学的李少波教授提出了一个更为专业的定义，他认为"制造大数据是制造业通过网络化、数字化、物联化实现的制造行业数据资产汇聚，通过信息驱动的制造行业数据资源应用，为改造与提升制造业，促进转型升级，实现智慧制造带来了可能"[2]。制造大数据涉及整个制造生销售过程,是将计算机技术应用到制造领域的交叉技术,它的实现将助力制造业信息化的进展。将大数据的分析和处理技术应用到制造业领域,可以为制造业带来新思路、新活力,在一定程度上,也能协助解决制造业信息化瓶颈的问题[3]。

1.2 制造大数据发展现状

大数据一词最早出现在 Alvin Toffler 的 *The Third Wave* 一书中。2008 年,*Big Data：Science in the Petabyte Era* 在 *Nature* 上发表以后,"大数据"得到重视并进一步发展。紧接着,*Science* 在 2011 年出版专刊 *Dealing with Data* 进一步讨论了海量数据。2012 年世界经济论坛的报告 *Big Data，Big Impact* 详细分析了大数据技术的应用将给世界经济乃至各行业带来前所未有的机遇。至此,大数据一词在社会各行业广为流传,尤其是在美国总统奥巴马的选举成功借助了大数据技术的一臂之力后,大数据开始成为人们关注的焦点。在中国知网中,以"大数据"为关键字进行指数检索,可得到大数据的学术关注度(指以中国知网知识资源总库中与关键词最相关的文献数量为基础,统计关键词作为文献主题出现的次数,形成的学术界对某一学术领域关注度的量化表示),如图 1-1 所示。

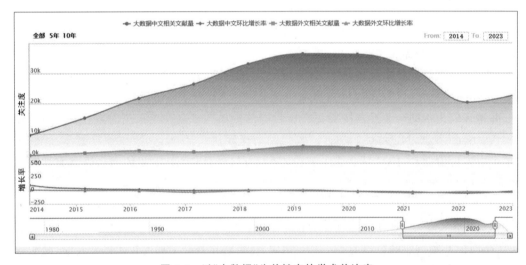

图 1-1　以"大数据"为关键字的学术关注度

从图 1-1 中可以明显地看出,2014 年对大数据的研究成果非常有限,但从 2015 年以后有关大数据研究呈现急速上升趋势,表明近几年大数据给生产、生活带来了惊喜、便利,提高了人们对大数据的认知和关注,反之在更多的关注下研究获得了更多的成果反馈于生产生活。目前,大数据技术被广泛应用到社会各行业,制造业也不例外。随着制造业信息化程度的提高,以及物联网技术在制造业的应用普及,制造大数据必将成为智能制造的一大亮点。制造大数据涉及生产车间的产品数据、运营数据、价值链数据、外部数据等整个制造业产品的生命周期中,将生产产生的数据经过快速处理、传递和反馈到生产车间中,将工厂升级为可以自适应调整的智能网络,使得工业控制和管理最优化,对有限资源进行最大化利用,从而降低工业和资源的配置成本,使得生产过程能够高效地进行。

制造大数据技术在国内起步较晚,在中国知网上以"制造大数据"为关键字,获得的学术关注度如图1-2所示。可见制造大数据相对而言还是一个新鲜名词,与之相关的文献资料还比较少,但越来越多的研究机构已经意识到了制造大数据的研究意义和价值,开始投入相应的人力、物力和财力,并且逐步将获得的一些理论成果应用到实践中。2013年的《中国大数据技术与产业发展白皮书》指出,在制造业采用大数据技术可以减少20%～50%的产品开发时间,促进制造业的转型升级。2014年的《大数据标准化白皮书》强调必须推动大数据在大规模制造业生产过程中的应用,鼓励企业运用大数据开展个性化定制,创新生产管理模式,降低生产成本,提高企业竞争力。

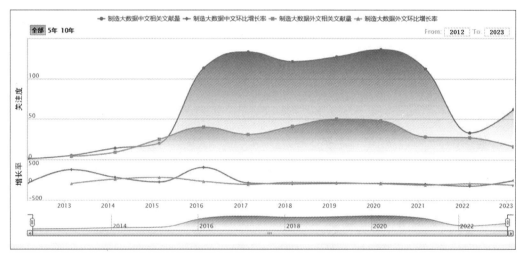

图1-2 以"制造大数据"为关键字的学术关注度

1.3 制造大数据关键技术

大数据的处理过程大致可以分为数据采集、预处理、分析、应用4部分[4]。首先从制造车间生产流水线上采集多维度数据,再对这些数据进行清洗、降噪等预处理得到规范化的结构型数据,然后对清洗后的数据进行分析和数据挖掘,最后将挖掘得到的结果应用到相应的制造车间。制造大数据分析处理的体系结构如图1-3所示。

1.3.1 数据采集

数据采集是制造大数据技术中最基础的环节之一,在前端数据采集完毕以后,通过互联网、无线网、蓝牙等技术传输到下一阶段进行预处理[5]。数据采集质量的高低和当前的传感器技术、信号处理技术是密不可分的。E-works的黄培博士早在2012绩效年会开幕

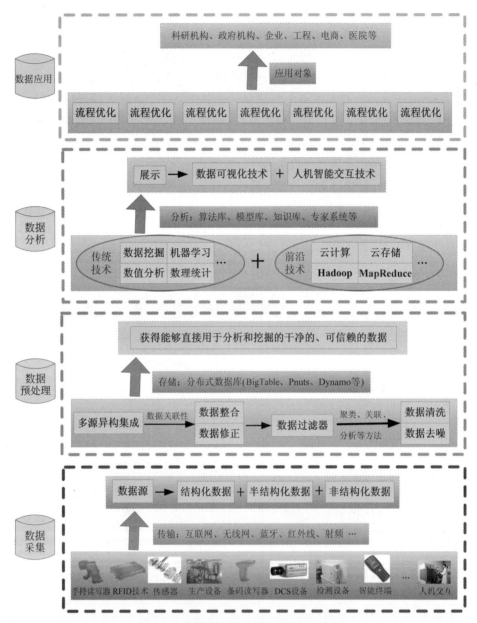

图 1-3 制造大数据分析处理的体系结构

致辞《中国制造业的大数据时代》中提到制造业的数据处于数据爆炸的时代,制造大数据的来源包括车间的产品数据、流通阶段的运营数据、客户、厂商和合作者之间的价值链数据、市场和对手的外部数据、行业竞争对手的数据、国家政策信息等,如图 1-4 所示。

这些数据一部分依靠 RFID 技术、智能终端、传感器等实时采集获得,另一部分通过 ERP、MES、PDM、SCM 等系统导出数据获得。归纳起来,数据可分为结构化、半结构化、非结构化 3 类,相应的数据类型说明如表 1-1 所示。

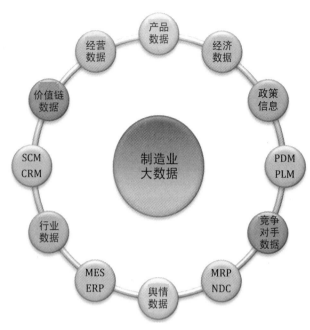

图 1-4 制造业大数据

表 1-1 数据类型说明

数据类型	存储方式	数据说明	例　子
结构化数据	RDBMS	使用二维逻辑表实现的数据,如设备属性,一般是静态数据	字符、数值、单价等
半结构数据	HTML	生产过程中采集到的实时数据,一般是动态数据	邮件、报表、资源库、网页、温度、湿度等
非结构化数据	DOCUMENT	通过各种终端、设备收集到的数据,一般是动态的	视频、音频、图像、图片、文档、文本等

在行业内,有各种各样的方式在进行着数据采集工作,尤其是各家公司的平台每天都会产生数量巨大的日志,典型的日志采集工具有以下 4 种。

(1) 开源项目 Hadoop 的 Chukwa,它是一个构建于 HDFS 和 MapReduce 框架之上的,开源的,用于监控大型分布式系统的数据收集系统,包含了一个用于展示、监控和分析已收集数据的强大而又灵活的工具集,尤其适合 TB 级别的海量数据收集。Chukwa 具有很强的扩展性和鲁棒性,收集的数据类型比较广泛而且架构清晰、部署简单,易于操作,可以将结构化、半结构化、非结构化数据收集成适合 Hadoop 处理的文件进行保存,从而实现与 Hadoop 的完美集成。

(2) Facebook 的 Scribe 是一个实时的分布式日志收集系统,在 Facebook 内部已经得到了大量的应用,它的本质是"分布式收集,统一处理"。Scribe 是一个使用非阻断 C++ 服务器的 thrift 服务的实现,从各种日志来源上收集日志,存储到一个中央存储系统上,便于进行集中统计、分析处理。它最大的特点是容错性好,当后台的存储系统出现故障时,

Scribe 会自动将数据写到本地磁盘,当后台存储系统恢复后,Scribe 又将收集的日志数据重新加载到存储系统中。

(3) LinkedIn 的 Kafka 是一个采用 Scale 语言编写的开源项目,它的本质是一个采用了多效率优化机制的、演进的消息发布订阅系统。Kafka 主要有 3 种角色:producer、broker 和 consumer。producer 的主要任务是向 broker 发送数据;broker 则采取多种策略对接收的数据进行高效处理;consumer 的作用是将日志信息加载到中央存储系统上。Kafka 能提供一种高度的可靠性、灵活性和盈余保留,同时能高吞吐量地处理数据,并且实现分布式架构,使数据在磁盘上的存取时间复杂度为常数,支持将数据并行加载到 Hadoop。

(4) Cloudera 的 Flume 是一个分布式、高可靠性和可用性的海量日志采集、聚合和传输的开源系统。Flume 能提供高可靠性,当节点出现故障时,日志数据能够被传送到临近的其他节点上避免数据丢失,避免了单点故障问题;可扩展性,系统架构的每一层都可以水平扩展,使得系统容易监控和维护;可管理性,由 master 统一管理各数据源和数据流的执行情况,并且可以对它们加以配置和动态加载。总之,Flume 内置的各种组件非常齐全,用户几乎不必进行任何额外开发即可使用。

1.3.2 数据预处理

首次从制造生产线上采集的数据具有多态性,90% 属于垃圾数据。如此纷繁复杂的数据给后期的分析带来了难题,它们的存在类似于噪声或者是干扰项。通过预处理这一步骤,将它们转换成统一的、便于处理的结构,为以后的分析和挖掘打好基础。首先,清洗去噪,将数据源中包含的噪声、干扰项、无关信息等剔除,进一步确保可用数据的质量。目前常用的方法是设计一些数据过滤器来实现。通过聚类、抽样、特征子集、离散化和关联规则等方法将一些错误的、无关的信息进行过滤,以免对最终结果产生影响。其次,数据集成与存储。数据集成技术现在已经发展得比较成熟,并且广泛应用在数据库领域,常见的有基于 XML 技术的数据集成、基于 P2P 技术的数据集成、基于 Web Service 技术的数据集成等。前一阶段清洗好的数据如果任意存放在存储空间中,后续分析和挖掘时访问数据将会导致效率瓶颈问题,所以为了提高后期分析的效率,需要建立专门的数据库以分门别类地存放预处理后的数据,这样就能极大提高下一阶段查询和访问数据的速度。

数据预处理一般包括 4 个步骤。

(1) 数据清洗。它通过分析原始脏数据的来源和存在方式,利用先进的技术和手段,通过预测填写一些缺省值、平滑噪声数据,识别和删除表现异常的数据,达到修正不同类型数据的目的,提高整个数据集的质量。

(2) 数据变换。将数据转换成与挖掘模式相匹配的格式,利用数据的特征值,使用维变换减少变量数,使不同来源的数据在形式上表现一致,便于满足后期挖掘的需求。

(3) 数据集成。将来源不同的数据进行整合,包括逻辑整合和物理整合,使之形成统一的格式,便于存储在分布式数据库中,需解决语义的模糊性问题。

(4) 数据归约。它在对挖掘任务和数据本身理解的基础上,删除一部分与挖掘任务无关或相关性较小的数据,以缩小数据规模,降低时间复杂度,对数据信息进行浓缩,获得表示数据信息的紧凑描述形式。数据预处理的流程如图1-5所示。

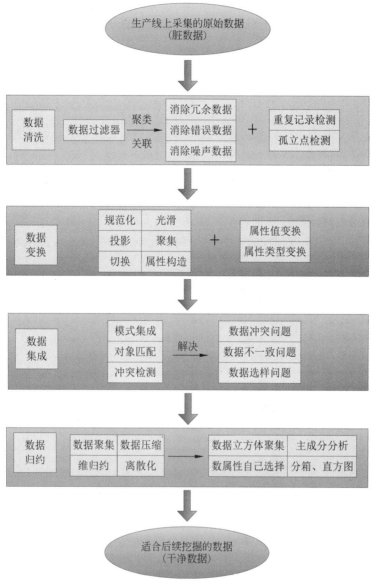

图 1-5 数据预处理的流程

1.3.3 数据分析

随着采集到的数据量的剧增,面对海量制造数据,传统的数据处理技术遇到了瓶颈,无法承担大数据分析的任务。后起之秀 Hadoop、MapReduce 等分布式技术崭露头角,逐渐接下了这一重担。制造大数据的分析除了使用数据挖掘、机器学习、智能计算、数理统计等传统技术以外,还使用最新的科技前沿:云计算、MapReduce、分布式、Hadoop 等。

在制造大数据的整个处理流程中,数据处理和分析是其核心部分。云计算是其基础,也是其支撑技术;分布式文件系统为其提供数据存储架构;分布式数据库便于数据管理,同时提供高效的访问速度;大数据分析技术 MapReduce 等对不同结构类型的数据进行分析处理得出结果,最后利用可视化技术形象生动地呈现在用户眼前,满足用户需求。

1) 云计算

不论离散型行业还是连续性行业,制造生产线上每天都会产生数以万计的数据。在海量制造数据的前提下,如何对一大堆杂乱的数据信息进行提取、处理和利用是企业的当务之急。来自公有云、私有云和混合云之上的强大的云计算能力,是提取大数据价值的前提。云计算的核心服务包括 3 种类型:SaaS、PaaS 和 IaaS。在数据预处理阶段,需要从中过滤出能为企业提供经济利益的可用数据,云计算可以提供按需扩展的计算和存储资源,用来过滤无用数据,其中公有云是处理防火墙外部网络数据的最佳选择;在数据分析阶段,可引入公有云和混合云的概念用于数据集中处理,当完成分析后,使用私有云把处理结果导入公司内部。数据分析的结果最终应用于决策指导,通过 SaaS 应用于云平台中,将可用信息转换到企业现有的系统中,帮助强化企业的管理模式。云计算的框架模型如图 1-6 所示。

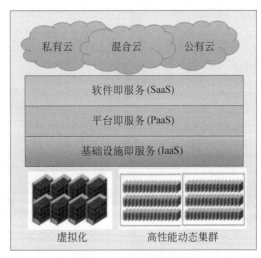

图 1-6 云计算的框架模型

2) 分布式文件系统

分布式文件系统(Distributed File System)是指该系统管理模式下实际的存储资源。有的与本地节点直接物理连接,有的则通过互联网与节点相连(即没有直接相连)。文件系统是存储系统的一个组成部分,是进行大数据处理的基础。目前,国内外很多的数据处理公司拥有自己的分布式文件系统。例如,Google 公司的 GFS、Amazon 公司的在线存储服务 S3、微软的云存储服务 Azure Blob 等;阿里巴巴集团的 TFS、云创科技的 cSor、华为的 OceanStor 等。

HDFS(Hadoop Distributed File System)是一个用于存储大规模数据集的分布式文

件系统。通过数据冗余和容错机制保证数据的可靠性,通过分布式存储和数据本地化策略实现高性能的数据访问,通过简单的管理接口和自动化的数据复制和备份功能提高系统的可管理性。一方面,HDFS 采用数据冗余和容错机制,能够自动检测并修复数据损坏或节点故障,具有高可靠性;HDFS 可以无缝地扩展到成百上千台服务器,适应大规模数据存储需求,具有高可扩展性;HDFS 采用数据块存储和数据本地化策略,能够提供高速的数据读写性能,具有高性能;HDFS 具有简单的管理接口和自动化的数据复制和备份功能,减少了管理员的工作负担,易于管理。另一方面,HDFS 对于大量小文件存储效率较低,不适用于小文件的存储,也不支持实时数据访问。

HDFS 采用了主从架构模式,其中包括一个主节点(NameNode)和多个从节点(DataNode)。主节点负责管理文件系统的命名空间、存储文件的数据信息、文件目录结构、数据块位置等。从节点则主要负责存储和管理实际的数据块。HDFS 将文件分割成默认大小为 128MB 的数据块,并将这些固定大小的数据块分布存储在多个从节点上。每个数据块会有多个副本存储在不同的从节点上,以提高数据的可靠性和容错性。客户端通过与 NameNode 通信获取文件元数据信息,然后直接与 DataNode 通信进行数据读写操作。整个系统采用主从架构,通过多个 DataNode 实现数据的分布式存储和备份,其系统架构如图 1-7 所示。

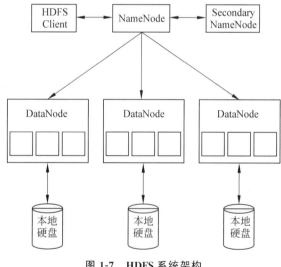

图 1-7 HDFS 系统架构

3) 分布式数据库

在大数据时代,随着数据量的高速增长,传统的关系数据库显得力不从心,市场上高可扩展性、高并发性的分布式数据库崭露头角,并获得了快速的发展。分布式数据库是指利用高速计算机网络将物理上分散的多个数据存储单元连接起来组成一个逻辑上统一的数据库。分布式数据库的基本思想是将原来集中式数据库中的数据分散存储到多个通过网络连接的数据存储节点上,以获取更大的存储容量和更高的并发访问量。分布式数据库系统的高可扩展性能够动态地增添存储节点,以实现存储容量的线性扩展,满足大数据数据量巨大的特点；高并发性能够及时响应大规模用户的读/写请求，能对海量数据进行随机读/写，满足大数据数据流动速度快的特点；高可用性，能够提供容错机制，实现对数据的冗余备份，保证数据和服务的高度可靠性，满足大数据数据种类繁多的特点。分布式数据库系统一般有两种：一种是物理分布，但逻辑集中；另一种是物理和逻辑都是分布的。前一种适用于单一的、小规模的企业；后一种适用于大范围数据库的集成，也就是所谓的联邦式分布数据库系统。制造业车间采集来的数据来源众多，彼此差异较大，因此选择的是后一种物理和逻辑均是分布存储的数据库形式。目前常见的分布式数据库有 Google 公司的 BigTable、Yahoo 公司的 PNUTS 和 Amazon 公司的 Dynamo 等。

Google 公司的 BigTable 是分布式数据库中的佼佼者，它运用一个多维数据表为用户创建了简单的数学模型，由主服务器和分服务器构成。它将数据库看成一张大表，进而划分成许多的基本表（即 Tablet，是 BigTable 中最小的处理单元）。主服务器负责将 Tablet 分配到 Tablet 服务器来处理数据；使用 GFS 来存储数据文件和日志，提供了关键字到值的映射关系；使用分布式的锁服务（Chubby）来保证集群中主服务器的唯一性，保存 BigTable 数据的引导区位置，保存控制存取列表。其系统架构如图 1-8 所示。

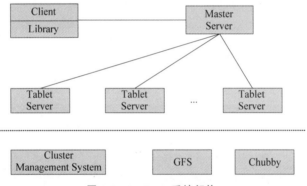

图 1-8　BigTable 系统架构

4）MapReduce

MapReduce 是基于 Hadoop 分布式平台下的一种计算机的编程模型，适用于大规模数据集的并行计算，它为底层程序员提供了一种快速开发、分析处理海量数据的环境，并且使这种模型下开发出来的程序能够在一些大型的商业集群上以一种高速、稳定、容错的方式运行。同时，它被认为是一种运行机制，在该机制下，程序运行管理的每个细节对于客户而言都是透明的。MapReduce 借鉴了函数式程序设计语言 LISP 的思想——分而治之，这也成为该技术的本质。每个交由 MapReduce 运行的作业都需要由客户端提交，由集群中的某个节点接收，再依据作业属性为其提供相应的运行环境。该运行过程主要由两部分组成：Map 阶段和 Reduce 阶段。Map 就是映射，是对集合单元中的每个任务执行相同的操作；Reduce 就是化简，是在 Map 输出结果的基础上进一步合并化简，输出计算结果。

在大数据处理和分析中，需要对某个单元反复执行相同的操作，然后再整理、汇总、输出，所以 MapReduce 是大数据分析处理中一种主要的计算机制。MapReduce 在接收到用户输入的海量计算任务时,会依据该任务和用户提交的 map 函数将任务进行分割(split),然后为每个子任务安排一个 map 进程,每个 map 任务执行以后都会得到许多的键值对,这些键值对被放入同步障(barrier)中进行清洗处理,直至所有的 map 都执行并处理完。经过同步障的处理,键值对相同的都被并入同一个分组中,并且送给同一个 reduce 来进行合并,直至输出最后的处理结果。其计算框架如图 1-9 所示。

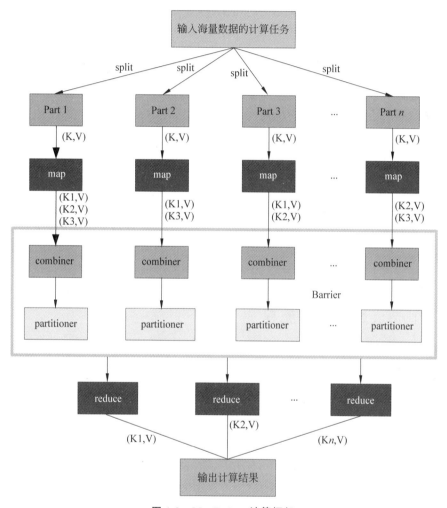

图 1-9 MapReduce 计算框架

5)可视化技术

当对生产线上采集的数据进行分析处理以后,会得到相应的结果以协助企业管理层做决策。但是对于一个对大数据一窍不通的人来说,为其递上一份由数字组成的决策报告是毫无意义的,还要做的是让数据实现可视化,让读者能够一目了然,明白其含义。这就类似于高速路上的交通指示牌,易于人们理解、明白、接受。

数据可视化技术源于 1960 年的图形学,其基本思想是利用图形、图表将数据的属性呈现出来。随着大数据技术的发展,可视化技术为数据结果的呈现披上了华丽的纱衣。

数据可视化主要是借助于图形化手段,便于非专业人士根据需要从不同的角度观察和分析数据,清晰、有效地传达与沟通信息。人类从外界获得的信息约有 80% 以上来自视觉系统,当大数据以直观的、可视化的图形展示在分析者面前时,分析者往往能够一眼洞悉数据背后隐藏的信息并转化成知识和智慧,因此,大数据可视化是大数据分析的最后一个重要环节。如今,数据可视化的研究和应用已经越来越多,覆盖了科研界、企业界、社交网络等多个领域,并且已经有多个成功的应用案例,如互联网宇宙、标签云等。目前常用的可视化工具及简介如表 1-2 所示。

表 1-2 常用的可视化工具及简介

可视化工具	简　介
FushionCarts	它不仅能绘制漂亮的图表,还能制作生动的动画,提供了超过 90 种图表和图示,从基本版到进阶版,它能在 PC 端、iOS 和 Android 平台兼容,具有丰富的交互性
Dygraphs	它是一款快捷、灵活的开源 JavaScript 图表库,用户可以自由探索和编译密集型数据集,它具有较强的交互性,对误差线有很强的支持,同时具有高度兼容性
PiktoChart	它提供了单击编辑器,有着超过 400 种模板、图标、图表,拥有极大的图片素材库和无限制的自定义服务,能够创建出漂亮、清晰、透明的信息图表
Tableau	它更适合企业和部门进行日常数据报表和数据可视化分析工作,可以轻松制作眼前一亮的可视化作品,操作简单,只需打开数据,就可以用 Tableau 桌面版进一步探索
Dipity	它是一款制作时间轴的工具,用于管理网站上的时间和日期的相关内容,用户可以创建并分享彼此的交互式时间轴,内容形式多种多样,包括音频、视频和图像等

1.3.4　制造大数据处理流程

制造大数据的处理流程如图 1-10 所示,主要包括以下部分。

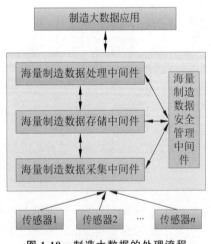

图 1-10　制造大数据的处理流程

(1)传感器,是制造大数据的主要采集工具;

(2)采集中间件,不仅采集传感器的数据,还采集其他终端、设备、人机交互的数据,同时对数据预处理,消除数据不确定性,规范化处理数据;

(3) 存储中间件，制造大数据具有海量、异构、实时、多源的特点，从而要求存储设备实现性能和容量的线性扩展；

(4) 处理中间件，数据处理离不开规则约束下的有效挖掘，因此，高效的人工智能、机械学习、数据挖掘算法是基础技术；

(5) 安全管理中间件，制造大数据的应用绝大部分用于车间、工厂、企业、市场，其数据的安全性和准确性直接关系到应用的有效性；

(6) 制造大数据应用，是制造业信息化、网络化、智能化的最终体现。

1.4 制造大数据的应用

在制造业中，利用制造大数据技术可以帮助企业降低成本、提高效率、提升质量，制造更高质量、更具竞争力的产品[6]。

1. 基于制造大数据的产品研发决策与优化

美国的福特汽车公司利用大数据分析技术，打破公司内部数据孤岛，融合了客户反馈数据和公司内部数据，通过分析外部收集的数据和内部反馈的详细数据，探索最佳工艺指标和生产流程，改进或帮助改变其业务模式，对内指导公司生产流水线，提高产品质量，对外推广市场，赢得较好的口碑和效益，使得福特实现了连续17个季度盈利。四川虹欧集团利用大数据技术分析和挖掘出等离子显示屏品质特性与制造过程参数之间的关联关系，提升了产品良品率和生产效率，降低了生产成本，使公司整体经营业绩提升1.17亿元/年。

2. 基于制造大数据的生产流程管控与优化

家居行业的尚品宅配公司利用大数据分析技术，串联整个产业链，实现了柔性生产和大规模定制。通过收集楼盘、房型数据建立房型库，再扩展到产品库、设计库、解决方案库的三位一体，形成云设计库。顾客只需提出个性化定制需求，设计师从云设计库中查找方案并微调。整个生产流程被拆分为订单受理、订单分拆、工厂排产、车间生产、车间包装、整装出货，实现了社会化协作的柔性生产线。基于此，公司产能提高了10倍、材料利用率从85%提升到了93%以上、出错率则从30%下降到了3%以下、交货周期从30天缩短到了15天以内，实现了彻底的零库存，让每一件产品在生产之前都完成了销售。

3. 基于制造大数据的价值链集成和综合决策

中国石油依托大数据技术发展其"资源、市场、国际化"的战略。首先，通过挖掘数据潜在价值，支持油田生产规划与决策，加大油气开发力度，不断发现新的油气资源，提高勘探开发决策的效率和水平，实现新的油气增产；其次，通过完善数据收集分析和监测体系，追踪每个客户的个性化需求，开展定制化服务与管理，推出新的产品和服务，吸引和留住更多的客户，扩大市场份额，促进业务创新和开发潜在市场；最后，通过对重点资源国地缘政治、经济动态的分析和把握,建立良性互动的竞争合作关系,从而实现从挑战向机遇的转换,实现对网络舆情、社会动态以及国际形势的监控分析,从而为正确实施"走出去"战略、降低海外投资风险提供保障。

1.5 制造大数据面临的挑战

制造业的发展趋势是网络化、数字化、智能化,我国的制造业发展及技术积累相对落后,制造大数据技术的研究和应用将助力我国制造业迈上一个新台阶,缩短与国际水平的差距[7]。结合我国制造业的现状和大数据的瓶颈,制造大数据带来的挑战表现为以下几点。

1. 制造大数据多源异构融合的复杂性

制造大数据来源广泛,种类繁多,关系繁杂。生产制造过程的规模日益庞大和复杂,产品的全生命周期长,生产环境因素随机变化,导致生产制造过程的数据信息具有数据复杂性、计算复杂性、系统复杂性的特征,目前缺乏对实时、多源、不确定数据的有效自动识别和获取的解决方案,致使数据质量参差不齐,难以实现低成本、低能耗、高可靠性的目标。如何构建融合多源异构数据的泛化模型,发现多源异构数据的关联规则是制造大数据在感知、分析和处理时面临的巨大挑战。

2. 制造大数据团队的核心技术和运营理念

中国的制造业大而不强,源于两个因素:核心技术依赖于国外和缺乏资源整合和运作的能力,实现技术升级和管理升级是中国制造业面临的迫切需求。大数据的热潮带来了创新的思维模式和革新的信息技术。在制造大数据的背景下,数据使流程透明化,有助于提升管理效率;数据使视野全局化,有助于合理调配生产资源;数据可以是一种产品,满足客户的信息消费需求,换取商业利润;也可以是一种服务,以数据能力汇聚商业资源,形成竞争优势。因此,如何培养一批"懂中国、懂技术、懂管理"的本土专业人才是当前面临的又一大挑战。

3. 制造大数据技术有效实施的安全手段

制造大数据自身的特点决定了其处理方式的多样性、灵活性和广泛性,大量数据信息跨界传送,使得安全问题相伴而生。随着时间流逝,数据量增加,存储系统容易受到性能、负载、数据特性变化等影响。再者,黑客、病毒、人为故障、自然灾害等因素都是潜在的安全隐患。制造大数据时代,对数据存储设备的物理和逻辑安全性以及容灾备份机制提出了更高要求。制造大数据更新变化太快,常用的数据保护措施不再适用,如何开发出行之有效的保密手段将是下一阶段的难点之一。

1.6 制造大数据的发展前景

两化深度融合、发展战略性新兴产业和先进制造业是保持我国制造业竞争优势的重要支撑。未来十年是我国制造业依靠制造大数据技术转型升级,从"制造大国"走向"制造强国"的关键时期。为实现制造强国目标,通过大力推行数字化、网络化、智能化制造,提高创新设计能力,提升产品质量,需主要发展以下方向。

1. 基于制造大数据的可持续发展

可持续发展要求工业制造产品在创建过程中尽量减少消极的环境影响,节约能源和自然资源,这是用户、社区、消费者和经济可持续发展共同的呼声。中国成为"制造大国"是以廉价的劳动力和丰富的地产资源为代价的。随着土地、资源、环境、劳动力等生产要素成本的急剧上升,中国传统的制造业优势不断减弱,加上欧美再工业化的挤压,中国制造业不得不思考由传统的只关心成本、质量的生产方式向发达国家主导的实现环境、资源、社会和经济平衡发展的可持续生产方式转型。可持续生产发展关键的两方面是能源消耗的最小化和废物排放最少化。因此,制造产品全生命周期中对环境资源的一体化需求驱使用户思考和使用新的决策工具。借助于制造大数据的契机,积极推进制造业的转型升级,通过采集、存储、分析制造业的大数据,有望实现制造业资源浪费最小化和能源利用最大化的目标。

2. 基于制造大数据的智慧制造

在制造业转型升级过程中,制造业正朝着数字化、信息化、网络化、绿色化为一体的智慧制造方向前进。在未来一段时期,基于制造大数据网络的一批智慧制造企业将支撑起中国制造业的可持续发展,智慧工厂就是一个典型。在智慧工厂中,传感器、机器设备、工件和信息系统相互连接,并且跨越单个企业扩大到价值链。在制造大数据技术的支持下,通过人与智能设备的有机协作,训练智能设备的自我学习及维护能力,实现成本最小化,效益最大化;利用物联网感知监控技术加强生产线的可控性,减少人工干预,能及时、准确地采集处理数据,再结合绿色制造、敏捷制造等先进技术构建一个高效节能、绿色环保、环境舒适的人性化工厂;加快推进无线感测器、控制系统网络化、工业通信无线化的应用研究,着力在工控系统、智能感知元器件等核心环节取得突破,最终提升企业竞争力,促进工业增长。

3. 基于制造大数据的互联网+协同制造

制造业的智能化并不局限于节点式的改善质量和提高效率,依托互联网+不仅要在单机设备中通过信息化手段提升控制水平,还需要通过两化深度融合,利用制造大数据技术实现用户、车间、工厂、企业等各环节数据的快速传递,构建网络化协同制造公共服务平台,加快形成网络化制造业生态体系,实现高效的生产排产与调度效率、生产管理的实时性与科学性、生产资源精细化和集约化管理、质量控制得以进一步加强和改善，实现系统全生命周期的互联、互通、协同，真正满足市场客户的个性化定制需求，使企业实现从单纯制造向"制造＋服务"的转型升级，最终促进国民经济的发展。

大数据研究的价值已经惠及日常生活的方方面面，小到超市购物，大数据可以为用户自主筛选和推荐商品；大到交通工具的汽车，依托大数据可以根据顾客的需求进行个性化定制。目前，大数据技术在电商和零售业的应用比较成熟，通过大数据的分析挖掘出了人们意想不到的价值信息，使得相关企业的销量大幅度上升，也带来了相应的利润增值。大数据在制造业的应用是科技发展的必然，国内外的专家学者正在进行研究，相应的、具体的应用理论暂且不成熟，在车间生产线上的应用不多，虽然部分企业取得了一些成功的应用经验，但要想在整个制造业推广、应用制造大数据技术还有一段距离。随着科技的发展，尤其是近几年的云计算、物联网、互联网＋等技术的完善，制造业大数据的研究会更加全面和深入，我国的制造业会在制造大数据的技术支持下，沿着《中国制造 2025》的方针大步前进。

1.7 异构制造大数据

伴随着中国"智能制造 2025"国家战略的实施，制造业面临重大的变革转型，大数据成为提升制造业生产力、创造力的关键。从生产第一线的传感器、设备到产品全生命周期过程中的各个信息系统（如制造执行管理系统、生产监控系统、设备运行维护系统、产品质量检测系统、能耗管理系统等），均会产生大量不同结构类型的数据。这些制造数据量十分庞大，来源丰富、类型多样、结构复杂，而且由于制造业不同的部门和系统之间信息系统的差异导致数据存储形式各不相同，数据源之间存在异构性、分布性和自治性，数据类型既包括数字、关系数据等结构化数据，也包括图像、音频、视频等非结构化数据。

基于对不同来源、多种结构数据的综合研究的迫切需要，多源异构数据这一概念应运而生，它主要包括两个特征：一方面是数据来源具有多源性；另一方面是数据形态具有异构性。多源异构数据来自多个数据源，包括不同数据库系统和不同设备在工作中采集的数据集等。不同的数据源所在的操作系统、管理系统不同，数据的存储模式和逻辑结构不同，数据的产生时间、使用场所、代码协议等也不同，这造成了数据"多源异构"的特征。另外，多源异构数据包括多种类型的结构化、半结构化和非结构化数据。结构化数据指关系模型数据，即以关系数据库表形式管理的数据；半结构化数据指非关系模型的、有基本固定结构模式的数据，如日志文件、XML 文档、JSON 文档、E-mail 等；非结构化数据指没有固定模式的数据，如 Word、PowerPoint、Excel 及各种格式的图片、视频和音频等。不同类型的数据在形成过程中没有统一的标准，因此造成了数据"异构"的特征。表 1-3 为制造产品全生命周期产生的异构数据示例。

表 1-3　制造产品全生命周期产生的异构数据示例

数据类型	数据来源	数据名称	数据内容
结构化数据	设备运行维护系统	设备属性	设备规格、型号、出厂日期、设备参数等
	生产监控系统	环境参数	温度、湿度、光亮度、电流、电压等
	产品质量检测系统	产品数据	内外包装尺寸、数量、合格率、产品型号、规格等
	能耗管理系统	能耗数据	用电量、用水量等
非结构化数据	原有的信息系统	接口数据	JSON、XML 数据等
	制造执行管理系统	产品说明书	图纸、仿真数据、测试数据,与产品相关的专利、文献等
	生产监控系统	监控数据	图片数据、视频文件、音频信息等
半结构化数据	制造执行管理系统	生产计划	值班人员安排信息等

从表 1-3 的数据来源看,制造业的制造执行管理系统、生产监控系统、设备运行维护系统、产品质量检测系统、能耗管理系统中的各种机器设备、工业传感器等在运行和维护过程中都会产生大量的数据。从数据结构类型来看,这些海量多源异构数据既包括设备属性、产品数据、能耗数据等结构化数据,还包括生产监控系统产生的大量图片、视频等非结构化数据。因此,这对制造业生产制造过程中海量数据的处理方法和技术提出了更高的要求。为了充分挖掘制造业多源异构数据信息的潜力,更加高效地进行数据处理,必须在明确多源异构数据概念的基础上,对多源异构数据的处理方法和技术展开深入且系统性的研究。

第 2 章
制造大数据云存储技术

目前,全球产生的数据量正以大约每两年翻一番的速度增长。根据 IDC 监测报告,全球产生和存储的数据总量从 2018 年的 33ZB 增加到 2025 年的 175ZB,在全球数据量呈井喷式增长的同时,全球数据流动成为拉动经济增长的重要引擎。数据作为日渐重要的新型资产,其拥有者需要与之数据量相匹配的存储能力来应对数据采集、管理和存储的技术需求。性能好、伸缩性强、容量大和安全性高等特点将使云计算成为未来数据市场的基石,这将极大地促使移动网格和物联网等技术全面、快速发展,并最终为用户服务,提升用户体验[8]。从云计算概念和实践延伸出来的云存储,是云计算的存储部分,正在通过 iCloud、Google Drive 等个人应用,以及 Amazon S3、阿里云存储等按需服务走入人们的生活。从用户体验来看,云存储确实改变了人们以往对存储的认识,开创了文件存储的新方式,它的出现是存储行业技术和服务的一个重要创新和变革,它将满足众多用户对存储的低价、海量、安全、稳定的要求[9]。制造大数据从生产一线源源不断地产生,正是因为有了云存储技术的保驾护航,才能挖掘出隐藏在数据背后的潜在价值,从而反哺一线制造业。

2.1 云存储发展现状及趋势

2.1.1 国外云存储发展现状

国外的科技信息起步较早、发展较快,而且对于数据的存储、分析和处理有着比较深的认识,并且已经形成了极大的规模,也在商业中得到了广泛应用。

Google 的 GFS(Google File System)是一个大型的分布式文件系统。它与 Chubby、MapReduce 以及 Bigtable 等技术相结合,构成了 Google 云计算的核心技术层,共同为用户提供海量存储服务。GFS 系统中的模块可以分成 3 类:Client(客户端)、Master(主服务器)和 Chunk Server(数据块服务器)。客户端是系统以库文件的形式提供给用户的一组专用的访问接口;主服务器在逻辑上只有一个,是系统的管理者,扮演着大脑的角色,负责管理整个系统;数据块服务器则是操作者,它的个数可以有多个,并且其数目大小决定了系统的规模量,主要负责整个系统具体的存储操作。GFS 系统架构如图 2-1 所示。

2006 年 3 月,Amazon 推出在线存储服务 S3(Simple Storage Service),它的出现使存储于 Web 更轻松、易上手。S3 为用户提供了一个接口,在联网状态下,可以在任意时间和地点对数据进行存取。S3 涉及 3 个基本概念:对象、键和桶。对象由数据和元数据两

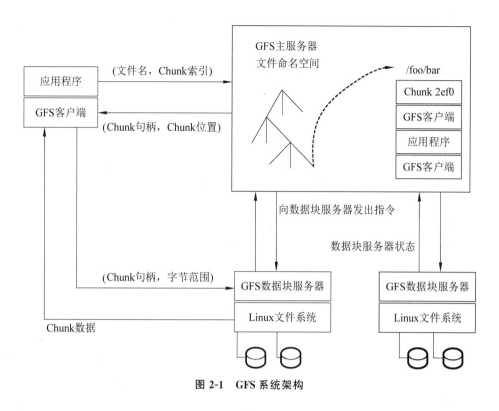

图 2-1　GFS 系统架构

部分组成,是 S3 中基本的存储单元;键是对象的唯一标识符,类似于人们的身份证号码一样,彼此是一一对应关系;桶相当于一个文件夹,用来存储对象,充当容器的功能。S3 中除了 3 个基本部分以外,每个对象还对应一个访问控制模块,S3 的基本结构如图 2-2 所示。

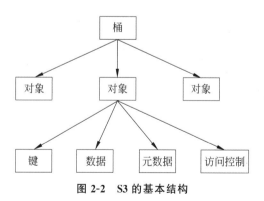

图 2-2　S3 的基本结构

微软也推出了自己的云存储服务 Azure Blob,它是一个可以存储海量数据,并且可以构建易于扩展的应用程序。它以分层、分块的形式来管理数据,便于建立数据索引,在对数据进行查找定位时也便于根据算法来操作。在数据传送过程中,遇到传输错误和传送失败时,没必要重传整个 Blob 块,只需利用最近的一块来重传即可,这便是 Blob 最大的优点。Blob 的结构如图 2-3 所示。

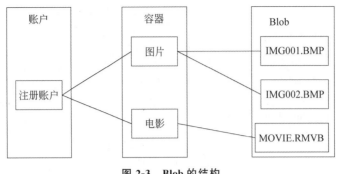

图 2-3　Blob 的结构

2.1.2　国内云存储发展现状

国内市场刚接触云存储就表现出了欣欣向荣之势，短短几年的时间，就有淘宝的 TFS 分布式文件系统、云创科技的 cStor 云存储系统、华为的 OceanStor 等数十个云存储产品面世。这些产品中既有半路出家的，也有赤手空拳的新生产物。

淘宝自主研发的分布式文件系统 TFS(Taobao File System)，使得国内分布式文件系统的发展迈上了一个新台阶[8]。TFS 主要用来存储淘宝网主站上的一些小容量数据，如商品图片、商品描述、交易快照等。它们有一个共同的突出点是数据量巨大，但是单个文件的容量又很小，通常不大于 1MB。面对这种情况，以往的网络存储设备或者是文件系统很难处理。淘宝为了攻克这个难题，决定发展自己的技术，开发适合淘宝网自身的文件系统，于是 TFS 诞生了，其逻辑架构如图 2-4 所示。

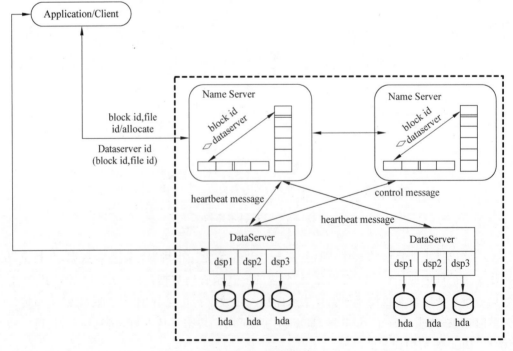

图 2-4　TFS 逻辑架构

南京云创存储科技有限公司推出的 cStor 云存储系统,针对大部分数据密集型应用的特点,从各角度进行了改进,使性能、成本和可靠性在一定程度上达到最佳平衡。cStor 云存储系统凭借低价、高可靠性、高性能、绿色节能、在线动态伸缩等压倒性的诸多优势,占据了交通、广电、政务、刑侦等行业的大部分市场。cStor 云存储系统采用分布式的存储机制,将数据分散存储在不同地理位置的多台独立的存储服务器上。cStor 云存储系统的架构如图 2-5 所示。

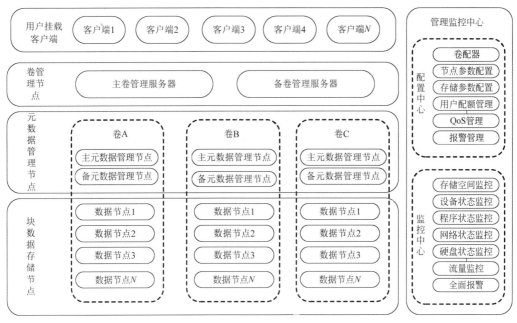

图 2-5　cStor 云存储系统的架构

华为云存储基础解决方案由 OceanStor CSE、OceanStor CSS 和 OceanStor DCS 组成。其中 CSE(Cloud Storage Engine)主要提供一些数据存储方面的增值业务,如在线存储等。CSE 可以支持企业及其分支机构建立统一的数据存储资源中心,还能够面向公众和大、中、小规模的各种企业开展存储空间租赁服务;CSS(Cloud Storage System)是一个数据存储系统,它汇聚了资源调度的智能化和先进的管理能力于一身,能够支持海量的数据存储。CSS 拥有丰富的业务支撑能力,能够满足大规模业务负载的需求;DCS(Dynamic Computing and Storage)是一款箱式 IDC 产品,它能够降低 IDC 建设的运营成本,同时使数据中心存储产品的成本大幅度下降,因而成为 IDC 行业一种有效的建设方式。

随着云存储应用的不断发展,云存储的安全日益受到人们的关注,安全成为用户衡量云存储服务的重要指标。总之,高效、可用的数据加密技术有助于云存储的进一步发展。

2.2 云计算及云存储技术

2.2.1 云计算框架模型

1. 云计算的概念

PC的出现导致了第一次IT产业革命的爆发,紧随其后的Internet兴起了第二次IT产业革命;近年来,云计算在全球范围内再一次带来了信息技术变革浪潮,被业界称为第三次IT产业革命。云计算到底是什么呢?目前行业内还没有统一、标准的定义,每个人的理解也不一样。美国国家标准和技术研究院(NIST)给出的定义得到了绝大部分人的认可。NIST认为,云计算是一种通过网络连接IT资源(如服务器、应用和服务等)的应用模式,组成一个共享资源池,向用户提供按需服务,同时能够实现资源的快速部署。换句话说,云计算实际上是对IT基础资源在部署、管理和使用上的一种理念的革新和技术的再创造[10]。

2. 云计算的特点

(1)计算资源集成提高设备计算能力。云计算把不同地理位置上闲置的计算资源通过网络连接起来,组成一个共享资源池,用户通过租用的形式来使用这些资源。

(2)分布式数据中心保证系统容灾能力。云计算采用分布式系统,即使遭受病毒和黑客的攻击,系统也可以根据其他主机上的数据来进行恢复,极大地提高了系统的容灾能力,保证了数据的安全性。

(3)软硬件相互隔离减少设备依赖性。云计算中的虚拟化支持用户在连接互联网的前提下,在任意位置、任意终端获取服务,这种架构使得软件和硬件相分离,减少了彼此的依赖性。

(4)平台模块化设计体现高可扩展性。云计算采用的是模块化设计方式,允许用户根据自己的需求进行扩展,甚至还能在不同的云中进行数据迁移,这种高可扩展性极大地满足了用户的需求。

(5)虚拟资源池为用户提供弹性服务。云计算中的共享资源池可以根据用户的需求进行动态调整,可以随时加大也可以随时缩小,比较适合需求波动幅度大的应用场合。

(6)按需付费,降低使用成本。云计算最大的特点就是按需付费,不但省去了用户对于硬件设备的成本,而且可以根据需求不断扩展服务,提高资源利用率。

3. 云计算的框架模型

NIST对云计算的框架给出了相应的模型,该模型清晰地解释了云计算的定义。如图2-6所示,从上到下,该模型共分为4层,依次为部署模型、服务模型、必要特性和普遍特性[11]。

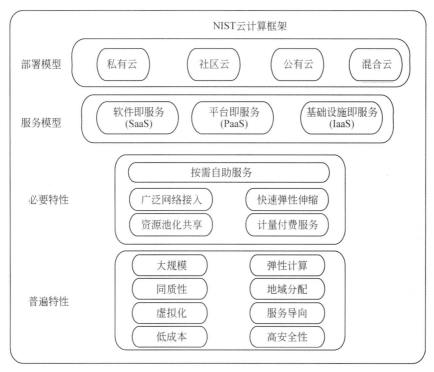

图 2-6 NIST 云计算框架模型

4．应用

云计算从最初的设想、诞生到实现只经历了短短几年时间,到目前为止,已获得了广泛的应用,以 Google 云应用最具代表性。GoogleDocs 是最早推出的云计算应用,是 SaaS 的典型用例,它相当于 Office 办公软件,用来处理日常办公所涉及的文档、表格和幻灯片,并且通过 Internet 进行共享。它还有一个最大的优点就是允许多人同时在线修改同一个文档,而且能够实时地看到他人的修订。GoogleDocs 免去了以往用户使用 Office 时需要在自己的本地客户端安装软件,并由此带来的硬件和版本的兼容问题等麻烦,让用户只需联网,就能在任意时间和地点访问,极大地提高了文件的协同和共享能力。其他的应用有企业云,如思科推广的 UCS,VMware 的 vShpere,中国移动提出的 Big Cloud;云杀毒,解决了在本机安装杀毒软件将极大地消耗系统资源的难题;云教育,将各学校的视频、课件等教学材料上传云服务器,便于老师和学生交流学习;云社区,也是云计算的一个普遍应用,它是一种虚拟的网络社交平台,将各用户共享的各种社会资源进行整合,以供更多的用户分享,用户在其中可以浏览各种资源,发表观点,提出疑问,解答问题,分享自己的文件,参与其中的用户越多,创造的价值就越大。总之,云计算的应用涵盖了生活的方方面面。

2.2.2 云存储系统架构

面对每年激增的海量数据,云存储理念中缓解空间增长问题、缩减数据占用空间问题、低成本地高效利用现有资源问题等,正是应对目前数据量激增困境的绝佳办法[12]。

1. 云存储的概念

云存储和云计算一样,是一个混沌的概念,类似于盲人摸象一般,每个人都能够各抒己见。有人认为网络硬盘就是云存储,有人认为文档的某种网络存储方式就是云存储,有人觉得云存储就是一套系统存储设备。到目前为止,业界都没有给出一个权威的定义,只是达成了一个基本共识。它是指将分布在不同地理位置上的、闲置的、大量的存储设备通过分布式文件系统、集群、网格等技术,利用相应的软件集合起来协同工作,共同对外界提供存储和访问的一个系统。简单说来就是云存储是云计算的存储部分,是一种服务创新。

2. 云存储的特点

(1) 分布式的并行扩展架构。云存储可以按照用户实际需求的变化情况来动态地进行横向扩展。

(2) 虚拟化感知。云存储最重要的特点是计算会随需要而飘移,这要求云存储具备虚拟化感知的能力,在前端虚拟应用发生迁移后能继续提供服务。

(3) 分层存储。云存储系统在后台可以根据访问需求和数据的重要性自动在不同的存储能力层中进行归档和迁移。

(4) 智能空间分配。云存储为使资源利用率最大化,为充分满足不同应用、不同客户的需求,其内部结构具有智能空间分配的能力。

3. 云存储的结构模型

云存储由成千上万的网络存储设备、分布式文件系统以及其他存储中间件组成[13],自底向上分析,它包括存储层、管理调度层、应用接口层和访问层 4 层,其结构模型如图 2-7 所示。

访问层	时评监控、IPTV、在线存储等
	数据备份、数据归档和集中存储等
	个人空间服务、网络运行商租赁空间等
应用接口层	网络接入、用户认证、权限管理
	API接口、应用软件和Web Service等
管理调度层	数据加密、备份、容灾
	内容分发、重复数据删除、数据压缩
	集群系统、分布式文件系统、网格计算
存储层	存储虚拟化、状态监控、维护升级等
	存储设备(NAS,FC,ISCSI)

图 2-7 云存储的结构模型

存储层是模型的最底层也是最基础的部分。存储设备之上是个统一的设备管理系统，用以实现状态监控和设备维护升级等。

管理调度层是模型的核心部分，为了能够统一地对外提供相同的服务，主要依靠集群、分布式和网格等技术，同时也实现了多设备间的协同工作。

应用接口层提供了很多的函数接口，方便用户访问某些应用时调用，向程序员屏蔽了无关函数的实现细节。

访问层是用户层，类似于人机接口。合法用户借助于任意一台联网计算机在任何地点都可以按照标准接口登录云平台，享受其个性化服务。

4. 云存储的服务体系

数据中心。云存储就是把大量装配普通 IDE/SATA 硬盘的廉价的 PC 整合成一个资源池，作为一个整体对外提供服务，也便于上层统一管理和维护。

服务等级协议。为了能更加科学、合理地使用云存储服务，各商业用户应该遵守业界默认的约定俗成，即服务等级协议，才能更好地享受云存储高质量、高效率的服务。

云服务接口。用户必须通过该接口才能实现对云端数据的存储等操作，同时给开发人员提供更为便捷的上层接口，搭建其自己的开发平台。

云用户。包括个人用户、企业用户和服务集成商等。

2.2.3 云存储发展的关键技术

云存储的快速发展主要得益于以下几点。

（1）宽带。云存储和传统的存储技术最显著的区别在于它是通过宽带网络将用户的数据存放到远端网络上，并通过网络进行数据的访问和管理工作。因此，云存储技术将随着宽带技术的变更而持续焕发出新的生命力。

（2）分布式文件系统。该系统基于 C/S 模式来开发和设计，它管理的物理的存储资源是通过网络连接到不同的物理节点上。它通过可扩展的系统结构，将存储负荷分摊到各存储服务器上，提高系统的可靠性和高效的存储利用率。

（3）数据编码。在云存储系统中，一般采用以下几种编码方式：数据压缩编码、冗余编码、加密编码，因此，一种好的数据编码技术对于云存储意义十分重大。

1. 云存储的关键技术

云存储技术应具备高可靠性、高可用性、高安全性、规范化和低成本等特征，这些特征的实现主要依靠以下技术做支撑来实现。

（1）存储虚拟化。云存储并非物理上的实际存储设备，而是一个虚拟的资源池，若想数据迁移则无须中断应用，提高了整个系统的动态适应能力。

（2）分布式扩展模式。云存储将网络中一些容量小且分散的存储设备借助于分布式接入技术添加或删除节点来连接成一个强大的存储资源池。

（3）数据保护。云存储中除副本保护方式外，还提供数据的分片存储和可擦写代码方式进行数据保护,这两种技术将云存储的数据保护推到了一个更高的高度。

(4) 智能管理。云存储目前面临的情景有动态扩展、负载均衡、故障管理等,要求智能化管理应该成为云存储基础架构中不可或缺的功能。

2. 云存储的热点问题

(1) 安全性。用户对信息存储安全的基本要求是数据保密性、数据完整性和数据可用性。信息系统需要避免信息遭受破坏、泄露以及非授权的访问。

(2) 可靠性。云存储通过将跨地域的多个廉价主机构建成集群来提供并行读写和冗余存储,从而达到高吞吐量和高可靠性,主要依靠数据冗余技术和数据容灾机制来确保数据的高可靠性。

(3) 低功耗。首先,云存储通过使用先进的存储节能手段来节省耗电量;其次,分级式存储能够通过合理安排能耗来达到性能和节能的平衡;最后,云存储的分层存储也是一种很好的节能手段。

(4) 动态伸缩性。存储系统的动态伸缩性主要包括读写性能和存储容量的扩展和缩减。云存储系统可以简单地通过添加和移除节点的操作实现对客户端读写操作,而且整个过程对于客户端而言是透明的,不会中断系统对外提供的服务。

3. 云存储的安全问题

在云计算、大数据迅猛发展的同时,信息安全问题再次成为人们关注的焦点。根据云安全联盟发布的《2024 云计算十大威胁报告》,过去与云服务提供商相关的安全问题的严重性正在逐渐降低。FBI 和 CSI 对 484 家企、事业单位进行了网络安全调查:超过 85% 的安全威胁来自企、事业单位内部,经济损失达 6056.5 万美元,是黑客造成损失的 16 倍,是病毒造成损失的 12 倍。在中国,高达 80% 的计算机应用单位未设立完善的信息安全管理系统、技术措施和制度,缺乏有效的内部数据安全防护机制。传统意义上,一方面要求物理设备稳定可靠;另一方面要求数据的完整性、可用性和保密性能够得到保证;同时还要求访问的链路是安全可靠的、经过身份验证的、可授权访问的以及访问是可以控制的。为了满足这些信息保护方面的要求,应对内部和外部潜在发生的危险攻击,各领域已经有了很多安全技术措施去防范、应对。这些技术措施包括依赖高质量、高可靠性的设备,数据加密技术、身份认证技术、防火墙技术、入侵检测技术等[14]。

概括起来,云存储的安全威胁主要有以下几点。

(1) 数据保密性。用户将数据存储于云存储服务器上,一些信息如用户的银行账号和密码等隐私,只有拥有合法权限的用户才能访问,此时就需要服务商鉴别用户身份的合法性,从而确保用户隐私数据的安全。数据无论是在云端,还是在网络上传输,或是在处理过程中都将涉及保密技术。

(2) 数据真实性。用户借助于网络将数据存储于云存储服务器上,在网络环境下,黑客、木马、病毒的攻击无处不在,借助于防火墙和杀毒软件等防御措施能起到一定的保护作用,但在很多情况下,仍然威胁着用户数据的真实性。此外,云存储中的数据仍然需要通过 Internet 来传输,那么一般意义上的网络安全威胁,如窃取、篡改、破坏数据等同样影响了数据的安全存储。同时数据的通信安全、访问验证和保密性也是待解决的一个难题。

(3) 数据完整性。当用户将数据上传到云中,可能发生一种极端的情况,当用户数据长时间没有访问时,服务器端可能认为这些数据是废弃无用的,从而将其删除以获得更多的存储空间,这将严重破坏数据的完整性。再者,一些非抵抗力因素的存在,如停电、水灾、火灾、地震等,这些因素发生的可能性比较小,但是并不能否认它们的存在,一旦这些因素发生就会导致整个云系统的服务中断,更为严重的情况是,整个数据存储介质都将被破坏使系统完全崩溃,因此,在这个过程中还要考虑系统的容灾、备份和恢复机制。

从商业角度而言,如果不能保证数据存储的安全性,那么云存储市场将会瘫痪。因此,推广和应用云存储,首要前提是必须确保数据的安全性。

2.3 数据加密技术

2.3.1 密码学简介

1. 基本概念

密码体制:密码学进行明文和密文变换的法则。其基本类型有 4 种:错乱、代替、密本和加乱。

明文:字面意思直接代表原文含义。

密文:无法从字面获取其真实含义。

加密:将看得懂的信息变成看不懂的乱码的过程。

解密:将看不懂的乱码变成看得懂的信息的过程。

密钥:分为加密密钥和解密密钥。

密码算法:在加密和解密过程中使用的数学方法,其本质属于数学函数。

图 2-8 表明了加密和解密的过程,明文用 M(Message,消息)或 P(Plaintext,明文)表示,它可能是比特数据、数字化的语音和视频,也可以是一些位图或文本。密文用 C(Cipher)表示,它的容量大于或等于 M,是一些二进制数据。结合使用压缩和加密技术,C 有可能小于 M。对明文 M 实施一个加密操作获得密文 C,从数学角度用公式来表达为 $E(M)=C$;对密文 C 实施解密操作可以获得明文 M,从数学角度用公式表达为 $D(C)=M$。对明文 M 实施加密操作后再执行解密,可以获得最初的原始数据 M,即 $D(E(M))=M$ 必须成立。

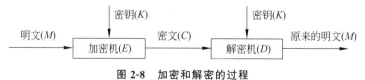

图 2-8 加密和解密的过程

2. 对称密码体制

对称密码体制又称为单密钥系统或秘密密钥系统。它在加密和解密过程中涉及的密钥是相同或等同的，即从一个密钥易得出另一个，其过程如图 2-9 所示。

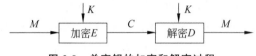

图 2-9 单密钥的加密和解密过程

在这个过程中，不论是加密还是解密都使用了同一个密钥 K，K 的可能取值范围叫作密钥空间。整个运算过程依赖于密钥 K，其函数表达式为

$$E_K(M) = C$$
$$D_K(C) = M$$
$$D_K(E_K(M)) = M$$

对称加密算法是迄今为止应用技术比较成熟的算法之一。在该算法中，发送方将明文数据和加密密钥经过加密处理后发送给对方。接收方得到的是密文，必须借助于加密密钥和加密算法的逆算法进行解密才能看到原始的明文数据信息。其中，加密密钥和解密密钥是同一个，要求通信双方事先商定并知晓，因此，密钥的安全性是整个对称加密算法的关键。

对称算法可以分为两类：序列算法和分组算法。前者只能对明文的一字节或一比特进行运算，后者能对一组比特或字节进行运算。对称算法计算量小，运算速度快，并且算法公开，应用场合比较广泛。目前，使用较为广泛的对称加密算法有 DES、IDEA 和 AES。

3. 非对称密码体制

非对称密码体制又称为双密钥系统或公开密钥密码系统。双密钥系统有两个密钥，一个是公开的，用 K_1 表示，谁都可以使用；另一个是私人密钥，用 K_2 表示，只有采用此系统的人自己掌握，并且从公开密钥 K_1 无法推出私人密钥 K_2，如图 2-10 所示。

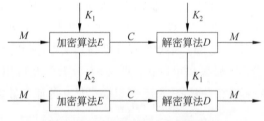

图 2-10 双密钥的加密和解密过程

这个过程的函数表达式为

$$E_{K1}(M) = C$$
$$D_{K2}(C) = M$$

$$D_{K2}(E_{K1}(M)) = M;$$

或

$$E_{K2}(M) = C$$
$$D_{K1}(C) = M$$
$$D_{K1}(E_{K2}(M)) = M$$

该过程之所以叫作公开密钥算法,是因为加密和解密密钥是彼此独立但又一一对应的关系。用户用公钥加密以后,只有拥有其私钥的用户才能还原明文,即只有使用相匹配的公钥和私钥才能完成一次数据的加密和解密。如果想彼此秘密通信,那么发送方就必须事先查找接收方的公钥,用这个公钥加密明文数据,传送到网络以后,只有拥有私钥的接收方能够正确地解密明文,其他用户即使截获信息看到的也是密文。显然,该算法在使用过程中,收发双方需要预先协商,将自己的公钥告知对方,并妥善保管自己的私钥,增加了数据的安全性。典型应用有 RSA 算法和 DSA 算法。

非对称密码的安全性高于对称密码。前者加、解密耗时长、速度慢,只适合对少量数据进行加密;后者速度快、简单、易于实现,适合对大量数据进行加密。

2.3.2 DES 对称加密技术

1. DES 算法的原理

DES 算法需要提供 3 个参数作为算法入口,分别是密钥(key)、数据(data)和模式(mode)。其中 key 是 DES 算法的工作密钥,共 8 字节 64 位,data 是希望应用 DES 算法进行加密和解密的原始数据,mode 则是选择加密或者解密两种工作模式中的一种。其原理是如果 mode 选择为加密,则利用密钥 key 对原始数据进行加密,并将加密结果作为 DES 的结果进行输出,此时得到的是密文;如果 mode 选择为解密,则利用密钥 key 对密文数据进行解密,并将解密得到的原始数据作为 DES 的结果进行输出,此时得到的是明文。

发送方和接收方在通信的过程中,彼此商量出一致的密钥 key,发送方用密钥 key 对关键数据进行加密,之后以密文的形式在通信网络中传输到接收方。当接收方收到数据以后因为是密文无法查看,此时必须用和发送方相同的密钥 key 对收到的密文进行解密,才能重现明文形式的原始数据。这样,在传输过程中即使被拦截,得到的也是密文,无法查看,从而保证了原始关键数据的安全性和可靠性。

2. DES 算法的实现步骤

DES 算法实现数据加密需要 3 个步骤,如图 2-11 所示。

图 2-11 DES 算法流程图

(1) 原始明文置换。

对给定的 64 位的原始数据 X,首先通过一个 IP 置换表(见表 2-1)对原始数据 X 进行重新排列,从而构造出新的乱序的 64 位的明文 X_0,$X_0 = \text{IP}(X) = L_0R_0$,即 X_0 的前 32 位用 L_0 来表示,后面剩下的 32 位则用 R_0 来表示。换句话说,就是将原始的 64 位数据借助于 IP 置换表变换成新的一个 64 位数据,然后分成左右等长的 32 比特,其中前 32 位分成一组 L_0,后面 32 位为另外一组 R_0。

表 2-1　IP 置换表

58	50	42	34	26	18	10	2	60	52	44	36	28	20	12	4
62	54	46	38	30	22	14	6	64	56	48	40	32	24	16	8
57	49	41	33	25	17	9	1	59	51	43	35	27	19	11	3
61	53	45	37	29	21	13	5	63	55	47	39	31	23	15	7

(2) 迭代变换。

迭代变换是整个 DES 算法的核心部分,一共需要进行 16 轮迭代变换。

迭代规则为 $L_i = R_{i-1}$。

$$R_i = L_i \oplus f(R_{i-1}, K_i) \quad (i = 1, 2, \cdots, 16) \tag{2.1}$$

经过第(1)步变换已经得到 L_0 和 R_0,代入式(2.1)中进行迭代变换即可。其中 $\oplus$ 表示数学运算符"异或";f 是置换时所用的一个轮函数,由 S 盒压缩运算构成;K_i 是一组比特块,由密钥编排函数来产生。每一轮迭代过程就是将输入的 64 位的数据分成左右长度相等的两半,右边部分不做任何修改直接作为本轮输出结果的左边部分,同时对右边部分进行一系列的变换后作为本轮输出结果的右边部分。具体变换则是用轮函数 f 作用于右边部分,然后将得到的结果与输入数据的左边部分进行逐位异或(f、S 和 K 将在稍后介绍)。DES 算法的一轮迭代过程如图 2-12 所示。

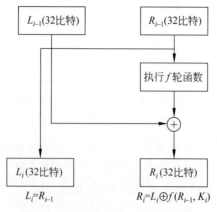

图 2-12　DES 算法的一轮迭代过程

(3) 逆置换。

对 L_{16} 和 R_{16} 利用 IP^{-1} 逆置换表(见表 2-2)进行逆置换操作得出加密结果密文。

表 2-2　IP^{-1} 逆置换表

40	8	48	16	56	24	64	32	39	7	47	15	55	23	63	31
38	6	46	14	54	22	62	30	37	5	45	13	53	21	61	29
36	4	44	12	52	20	60	28	35	3	43	11	51	19	59	27
34	2	42	10	50	18	58	26	33	1	41	9	49	17	57	25

从 DES 算法的实现步骤中可以看出，整个加密过程有 4 个点比较关键，分别是：IP 置换表和 IP^{-1} 逆置换表、f 置换轮函数、子密钥 K_i 和 S 盒压缩运算的工作原理。下面分别予以说明。

（1）IP 置换表和 IP^{-1} 逆置换表。

将分组长度为 64 位的原始数据按照 IP 置换表进行重新组合。也就是将明文写成 64 位的二进制形式，将其第 58 位换到第 1 位，第 50 位换到第 2 位，按照此种方式以此类推，最后一位是原来的第 7 位。组合完成后将输出分为 L_0 和 R_0 两部分，分别为 32 位，L_0 是输出的左半部分，R_0 是输出的右半部分。例如，组合前的原始数据位 $D_1D_2D_3\cdots D_{64}$，经过 IP 初始置换后变成了 $D_{58}D_{50}D_{42}\cdots D_7$，其中 $L_0 = D_{58}D_{50}D_{42}\cdots D_8$，$R_0 = D_{57}D_{49}D_{41}\cdots D_7$。

在密钥 key 控制下，经过了 16 轮迭代变换后可以获得 L_{16} 和 R_{16}，将此作为 IP^{-1} 逆置换的输入，结合 IP^{-1} 逆置换表进行逆置换操作，就可以得到相应的加密数据即密文输出。IP^{-1} 逆置换正好是 IP 置换的逆运算，这和数学上的逆运算是完全一致的。

（2）f 置换轮函数。

从迭代规则中可以看出，f 轮函数有两个输入：R_{i-1} 和 K_i。其中 R_{i-1} 是 32 位的，K_i 是 48 位的，二者位数不一致，首先要借助于一个选择扩展运算 E 将 32 位的数据扩展成 48 位的数据才能进行 f 运算。f 运算的处理流程如图 2-13 所示。

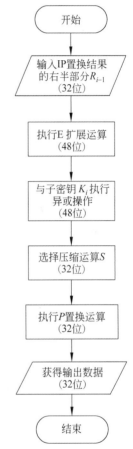

图 2-13　f 运算的处理流程

E 运算的实质是从 R_{i-1} 的 32 位中选取某些位数重复读取，构成 48 位，实现扩展的目的。E 位扩展表如表 2-3 所示。

表 2-3　E 位扩展表

32	1	2	3	4	5	4	5	6	7	8	9	8	9	10	11
12	13	12	13	14	15	16	17	16	17	18	19	20	21	20	21
22	23	24	25	24	25	26	27	28	29	28	29	30	31	32	1

从表中可以看出，1、4、5、8、9、12、13、16、17、20、21、24、25、28、29、32 这 16 个位置上的数据被重复读取了两次，从而由 32 位扩展成了 48 位。

K_i 是由 64 位原始密钥产生的 48 位新比特值，具体的产生规则是：将 E 的选位结果与 K_i 执行异或操作得到一个 48 位的输出。在这个输出的基础上进行分组，其中 6 位为一组，共 8 组，刚好作为下一步 8 个 S 盒压缩运算的输入，一组作为一个 S 盒的输入。

每个 S 盒输出 4 位，共 $4\times 8=32$ 位输出，将此输出作为 P 变换的输入进行置换，P 置换表如表 2-4 所示。

表 2-4　P 置换表

16	7	20	21	29	12	28	17	1	15	23	26	5	18	31	10
2	8	24	14	32	27	3	9	19	13	30	6	22	11	4	25

（3）子密钥 K_i。

假设密钥为 K，长度为 64 位，对其执行 PC-1 置换操作，PC-1 置换表如表 2-5 所示，得到一个乱序重排的 64 位结果，去掉其中的奇偶校验位，即第 8、16、24、31、40、48、56、64 共 8 位，实际上密钥长度为 56 位。将得到的 56 位数据分成左右两边相等的各 28 位数据，分别用 C_0 和 D_0 表示。对 $1\leqslant i\leqslant 16$，计算 $C_i=\mathrm{LS}_i(C_{i-1})$ 和 $D_i=\mathrm{LS}_i(D_{i-1})$。这里 LS_i 表示当 $i=1,2,9,16$ 时循环左移 1 位；当 $i=3,4,5,6,7,8,10,11,12,13,14,15$ 时循环左移 2 位。也可参照 LS 移位表，如表 2-6 所示。将每轮 56 位的数据 C_iD_i 用置换选择 PC-2 作用（PC-2 置换表如表 2-7 所示），得到一个乱序重排的 56 位结果，去掉第 9、18、22、25、35、38、43、54 共 8 位检验位，得到剩下的 48 位作为子密钥 K_i 进行输出。

表 2-5　PC-1 置换表

57	49	41	33	25	17	9	1	58	50	42	34	26	18
10	2	59	51	43	35	27	19	11	3	60	52	44	36
63	55	47	39	31	23	15	7	62	54	46	38	30	22
14	6	61	53	45	37	29	21	13	5	28	20	12	4

表 2-6　LS 移位表

1	1	2	2	2	2	2	2	1	2	2	2	2	2	2	1

注：表中的第 1 列表示移位表 LS_1，第 2 列表示移位表 LS_2，以此类推。

左移的原理是所有二进位整体向左移动相应的位数。

表 2-7　PC-2 置换表

14	17	11	24	1	5	3	28	15	6	21	10
23	19	12	4	26	8	16	7	27	20	13	2
41	52	31	37	47	55	30	40	51	45	33	48
44	49	39	56	34	53	46	42	50	36	29	32

首先，对于给定的密钥 K，使用 PC-1 进行置换操作，得到一个 56 位的输出结果。将其前 28 位用 C_0 表示，后 28 位用 D_0 表示。

其次，对 C_0 和 D_0 进行移位操作。$LS_1(C_0)=C_1$，$LS_1(D_0)=D_1$，对左移后的结果 C_1D_1 进行 PC-2 置换操作，得到 48 位的密钥 K_1。

然后，对 C_1 和 D_1 进行移位操作。$LS_2(C_1)=C_2$，$LS_2(D_1)=D_2$，对左移后的结果 C_2D_2 进行 PC-2 置换操作，得到 48 位的密钥 K_2。

最后，重复上述过程，先移位后置换选位，依次可以获得密钥 $K_3,K_4,\cdots,K_{16}$。

整个过程产生子密钥的密钥编排算法如图 2-14 所示。

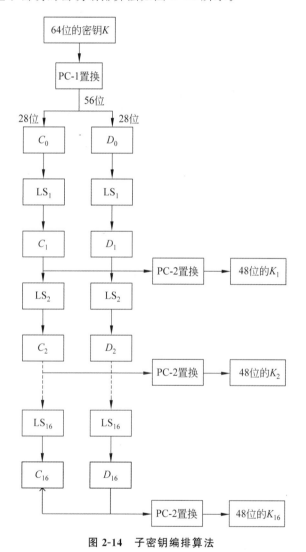

图 2-14　子密钥编排算法

(4) S 盒压缩运算。

将输入的 48 比特数据从左到右分成 8 组，每组为 6 比特，作为 S 盒的输入，每个 S 盒为一次非线性代换，有 4 比特输出，如图 2-15 所示。

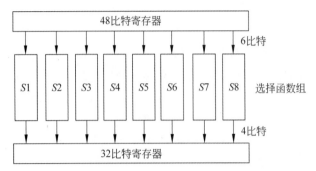

图 2-15 S 盒压缩运算

现在以 S_1 为例说明其过程。假设输入为 $A=a_1a_2a_3a_4a_5a_6$,则 $a_2a_3a_4a_5$ 所代表的数是 0 到 15 之间的一个数,记为 $k=a_2a_3a_4a_5$;由 a_1a_6 所代表的数是 0 到 3 之间的一个数,记为 $h=a_1a_6$。以 h 为行数,k 为列数在 S_1 中找到一个数 B,B 在 0 到 15 之间,可用 4 位二进制数表示为 $B=b_1b_2b_3b_4$,这就是 S_1 的输出。例如,S_1 的输入为 101001,则 $a_2a_3a_4a_5=0100$ 所代表的数是 4,即 $k=4$;$a_1a_6=11$ 所代表的数是 3,即 $h=3$。也就是说,当输入为 101001 时,输出为 S_1 中第 3 行第 4 列的十进制数为 4,用 4 位二进制数表示为 0100,即 S_1 的输出为 0100,S 盒的选择函数关系如表 2-8 所示。

表 2-8 S 盒的选择函数关系

		0	1	2	3	4	5	6	7	8	9	10	11	12	13	14	15
S_1	0	14	4	13	1	2	15	11	8	3	10	6	12	5	9	0	7
	1	0	15	7	4	14	2	13	1	10	6	12	11	9	5	3	8
	2	4	1	14	8	13	6	2	11	15	12	9	7	3	10	5	0
	3	15	12	8	2	4	9	1	7	5	11	3	14	10	0	6	13
S_2	0	15	1	8	14	6	11	3	4	9	7	2	13	12	0	5	10
	1	3	13	4	7	15	2	8	14	12	0	1	10	6	9	11	5
	2	0	14	7	11	10	4	13	1	5	8	12	6	9	3	2	15
	3	13	8	10	1	3	15	4	2	11	6	7	12	0	5	14	9
S_3	0	10	0	9	14	6	3	15	5	1	13	12	7	11	4	2	8
	1	13	7	0	9	3	4	6	10	2	8	5	14	12	11	15	1
	2	13	6	4	9	8	15	3	0	11	1	2	12	5	10	14	7
	3	1	10	13	0	6	9	8	7	4	15	14	3	11	5	2	12
S_4	0	7	13	14	3	0	6	9	10	1	2	8	5	11	12	4	15
	1	13	8	11	5	6	15	0	3	4	7	2	12	1	10	14	9
	2	10	6	9	0	12	11	7	13	15	1	3	14	5	2	8	4
	3	3	15	0	6	10	1	13	8	9	4	5	11	12	7	2	14

续表

		0	1	2	3	4	5	6	7	8	9	10	11	12	13	14	15
S_5	0	2	12	4	1	7	10	11	6	8	5	3	15	13	0	14	9
	1	14	11	2	12	4	7	13	1	5	0	15	10	3	9	8	6
	2	4	2	1	11	10	13	7	8	15	9	12	5	6	3	0	14
	3	11	8	12	7	1	14	2	13	6	15	0	9	10	4	5	3
S_6	0	12	1	10	15	9	2	6	8	0	13	3	4	14	7	5	11
	1	10	15	4	2	7	12	9	5	6	1	13	14	0	11	3	8
	2	9	14	15	5	2	8	12	3	7	0	4	10	1	13	11	6
	3	4	3	2	12	9	5	15	10	11	14	1	7	6	0	8	13
S_7	0	4	11	2	14	15	0	8	13	3	12	9	7	5	10	6	1
	1	13	0	11	7	4	9	1	10	14	3	5	12	2	15	8	6
	2	1	4	11	13	12	3	7	14	10	15	6	8	0	5	9	2
	3	6	11	13	8	1	4	10	7	9	5	0	15	14	2	3	12
S_8	0	13	2	8	4	6	15	11	1	10	9	3	14	5	0	12	7
	1	1	15	13	8	10	3	7	4	12	5	6	11	0	14	9	2
	2	7	11	4	1	9	12	14	2	0	6	10	13	15	3	5	8
	3	2	1	14	7	4	10	8	13	15	12	9	0	3	5	6	11

DES算法是对称的,既可以用于加密又可以用于解密,和加密时的区别仅仅在于迭代时将密钥顺序颠倒过来,即迭代子密钥顺序为 $K_{16},K_{15},\cdots,K_1$,算法本身并没有任何变化。

2.3.3 RSA公钥加密技术

1. RSA算法的数学基础

(1) 素数。素数又称为质数,指在一个大于1的自然数中,除了1和整数自身外,不能被其他自然数整除的数。

(2) 互质数。互质数即彼此互为质数,也叫作互质或互素,指的是彼此的公因数只有1的两个数;或者说两个数的最大公因数是1。

(3) 指数运算。指数运算又称为乘方计算,计算结果称为幂。把 n^m 看作乘方的结果,叫作"n 的 m 次幂"或"n 的 m 次方"。其中,n 称为"底数",m 称为"指数"。

(4) 模运算。模运算即求余运算。

(5) 欧拉函数和欧拉定理。欧拉函数 $\Phi(n)$ 是一个定义在正整数集合上的函数,$\Phi(n)$ 的值等于序列 $0,1,\cdots,n-1$ 中与 n 互素的数的个数。由定义得 $\Phi(1)=1,\Phi(2)=1$,

$\Phi(3)=2,\cdots$,当 p 是素数时,$\Phi(p)=p-1$。

欧拉定理:对任意的 $e\in \mathbf{Z}n*$,有 $e*\Phi(n)=1\bmod n$,其中 $\mathbf{Z}n*=\{x\in \mathbf{Z}n\mid \gcd(n,x)=1\}$。

2. RSA 算法的原理及实现

公开密钥体制就是在加、解密的过程中使用两个密钥,其一用来加密,其二用来解密,并且不能根据算法由其一推出其二,这是最基础的一点。在使用过程中,将公钥公开,待加密数据者使用公钥加密数据获得密文后,将密文发送出去,接收方用自己的私钥(与公钥相匹配)进行解密,从而得到原始传送的明文信息。RSA 算法就属于公开密钥密码体制[15]。从 RSA 提出到目前为止,经历了几十年的时间,不仅得到了世人的认可、接纳,而且异常活跃在各种各样的应用场合中。其创建过程如下。

(1) 选取两个大素数 p 和 q。

(2) 计算它们的乘积结果:$n=pq$ 和 $\Phi(n)=(p-1)(q-1)$。

(3) 随机选取正整数 e,使得 $1<e<\Phi(n)$,满足 $\gcd(e,\Phi(n))=1$。

(4) 计算 d,满足 $de=1\bmod(\Phi(n))$。

(5) 密钥 $k=(n,p,q,d,e)$,对每一个密钥 k 执行一个加密变换 $E_k(x)$ 和解密变换 $D_k(x)$,即 $E_k(x)=x^e\bmod n$,$D_k(x)=y^d\bmod n$,这里 $x,y\in \mathbf{Z}_n$。

(6) 以 $\{e,n\}$ 为公钥(对外界公开),$\{p,q,d\}$ 为私钥(对外界保密,只有用户本人知晓),如此便建立了一个 RSA 密码体制,即明文 P 和密文 C 为 $P=C=\mathbf{Z}_n$,密钥为 $K=\{(n,p,q,d,e):n=pq,p$ 和 q 是大素数,$1<e,d<\Phi(n):de=1\bmod(\Phi(n))\}$。

具体的实现流程如图 2-16 所示。

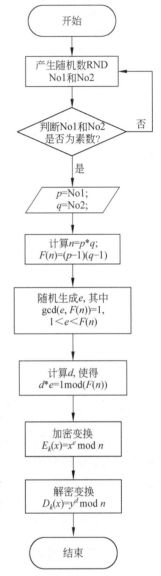

图 2-16　RSA 算法流程图

3. RSA 算法中的计算技巧

(1) 降幂运算。

在利用 RSA 算法进行加、解密的过程中,始终贯穿着一个求解大整数幂的运算,得到幂的结果以后还要求模。如果先对整数做幂运算然后再次与 n 进行求模运算,那么中间结果将是一个天文数字,甚至超出了计算机的最大取值范围,导致后续计算工作无法进行。但由于模运算的性质:

$$[(a\bmod n)(b\bmod n)]\bmod n=(ab)\bmod n$$

该性质表明可以在计算得到中间结果以后就取模,不会对最终结果造成影响。但是,RSA 算法中要求参数 p、q、e、d 达到 128 位数量级,仍然要计算一个大整数的高次幂,速度一样很慢,换种方式考虑,以 x^{16} 为例。常规情况下要进行 15 次乘法,变动一下,先对每次中间结果进行 2 次方运算,得到 x^2, x^4, x^8, x^{16},很明显,运算次数从 15 次变成了 4 次,极大地降低了运算次数,提高了整个运算的效率。

(2) 密钥的选取。

设计者要实现 RSA 算法,还必须解决一个难题就是密钥的选取。这包括两点:挑选大素数 p 和 q;选择 e 或 d 并且计算另外一个。首先考虑对素数 p 和 q 的选取。为了防止敌手通过穷举方法发现 p 和 q,这两个数必须从很大的集合中选取。但由于目前还没有有效产生随机大素数的方法,通常采用的方法是随机选取一个足够大的奇数再检测是否为素数,如果不是,则反复这个过程,直到寻找出能通过检验的大素数。

4. RSA 算法的优缺点分析

优点:RSA 算法在便于用户操作和易于理解的同时,还是第一个能用于数字签名和加密的算法。RSA 算法特别适合网络环境,因为它的公钥和私钥分开,使得密钥分配比较便捷。对于网络用户而言,可以用通讯录的方式给出各自的公钥,待用户需要的时候直接查找通讯录上接收方的公钥,并对所传送的信息进行加密即可。接收方收到以后,用只有自己拥有的私钥进行解密,即可获得明文数据信息。因此,RSA 算法相对于 DES 算法最大的优点就是实现了对用户大量的密钥进行妥善管理。

缺点:密钥是由大素数来产生的,因此受制于素数产生技术,难以做到一次一密。大素数的因式分解难度决定了 RSA 算法的安全性。RSA 算法产生密钥的耗时较长,相较于 DES 算法而言有几个数量级的差距。

2.3.4 数字签名技术

1. 消息认证码

消息认证码(MAC)是附加在待发送信息后面的,能够将任意长度的消息在密钥控制下通过映射函数转变成一个固定长度的数据分组。假设 M 是待发送的长度不定的消息,K 是接收方和发送方共同拥有的密钥,可以生成 $MAC = C_K(M)$(C 是映射函数)。发送方在发送前将 MAC 追加在待发送消息后面。接收方收到以后将 MAC 从消息后面拆分出来,并且对消息用相同的映射函数重新计算 MAC 值,然后对比这两个值,如果相同则认为:

(1) 消息未被更改过。因为针对消息任何微小的变动都将导致计算出来的 MAC 值发生变化,这将导致前后两个 MAC 值不相等。一旦出现这种情况,用户马上预知消息可能被攻击、篡改等情况。

(2) 消息来自其他共享密钥的发送者。密钥 K 只有收发双方知道,或者经授权同意共享的人才能拥有,除此之外的他人无法知晓,因而也无法产生相应的消息认证码。

消息认证函数和加密函数非常相像,区别主要在于前者不需要可逆而后者必须可逆,因此,消息认证函数从安全性角度而言更不容易被破解。

2. 哈希函数

消息认证中使用的哈希函数是一种将不定长的消息输入转换成定长输出的特殊函数:$h=H(M)$,其中 M 是不定长的消息输入,h 是定长输出的哈希值,也称摘要。哈希函数 H 是对外公开的,哈希值 h 在源头处追加在了待发送的消息上,接受方收到以后通过拆分和重新计算比对哈希值来判别传送过程中消息是否被篡改。同时,在传送过程中,因为 H 是对外公开的,需要对 h 实施加密保护。H 函数的目的是为待传送的消息数据产生"指纹",用于证明身份信息。

用于消息认证的哈希函数 H 必须具有如下性质。

(1) H 能针对任意长度大小的数据分组,都能产生定长的输出。

(2) 对于任何给定的 x,$H(x)$ 要相对易于计算。

(3) 对任何给定的哈希码 h,寻找 x 使得 $H(x)=h$ 在计算上不可行。

(4) 对任何给定的分组 x,寻找不等于 x 的 y,使得 $H(x)=H(y)$ 在计算上不可行。

(5) 寻找任何的 (x,y),使得 $H(x)=H(y)$ 在计算上不可行。

3. 数字签名体制

消息认证机制虽然能保护发送方和接收方不遭受其余第三方的攻击,但却无法避免通信双方内部彼此之间的欺骗。例如,用户 A 伪造一个消息,并使用与用户 B 之间的共享密钥作用生成一个消息认证码,并且对外宣称该消息源于用户 B;同样的方式,用户 B 能对发送给用户 A 的消息予以否认。因此,除了采用消息认证的方式以外还需要结合数字签名的形式来避免彼此的抵赖。

数字签名是指用户用自己的私钥对原始数据的哈希摘要进行加密所得的数据,是一种以电子签名形式存储消息的方法,经过数字签名的信息对其在网络中的传输不产生影响。与传统的手写签名相比,有如下几点不同。

(1) 签名。手写签名是直接签署在文件上,是文件的一个物理部分;而数字签名是单独的一个部分,追加在待签文件的后面。

(2) 验证。验证手写签名是将它与真实的签名进行比较;而数字签名是借助于验证算法来进行验证。

(3) 复制。手写签名文件复制以后与原件是完全不同的,而数字签名消息复制以后是一模一样的。

4. 数字签名的原理

数字签名是发送方使用私有密钥对待传送的整个信息进行加密或者是对整个原始信息的哈希值进行加密所得的数据,并将其附在原始数据后面一起发送。接收方在 CA 上查找发送方的公开密钥,对数字签名进行解密得到原始明文数据和原始明文的哈希值。

接收方运用同样的哈希函数作用于收到的明文得到一个哈希值,比较这两个哈希值是否一致,从而验证原始信息是否真实完整[16]。其工作原理如图 2-17 所示。

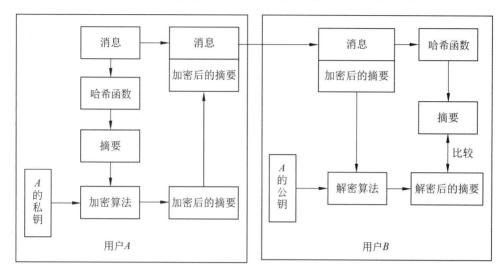

图 2-17　数字签名工作原理

(1) 用户 A 用哈希函数产生消息的哈希值,即摘要;

(2) 用户 A 用自己的私钥对哈希值加密,以此表示对文件进行签名;

(3) 用户 A 将消息和哈希签名一起发送给用户 B;

(4) 用户 B 对用户 A 发送的文件用相同的哈希函数产生哈希值,同时用 A 的公钥对签名的文件解密获得传送来的哈希值,如果这两个哈希值一致,则说明签名是有效的。

用户将数据存储在云端,可能面临一个棘手的问题。如果云端是可信的,则攻击者会威胁到数据的完整性;而在云端不可信的情况下,则云端本身和攻击者都有机会发起篡改和重放攻击,给云存储上用户数据的完整性带来更大的威胁。从上述对数字签名的介绍中,可以获知数字签名技术可以保证云存储中数据传输过程信息的完整性,并且能够提供防止双方抵赖的凭证。

2.4　数据加密技术在云存储中的应用

2.4.1　云存储中数据加密技术的设计

1. DES 算法的改进

目前学术界常见的改进方法有如下两种。

(1) 双重 DES:用两个密钥进行两次加密,如图 2-18 所示。

(2) 三重 DES:用 3 个密钥进行 3 次加密,如图 2-19 所示。

DES 算法比较简单,执行效率比较高,广泛应用于对大量数据进行加密操作,尤其是一些大型数据库。但 DES 是一个分组加密算法,它对输入的明文数据先按 64 位为一组

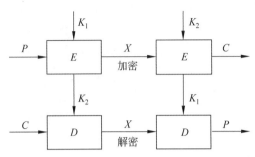

图 2-18 双重 DES 加密

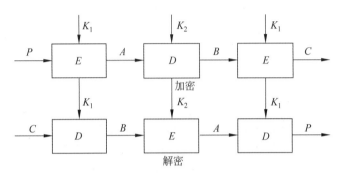

图 2-19 三重 DES 加密

进行分组,然后用 64 位的密钥 K 依次对每一个分组进行加密,完成之后再将各分组密文合并在一起成为初始明文的完整的密文进行输出。在这个分组的过程中可能会出现一个问题,输入的明文分组不一定都是 64 的整数倍,也就是说,最后一个分组极有可能不足 64 位。在这种情况下,常规的做法是用随机数来填充,使之成为 64 位,刚好能够和 64 位的密钥 K 进行操作。这种方式虽然解决了位数不足的问题,但是同时也带来了另一个更严重的问题,数据量急剧扩增。最典型的例子就是在大型数据库的加密上,一个比较极端的现象是,明文的最后一个分组都只有 1 位,也就是在加密时需要用 63 位随机数来填充,可想而知,此时整个数据库的数据量将会有一个直线型的激增。在这种情况下,如果直接使用 DES 算法对其进行加密,那么数据库本身的数据量已经很大了,需要花费相当的时间来加密,此时再增加填充的随机数部分,那么加密的效率将会大打折扣。但是如果不用随机数来填充,那么数据的保密性将会得不到保证;如果采用随机数来填充,那么在保证保密性的同时会因为数据量的激增而使加密效率下降,换句话说,就是要付出数据量膨胀的代价。那么就从这个角度来考虑,是否可以在保证加密效率的前提下,不用随机数来填充,采用其他的处理方式呢?可以对最后一个分组不足 64 位的情况做如下处理:将明文分组的倒数第二个分组与最后一个不足 64 位的分组进行一个异或操作,这样便使得最后一个分组由先前的不足 64 位变成了 64 位。接着对这两个分组依次执行 DES 加密即可获得相应的密文。这种方式就能避免因随机数填充而使数据量激增的问题,同时也能保证加密数据的保密性,从而保证系统的安全,同时也满足了数据库数据加密的要求:加密后数据量不增加,至少不能明显扩大。

其算法描述如下。

(1) 将输入明文 X 按 64 位一组进行分组 $X_1, X_2, \cdots, X_n$。

(2) 对于满足 64 位的分组，依次对每个分组进行 DES 加密，将加密后得到的各分组密文 Y_n 合成在一起得到输入明文的完整密文 Y 进行输出。

(3) 对于不满足 64 位的分组，且只有两个分组。即输入明文第一个分组 X_1 有 64 位，第二个分组 X_2 不足 64 位的情况。首先，将第一个分组和第二个分组执行异或操作，补充第二个分组达到 64 位；然后，对第一个分组进行 DES 加密得到第一个分组密文 Y_1，对第二个分组进行 DES 加密得到第二个分组密文 Y_2；最后将两个分组密文合成在一起就得到输入明文的完整密文 Y 进行输出。

(4) 对于不满足 64 位的分组，且只有一个分组 X_1，则随机产生所缺的位数以补足 64 位后使用 DES 加密，然后输出密文即可。

改进的 DES 流程图如图 2-20 所示。

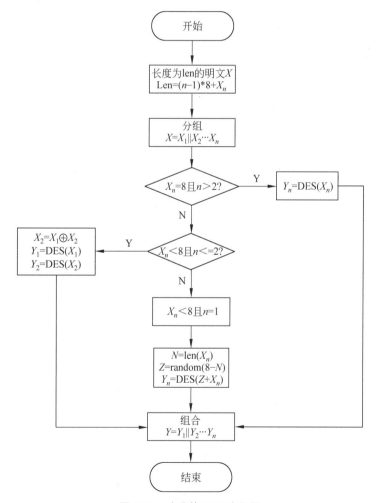

图 2-20 改进的 DES 流程图

改进算法的证明如下。

数学上异或运算的规则为

$$1 \oplus 0 = 1; 1 \oplus 1 = 0$$
$$0 \oplus 1 = 1; 0 \oplus 0 = 0$$

假设分组不足 64 位的明文为 A，前一个分组为 B，然后加密前对其异或，即 $A \oplus B = A$。在解密时再次对其异或，即 $A \oplus B = A$，因为加、解密时候的总公式可以看作：$A \oplus B \oplus B = A$，因为 $B \oplus B = 0$；证明结束。

2. RSA 算法的改进

RSA 算法因计算一个大整数的高次幂，从而导致其速度慢，耗时长。因此可以从降幂的角度来考虑提高 RSA 的效率，具体操作如下。

设明文分组 $m = (m_1, m_2, \cdots, m_k)$，相应的密文分组为 $c = (c_1, c_2, \cdots, c_k)$，则按照 RSA 算法，有

（1）加密变换

$$c_i = m_i^e (\bmod n), i = 1, 2, \cdots, k$$

改进为

$$c_j = m_j + m_{j-1} (\bmod n), j = k, k-1, \cdots, 2$$
$$C_j = m_j^e (\bmod n), j = 1$$

（2）解密变换

$$m_i = c_i^d (\bmod n), i = 1, 2, \cdots, k$$

改进为

$$m_j = c_j^d (\bmod n), j = 1$$
$$m_j = c_j - m_{j-1} (\bmod n), j = 2, 3, \cdots, k$$

由此可见，加、解密过程的运算由先前的先求 K 次幂再求模改进成了 1 次幂运算后再求模和 $K-1$ 次加法模运算。而一次加法模运算比 K 次幂后求模运算速度快很多倍，从而让整个 RSA 算法的运算速度加快。

3. 云存储中的数据加密技术

云存储本质上是一个虚拟的存储资源池，它将分布在不同地理位置上的、闲散的大容量存储设备利用软件集合起来协同管理，共同对外提供存储和访问功能。这种方便、快捷的信息分享和存储方式，让很多人喜欢将自己的个人数据，如个人相册，上传到网盘与自己的好友共享，不仅满足了用户的需求，而且给相应的企业带来了巨大的利益空间。个人相册相较于其他类型的数据而言属于私密信息，让用户放心使用云存储，将自己的私密数据存储在云端，就要求云存储服务提供商提供相应的相当安全级别的存储平台，确保用户数据的安全性。一方面要求用户数据不能被他人截获，另一方面要求即使被截获了也应该很难被破译。云端是一个开放、复杂的运行环境，从软件工程的角度来看，系统的复杂性决定了系统中可能存在未知威胁的程度。倘若对这些潜在的威胁视而不见，那么就会

导致类似于鸵鸟遇到危险用沙子埋头的窘态。处于网络环境中,网络是动态的,而存储是静态的,通过采用数据加密技术来确保数据的机密性;采用一些防篡改技术,如数字签名方式,来确保数据的完整性;采用备份和冗余技术来确保数据的可用性。

  加密技术能够确保用户的数据即使被泄露、被窃取,也无法获知其原始明文。网络上常用的一种方式是用户将信息加密后传送到网络中,等待数据传送到存储端以后再对其解密,将其直接存储或者重新加密以后再存储。反之,当用户需要读取存储数据时,存储端又需要将原始明文加密后送到网络中传送至客户端,然后对其解密,用户才能获得原始的明文数据。数字签名技术是传统的纸质签名的一种模拟。文件接收者通过消息后面附加的数据信息就能够鉴别签名者的身份真实性,而且数字签名可以被保存下来,当收发双方发生争执的时候,这个保存的数字签名可以作为证据提交给第三方,以此来验证签名的合法性。因数字签名不能伪造、不能否认,被广泛应用于目前的网络环境中。人们的信息交流、货币交易无不需要双方的真实身份信息,数字签名技术正应对了人们的需求。冗余备份技术在确保数据可用性方面发挥了强大的作用。备份技术主要从时间角度来考虑,冗余技术主要从空间角度来考虑。常规情况下,通过把数据复制、粘贴到不同地理位置的存储设备上来产生数据的冗余,等待数据量积累到一定程度以后将其备份到磁带或者磁盘上,如磁盘阵列,当数据表现出不完整性的时候,可以借助于镜像等工具来恢复原始数据。用户需要意识到的是,这种方式也有漏洞存在的可能性,恢复得到的数据有时是完整的,但也有不完整的情况发生。

  总之,一个安全可靠的云存储系统必须借助于上述技术从信息安全三要素的角度来确保数据的机密性、完整性和可用性。本章正是从上述角度出发,着重从密码学的角度,设计了一种云存储环境下适用的双方抗否认的数据加密方案,当用户准备好数据文件后,对该数据文件执行哈希运算进行数字签名获得消息摘要,之后使用对称加密(DES)加密得到密文,再使用接收方的公钥非对称加密保存对称密钥后发送给对方;接收方收到以后用自己的私钥非对称解密获得对称密钥,借助于对称密钥解密密文就可以得到数据文件和消息摘要,对数据文件执行相同的哈希操作得到消息摘要值,通过对比两个摘要值就可判定传输过程是否安全。云存储中的数据加密方案如图 2-21 所示。

  该方案结合了目前适用范围比较广泛而且成熟的两种加密算法 DES 和 RSA,取其长,避其短,将其组合起来使用。利用 DES 加密速度快,但保密性能相对较弱的特点来对用户数据进行加密;使用 RSA 加密速度慢,但保密性强的特点来加密传输对称加密时的密钥。如此一来,用户大量的数据明文信息用 DES 得以快速加密,少量的密钥信息用 RSA 保密传输,就从数据的机密性角度确保了数据的安全性,同时赢得了时间优势。数字签名技术能够实现传输中数据的身份认证、抗否认、防伪造和数据的完整性校验,已成为信息安全领域的一种核心关键技术。已签名的信息能够保证信息在合法的、被授权的收发双方之间进行传送,而且彼此之间都无法否认曾经发送或者接收到的信息。通过对消息摘要在传送前后的比对,还能够进一步确定消息在传送过程中是否被篡改。如果接收到的消息后面附加的摘要和自己根据哈希函数作用于消息计算出来的摘要一致的话,说明消息在网络中传送是完整的,没有被篡改,反之,这个消息已经被篡改,应抛弃重新发

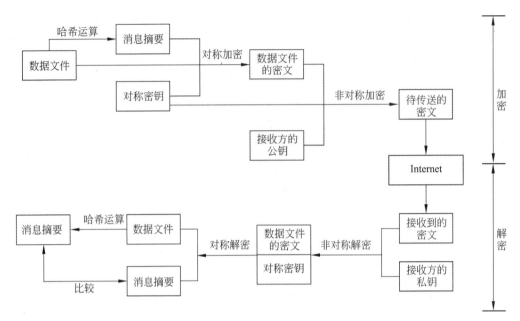

图 2-21　云存储中的数据加密方案

送。同时,该条传送通道可能已经有漏洞,被黑客攻击,被监视,后续的数据传送应该重新建立传送路径,重新对数据进行加密再传送,直至最终得到的两个哈希值,即消息摘要一致,才能确保消息已经安全、可靠、完整地传送。换句话说,消息的完整性和可用性才能得到保证。

2.4.2　云存储中数据加密技术的安全性分析

1. DES 算法的安全性分析

（1）密钥长度。从穷举搜索法的角度来看,DES 的实际有效密钥程度只有 56 位,产生的密钥量只有 256 个,而且彼此之间因迭代而产生相关性,无法抗拒穷举攻击,降低了 DES 算法的安全性。随着计算机能力的增长,结合网络的分布计算能力,穷举方式破译 DES 已成为可能,因此,为确保安全性必须增加密钥长度。

（2）弱密钥和半弱密钥。DES 算法在生成子密钥时,可能出现两种极端的情况:全 0 或全 1,这导致每轮生成的子密钥都是相同的,即产生弱密钥;另外,有一些密钥把不同的明文加密成相同的密文,这样可以用一个密钥解密其他密钥加密的信息,这种密钥称为半弱密钥。在设定密钥的时候应避免半弱密钥或弱密钥的出现。

（3）迭代次数。DES 算法中,子密钥的产生是通过迭代来产生的,如果不经过足够的迭代次数,那么它的输出位就会只依赖于少数几个输入位。有学者指出,5 次迭代计算以后,每一位密文呈现出原明文和密钥位的函数,增加 3 次以后,则变成了随机函数。那么是否可以选择无限制的增加,算法中为什么选择迭代 16 次以后就终止呢?EliBiam 和 Adi Shamir 利用查分密码分析方法给出了证明:采用穷举方式或者更有效的手段可以破译任何小于 16 次迭代的 DES 算法。因此，该算法中选择迭代进行 16 次是最佳的，既能抵抗差分分析，又不增加算法难度。

2. RSA 算法的安全性

目前，尚未从理论上证明分解大素数的难度等价于 RSA 的破解难度，但大素数的因式分解决定了 RSA 的安全性，同样需要增加密钥量来防范 RSA 遭受强力的穷举攻击。同时又带来新的问题，增加密钥的长度，增加密钥空间会使加、解密速度变慢，因此，要达到一个最佳效果需要在二者中进行折中。攻击 RSA 算法从数学角度看相当于对 n 进行因式分解。如果 $n = p * q$，则可以得到 $\Phi(n) = (p-1)(q-1)$，从而得到 e 模 $\Phi(n)$ 的乘法逆 $d = e^{-1} \mod \Phi(n)$。从计算过程中得知，解密指数 a 的计算算法都可以作为分解 n 的一个概率算子的子程序或者语言。倘若 a 遭受泄露，将使 n 的分解受到威胁。因此，单纯地替换解密指数已无法保证安全性，必须从头开始，重新选择大素数。这表明，参数 a 和 n 的难度相当。从安全性和有效性角度来考虑，目前密钥长度介于 1024b 和 2048b 之间的 RSA 算法是安全的。

3. 数字签名的安全性分析

数字签名技术在信息安全中广泛应用于认证用户的身份、保护传输数据的完整性、防止非法用户在传输过程中对数据的篡改以及收发双方对传输信息的不可否认性。目前绝大多数的信息安全应用都建立在安全的数字签名之上。如果数字签名不安全，那么很有可能整个系统都将遭受严重的威胁和破坏。因此，数字签名的安全性研究具有非常重要的意义。数字签名的安全性主要依赖于以下几个因素。

（1）数字签名时使用算法的私钥的保密性。私钥本身的保密性更多地取决于算法中对私钥长度的设计和私钥保管者的个人因素。

（2）数字签名时使用算法的公钥的完整性和可信度。这是实现签名的前提条件，一旦发现公钥被伪造或篡改，那么整个签名过程的可靠性将无法得到保证。

（3）哈希值相同的概率。数字签名过程的正向操作是简单顺利的，逆向操作则是非常困难的。而哈希函数本质是一个多对一的转换，从概率论的角度而言，肯定会出现一种情况：同一个哈希函数作用于不同的明文获得相同的哈希值。尽管这种概率出现的机会非常非常小，但这种可能性是存在的，一旦发现这种情况，那么签名即可破译。

4. 云存储中数据加密方案的安全性分析

上文提出的双方抗否认的数字签名方案从数据的机密性、完整性、抗否认性和可用性角度来考虑。56 位的 DES 算法破解已经成为可能，目前正在往增加密钥长度的方向趋近，同时，在密钥设置过程中应尽可能地避免弱密钥和半弱密钥的出现。该算法为了抵抗差分分析，同时又不增加算法难度，选择了最佳的 16 次迭代。而 RSA 算法中的公钥和私钥是分开的，算法中的大素数分解被认为是一个 NP 问题，更加确保了该算法的安全性，在实现了高保密性的同时又完成了加密处理，特别适合于动态多变的网络环境。本书将

DES 和 RSA 组合在一起使用，实现彼此的优劣互补。运用 DES 算法对大量传输数据进行加、解密操作，可以保持高效的时间效率，同时为了满足 DES 对称加密时密钥的高保密性需求，运用 RSA 算法来对对称密钥进行加密，可以确保密钥在传输过程中的安全性，充分利用二者的优势，达到一个比较理想的加密效果。数字签名过程中，在计算哈希值的时候，正向操作是简单易行的，但是攻击者倘若想要逆向破解几乎是不可能的。因而要想在该方案下收发数据过程中截获或者篡改信息又不想被发现，这种可能性被降到了最低。云存储是一个开放的网络环境，网络安全中出现的各种安全隐患和威胁将继续存在甚至更加严重，为用户提供一个安全可靠的存储环境是推广和应用云存储的前提条件。上文涉及的双方抗否认的数据加密技术将对称加密和非对称加密、消息认证、数字签名等技术组合在一起，在保证其数据安全的基础上，充分发挥各自的优势，正应对了云存储的网络环境，同时又从信息安全三要素的角度验证了该方案的技术可行性。

2.4.3 云存储中数据加密技术的实现

1. 数据加密方案的原理

从上述的分析过程中，可以知道 DES 加密技术是一种分组密码，通过反复使用加密组块替代和换位两种技术，经过 16 轮的变换后得到密文，安全性很高，适用于一对一的信息交换，加密速度快，计算简单，但其最大的缺点是密钥的传递和管理困难。RSA 算法是既能用于数据加密也能用于数字签名的算法。它易于理解和操作，也很流行。RSA 的安全性依赖于大素数分解，使得 RSA 的速度在最佳状态下还是比 DES 慢很多，不论是硬件模块还是软件模块，速度一直是 RSA 的软肋，因此只用于少量数据加密。而信息安全的目标则是保护信息的机密性、完整性、抗否认性和可用性。其中，机密性是确保信息不被非法访问，即使信息被非授权用户截取也因是密文乱码而无法使用，常规情况下通过加密算法来防止黑客、病毒的攻击；完整性是指消息在产生、传送和使用的全过程中不应该被非授权用户篡改，常规情况下通过消息摘要算法来对信息的完整性进行验证；抗否认性是指用户无法对自己曾经执行的操作进行事后否认，满足了通信中要求双方信息的真实统一性，常规情况下通过数字签名来提供该服务；可用性是保障授权用户根据需要可以随时访问所需信息，这刚好和云存储概念中"按需随时随地服务"相吻合。用户将数据存储在云中以后，既期望享受云存储带来的便利，同时也要求自己的数据得以安全保障。

综合 DES、RSA 和数字签名技术的优缺点，提出了云存储中的加密技术。在云存储通信网络的两端，用户之间传送的信息必须经过数字签名，确保彼此之间传输信息的完整性和抗否认性。在这个过程中，利用待发送信息的一个摘要，在彼此之间建立一条通道，双方应答成功确认彼此的身份后，再用 DES 算法对传送信息进行加密和解密，充分利用该算法的高速和易操作性，节约了系统宝贵的时间。针对 DES 密钥的传递安全性，考虑使用 RSA 算法对其进行加密、解密操作。因为密钥的数据量比较小，但是又要求有极高的安全性，刚好吻合 RSA 的优势，这样就保证了明文数据在云存储网络传输的安全性和可靠性。在云存储网络传输过程中，数据的机密性、完整性、安全性和可靠性得到保证，正好符合信息安全的要求。

2. 数据加密方案的密钥管理

加密技术在信息安全领域应用非常广泛,加密使用的算法基本都是公开的,因此一个加密系统的安全性取决于对密钥的保护。如果密钥丢失,一则合法用户不能正常访问自己的密文,二则非法用户可能会借机窃取信息,导致信息泄露。因此,密钥生成算法的强度、密钥长度、密钥的保密和安全管理对保证一个密码系统的安全起着至关重要的作用。

(1) 公钥的分配。

由于公钥加密耗时长、速度慢,通常只用于加密分配对称密码体制的密钥。常用的分配方法如下。

公开发布:用户将自己的公钥以广播的形式发送到自己所在的局域网,则该网段的所有用户都将看到自己的公钥,这种方式有易被伪造的风险。

公钥动态目录表:由一个信任度高的组织或机构,暂且称为公钥管理机构(public key management,PKM)负责整个公钥动态目录表的建立、维护和分配,如图2-22所示。假定 A 和 B 通信时,各自产生了公钥(Pa、Pb)和私钥(Sa、Sb)。

① 用户 A 向 PKM 发送请求得到用户 B 的公钥 Pb,请求中包括时间戳;
② PKM 为用户 A 做出应答,包括用户 B 的公钥 Pb 以及前一步中发送的请求信息;
③ 用户 A 用 Pb 加密一个包含 A 的身份 ID 和随机数 N_1 的消息,并发送给用户 B;
④ 用户 B 用第①步和第②步的方法获得用户 A 的公钥 Pa;
⑤ 用户 B 用 Pa 加密一个包含 N_1 和 B 产生的 N_2 的消息,并发送给用户 A;
⑥ 用户 A 用 Pb 加密 N_2,并发送给用户 B。

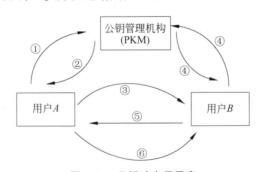

图 2-22 公钥动态目录表

这种方式下,因为每个用户要想和其他人通信,都要求助于 PKM,所以 PKM 可能成为系统的瓶颈。

公钥证书:由证书管理机构(CA)为每个通信用户建立一个目录,包括用户的公钥、ID、时间戳等。

(2) 加密分配对称密码体制的密钥。

假定 A 和 B 通信时,各自产生了公钥(Pa、Pb)和私钥(Sa、Sb),A 向 B 发送自己的身份 ID 和公钥 Pa。B 收到后产生会话密钥 K_S,用自己接收到的 A 的 Pa 加密 K_S 后发

送给 A。A 收到后用自己的私钥 Sa 解密后获得 K_S，此时，A 和 B 就可以通过 K_S 通信，然后双方销毁公钥和私钥。这种方式容易实现，操作简单，但安全性得不到保障，易受到攻击。一种具有保密性和认证性的分配方法如下。假如 A 与 B 已完成公钥交换，则：

(1) A 用 B 的公钥 Pb 加密 A 的身份 ID 和 A 自身产生的随机数 N_1 后发给 B；

(2) B 用自己的私钥 Sb 解密密文获得 N_1，并用 A 的公钥 Pa 加密 N_1 和 N_2（B 本身产生的随机数）后发送给 A；

(3) A 用 B 的公钥 Pb 对 N_2 执行加密操作后发送给 B；

(4) A 选一个会话密钥 K_S 并使用自己的私钥 Sa 加密后再使用对方 B 的公钥 Pb 加密，完成之后发送给 B；

(5) B 接收到以后用 A 的公钥 Pa 和自己的私钥 Sb 解密密文就能够得到会话密钥 K_S，之后就可以彼此通信了。

这一加密方案中既有对称密钥，也有非对称密钥。实验刚开始，对称密钥采用的是用户指定的方式来完成。这种方式下，一方面密钥易于暴露，另一方面只要该指定的密钥不变，那么借助于此密钥生成的 Subkey 的使用顺序也是不变的，此时攻击者通过细致观察不同明文的加密过程就可以加速破解对称密钥。后来考虑到安全性和保密性的问题，而采用了随机函数来产生。在随机函数中加入系统时间作为随机种子来产生每次都不一致的密钥。因此，对称加密 DES 算法能够根据需要利用随机种子产生、使用、销毁，可以做到一次一密。这种方式下，除非解密方知道完整的密钥，否则破解是一件很困难的事情。非对称加密 RSA 因受到素数产生技术的限制，产生密钥比较烦琐，难以做到一次一密。在对数据文件加密的过程中，首先用随机种子产生密钥来加密数据文件获得密文，然后用接收方的公钥加密封装 DES 算法的对称密钥 K，得到一个包括密钥 K 和数据文件密文的整体，将这一整体作为一个包裹发送给接收方。这种操作方法既利用了 DES 加密速度快的优点，同时利用了 RSA 保密性好的特点来确保对称密钥 K 的安全。

3. 数据加密方案的算法

上文设计的云存储中的双方抗否认的、混合的数据加密技术算法流程如图 2-23 所示。

(1) 用户 A 准备好要传送的原始文件信息（即数据文件 M）对明文进行哈希运算（常见的哈希函数如 MD5 或者 SHA），得到一个信息摘要 MD1（Message Digest）。

(2) 用户 A 使用自己的私人密钥 KAS 对上一步产生的信息摘要 MD1 加密得到数字签名 DS，在此基础上，查找用户 B 的公开密钥 KBP 并用其加密数字签名 DS 得到 DS′ 并将其传送给用户 B。

(3) 用户 B 使用自己的私人密钥 KBS 对 DS′ 实行解密操作得到 DS，再找到用户 A 的公开密钥 KAP 解密 DS 得到 MD1，此时仅仅得到的是一个摘要信息而非明文本身，用户 B 需要发送确认信息，以期下一步得到用户 A 传送的真实、完整的明文 M。

(4) 用户 B 用 A 的公开密钥 KAP 加密 MD1 并发送给用户 A（此处执行的是确认信息功能），用户 A 收到后用自己的私人密钥 KAS 解密后得到摘要值 MD1，将解密后得到

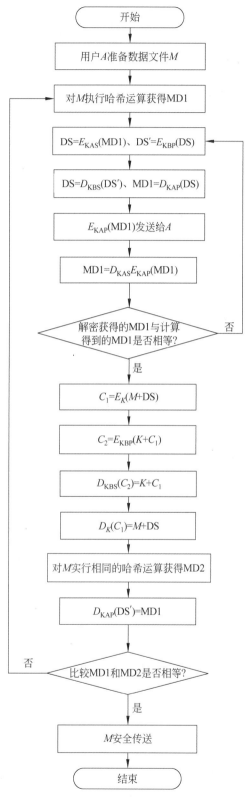

图 2-23 数据加密技术在云存储环境中的应用流程图

的 MD1 和步骤(1)中计算得到的 MD1 进行比较,如果相等,则双方身份确认成功,可以开始传送数据;如果不相等,则身份确认失败,需重新确认身份,直至确认双方身份以后才能进行数据传送(这是加密方案抗否认性最典型的体现)。

以上步骤(2)~(4)完成了双方不可否认性的验证,确认了身份的合法性。因为用户的公开密钥和私人密钥是一一对应的,用其公开密钥加密,只有其相应的私人密钥能够解密,反之亦然,相当于在用户 A 和用户 B 之间确保建立了一条通道。

(5) 用户 A 将数字签名 DS 附在原始明文信息 M 后面成为一个整体,并用 DES 对称加密技术对这个整体实行加密操作,得到密文 C_1。

(6) 用户 A 将步骤(5)中使用 DES 对称加密时的对称密钥 K 和密文 C_1 作为整体一起用 B 的公开密钥 KBP 加密,然后再用 RSA 对密文进一步加密形成密文 C_2,并将其发送给用户 B。

(7) 用户 B 接收到信息以后先利用 RSA 解密 C_2,再用自己的私人密钥 KBS 进一步执行解密操作,可以获得对称密钥 K 和 C_1,然后使用对称密钥 K 进一步解密 C_1 得到明文 M 和数字签名 DS,此时用户 B 并不确定明文 M 的真实完整性,需进一步验证数字签名 DS(步骤(6)和步骤(7)两步又进一步验证了用户 B 的不可否认性)。

(8) 用户 B 使用和用户 A 相同的哈希函数对自己解密得到的明文 M 实行哈希运算,得到信息摘要 MD2。

(9) 用户 B 可以直接使用在步骤(3)中得到的信息摘要 MD1,也可以再执行一次解密操作,用 A 的公开密钥 KAP 解密数字签名 DS,得到信息摘要 MD1,该处又进一步验证了用户 A 的不可否认性。

(10) 用户 B 将两个信息摘要 MD1 和 MD2 进行比对,如果相等,则说明信息是真实、完整、没有被破坏的,数字签名是正确的,反之,信息错误,丢弃处理,重传该数据 M。

2.4.4 云存储中数据加密技术的实验分析

现如今,云存储是政府、企业及个体用户考虑存储方式的首选,并且这种趋势越演越烈,已经成为目前主流的一种数据存储方式。本节主要利用 VMware 虚拟机技术在 Linux 中利用 Hadoop 来搭建模拟实验平台。

1. DES 部分关键代码

```
//16 圈子密钥生成过程
static bool subkey[16][48];        //存储 16 次迭代运算产生的子密钥
void des_run(char out[8],char in[8], bool type)
{
    static bool m[64],tmp[32], * li=&m[0], * ri=&m[32];
    bytetobit(m,in,64);            //将输入的 in 字节转换为位输出到 m,共执行 64 次
    transform(m,m,ip_table,64);    //执行 64 位的 IP 置换操作
    if(type==encrypt){             //如果用户选择的是 encrypt,则执行加密操作
        for(int i=0;i<16;i++){
            memcpy(tmp,ri,32);     //将 ri 指向地址为起始地址的连续 32 字节的数据复
```

```
                            //制到 tmp 指向地址为起始地址的连续 32 字节里
        f_func(ri,subkey[i]);     //执行 f 函数的功能
        xor(ri,li,32);            //将 32 位的两个输入流执行异或操作
        memcpy(li,tmp,32);        //将 tmp 指向地址为起始地址的连续 32 字节的数据复
                                  //制到 ri 指向地址为起始地址的连续 32 字节里
        }
    }else{//用户选择 decrypt,则执行解密操作
        for(int i=15;i>=0;i--){
            memcpy(tmp,li,32);    //将 li 指向地址为起始地址的连续 32 字节的数据复
                                  //制到 tmp 指向地址为起始地址的连续 32 字节里
            f_func(li,subkey[i]); //执行 f 函数的功能
            xor(li,ri,32);        //执行异或操作,共 32 次,结果保存在 li 中
            memcpy(ri,tmp,32);    //将 tmp 指向地址为起始地址的连续 32 字节的数据复
                                  //制到 ri 指向地址为起始地址的连续 32 字节里
        }
    }
    transform(m,m,ipr_table,64);  //执行 64 位的 IP 逆置换操作
    bittobyte(out,m,64);          //将输入的 m 位转换为字节输出到 out 中,共执行
                                  //64 次
}

//设置密钥
void des_setkey(const char key[8])
{
    static bool k[64], * kl=&k[0], * kr=&k[28];
    bytetobit(k,key,64);          //将输入的 key 字节转换为位,输出到 k 中,共执行 64 次
    transform(k,k,pc1_table,56);  //执行 pc1 置换,并将结果保存于第一个 k 中
    for(int i=0;i<16;i++)         //经过 16 次迭代以后由 56 位密钥产生 48 位子密钥
        {
            rotatel(kl,28,loop_table[i]);  //对输入数组 kl 按照 loop_table 的移位规则执
                                           //行移位操作,一共执行 28 次
            rotatel(kr,28,loop_table[i]);  //对输入数组 kr 按照 loop_table 的移位规则执
                                           //行移位操作,一共执行 28 次
            transform(subkey[i],k,pc2_table,48);  //执行 pc2 置换,并将结果保存于
                                                  //subkey 子密钥中
        }
}

//f 函数的实现过程
void f_func(bool in[32],const bool ki[48])
{
    static bool mr[48];
    transform(mr,in,e_table,48);  //执行 E 置换操作,并将结果保存在 mr 中
    xor(mr,ki,48);                //将 mr 和 ki 每一位执行异或操作,共执行 48 位,获得的结果存于 mr 中
    s_func(in,mr);                //执行 S 函数的功能
    transform(in,in,p_table,32);  //执行 P 置换操作,并将其保存在第一个 in 中
}

//S 盒代替过程,将输入的 48 位数组转换为 32 位的数组输出
void s_func(bool out[32],const bool in[48])
```

```
        {
                for(char i=0,j,k;i<8;i++,in+=6,out+=4)    //一共有 8 个 S 盒,做 8 次循环
                {
                    j=(in[0]<<1)+in[5];                    //确定 S 盒中数据所在的行
                    k=(in[1]<<3)+(in[2]<<2)+(in[3]<<1)+in[4];  //确定 S 盒中数据所在的列
                    bytetobit(out,&s_box[i][j][k],4);      //将字节转换为位输出到 out,共执
                                                           //行 4 次
                }
        }

//置换操作:根据参数具体情况确定要执行哪种置换,参数 table 确定置换类型,参数 len 确定
//置换位数,参数 out 代表目标数据,参数 in 代表源数据
void transform(bool * out,bool * in,const char * table,int len)
{
        static bool tmp[256];
        for(int i=0;i<len;i++)
                tmp[i]=in[table[i]-1];                     //按照置换表规则执行置换操作
        memcpy(out,tmp,len);    //将 tmp 指向地址为起始地址的连续 len 字节的数据复制
                                //到 out 指向地址为起始地址的连续 len 字节里
}

//异或操作,对 ina 和 inb 中的数据执行异或操作,共执行 len 次,结果保存在 ina 中
void xor(bool * ina,const bool * inb,int len)
{
        for(int i=0;i<len;i++)
            ina[i]^=inb[i];         //将 a[i]和 b[i]执行异或操作,将结果存于 a[i]中
}

//循环左移操作,对输入的数组 in 进行移位,参数 len 是移位的长度,参数 loop 是移位的位数
void rotatel(bool * in,int len,int loop)
{
        static bool tmp[256];
        memcpy(tmp,in,loop);     //将 in 指向地址为起始地址的连续 loop 字节的数据复制
                                 //到 tmp 指向地址为起始地址的连续 loop 字节里
        memcpy(in,in+loop,len-loop);   //将 in+loo 指向地址为起始地址的连续 len-
                                       //loop 字节的数据复制到 in 指向地址为起始地
                                       //址的连续 len-loop 字节里
        memcpy(in+len-loop,tmp,loop);  //将 tmp 指向地址为起始地址的连续 loop 字节
                                       //的数据复制到 in[len-loop]指向地址为起始
                                       //地址的连续 loop 字节里
}
```

2. RSA 部分关键代码

(1) 加密变换:e,n 为加密密钥。

```
{
...
for(int i=k;i<2;i--)
```

```
c[i]=(m[i]+m[i-1])%n;                //依次加密 $m_k, m_{k-1}, \cdots, m_2$
c[0]=1;
for(j=1;j=e;j++)
c[0]=(c[0] * m[0])%n;                //计算 $c_1 = m_1^e \pmod{n}$
...
}
```

(2) 解密变换：d,n 为解密密钥。

```
{
...
for(j=1;j=d;j++)
m[0]=(m[0] * c[0])%n;                //计算 $m_1 = c_1^d \pmod{n}$
for(int i=1;i<k;i++)
m[i]=(c[i]-m[i-1])%n;                //依次解密 $c_2, c_3, \cdots, c_k$
...
}
```

3. 实验结果

本实验过程中利用 MFC 设计了程序的一个用户界面，如图 2-24 所示。在这个界面上，用户通过单击"浏览文件"按钮选择待加密的明文数据，单击"加密"按钮实现加密操作，同时选择加密完成后的密文文件存放位置。当用户的明文数据都固定地放在一个目录下，每次加密都从相同的路径提取文件时，为了节约时间，提高效率，可以将该路径设置为默认路径，便于用户在最短时间内找到自己的待加密文件；反之，当输入的是密文数据时，加密按钮会自动变成解密按钮实现解密操作。因为在实验中比较关键的一个步骤是用 RSA 来加密对称密钥，所以特别设计了一个产生 RSA 密钥对的按钮，单击此按钮能查看到 RSA 加密过程使用的 p、q、n、e、d 的生成过程。

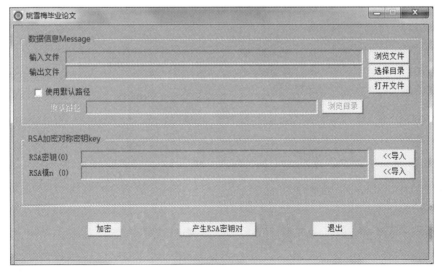

图 2-24　用户界面

用户在执行加密操作前,表现为清晰明了的明文数据,可以准确地看出这是贵大研究生院网站上校领导看望某同学和研究生复试工作相关的新闻报道,如图 2-25 所示。在单击"加密"按钮以后,就获得了密文文件,打开密文文本,发现上面是一个乱码字符序列,无法读懂,如图 2-26 所示。反过来,当用户将密文数据录入,则"加密"按钮自动变成"解密"按钮,单击"解密"按钮以后,可以获得解密后的数据内容,内容和图 2-25 所示是一致的,清晰可读。

图 2-25 明文数据

图 2-26 密文数据

在对明文数据加密时，执行的操作主要是 DES 对称加密，在此加密算法中比较关键的环节是经过 16 次的迭代处理，产生子密钥 subkey $K_1, K_2, \cdots, K_{16}$。为了更清晰地呈现整个加密过程，将产生的子密钥输出到一个文本上，便于查看，如图 2-27 所示。

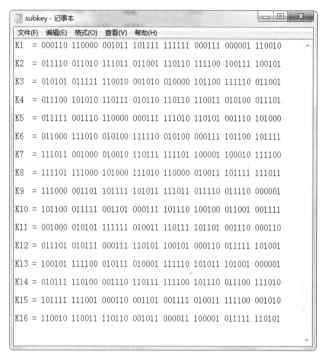

图 2-27　subkey 子密钥

在前面对算法的设计过程中，已经提到为了确保密钥的安全，又进一步采用保密性更高的 RSA 算法对对称加密过程中的密钥 key 进行加密处理，以期实现对数据的全方位保护。为了将加密前后密钥的内容进行鲜明的对比，在程序运行过程中将密钥 key 输出到一个文本，加密后的密钥 key 也输出到文本，便于查看加密前后的变化。加密前的 key 如图 2-28 所示，对 key 进行 RSA 处理以后变成了乱码的密文，如图 2-29 所示。

　　　　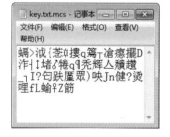

图 2-28　DES 密钥 key　　　　图 2-29　加密的 DES 密钥 key

利用 RSA 对对称密钥进行加密的过程中，会产生相应的密钥对，如算法中所要求的两个大素数 p 和 q，可以使用先前产生的素数直接进行导入，也可以当下生成直接使用，或是导出到文本,以供后续使用。有了素数以后,就可以产生密钥对了,可以得到 RSA 中使用的公钥 (n,e) 和私钥 (d,p,q)。为了便于后续查看,可以将密钥对导出到文本保存,如图 2-30 和图 2-31 所示。

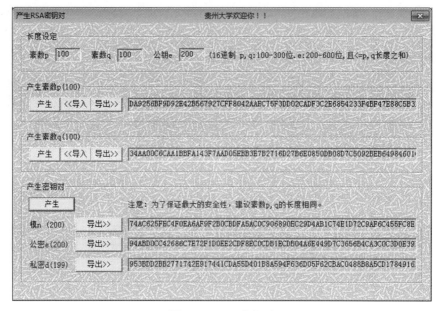

图 2-30　RSA 密钥对

图 2-31　导出的 RSA 密钥对

4. 实验结果分析

由于加密措施的应用,用户存储在云端的数据变得安全可靠且易于管理。云存储在互联网上部署自己的存储服务器,然后租赁给企业和用户。据调查,目前云存储的单位成本大约在 2 美元/GB,从企业和用户角度而言,这是完全可以接受的,可以让用户和企业的存储成本大幅度降低。同时还能享受服务商带来的优势管理,提供安全可靠的保障。用户和企业无须自己采购硬件设施,更无须配备系统管理员,就可以获得更高的稳定性和性能,而且后期可以根据实际需求来进行动态扩展。因为云存储是基于互联网的,避免了企业自己构建服务器带来的出差员工内部访问权限的麻烦,而且基于 Internet 的带宽优势,访问速度也很迅速。在云存储过程中,不仅需要考虑存储数据时的空间效率,还要考虑读写数据时的时间效率,如此才能满足当前爆炸式增长的数据的存储需求。云存储中的数据加密技术的应用可以减少数据的容量,提高空间效率、传输效率和时间效率。

(1) 存储效率。

云存储目前作为一个新兴产物,正是应对了传统存储所面临的问题:存储系统空间增长问题、数据占用空间问题、存储管理问题、已有的存储资源利用率问题、购买维护成本问题。云存储在这些问题前将是一个绝佳的处理途径。随着云存储的发展,企业和个人将会把自己的数据完全存储在云中,这是一个无法逆转的趋势。一方面,当用户将自己的文件数据存储在云端时,考虑到云端和 Internet 的开放性,要确保数据的安全可靠,不被窃取、篡改,常规情况下都会对数据选择加密操作,那么如果对所有数据都执行加密操作,将占用更多的存储空间和消耗更多的系统资源。另一方面,加密以后还要保留原文的冗余,也就是相同的明文加密后获得相同的密文,这样针对数据执行的去重操作才能够发挥作用,这也将耗费巨大的存储空间。所以,现实生活中,一般将一些无关痛痒的数据直接存储在云端,将一些隐私性的敏感数据执行加密操作后再上传云端,或者云存储服务提供商根据用户的要求对相应的文件数据执行加密操作。

对于上传到云端的公司的大型数据库文件,因为涉及公司的商业机密,那么就必须对其进行加密保存。数据库原始文件的容量信息本身就很庞大,执行常规加密操作以后肯定会加大容量,而且也耗费更多的时间,解密效率也得不到保证,加之存储在云端,显然不太合适。此类型的数据库文件要求读写有相当的响应时间,数据总量不应该变化太大。本章设计的云存储网络中的双方抗否认的、混合的数据加密技术综合了数字签名、对称加密和非对称加密的优势,取其长,避其短,使得云存储中的数据安全性得到了一定程度的保证。DES 对称加密速度快,易于实现,但其本质是一个分组加密,在分组的过程中,并不能保证每个分组都是 64 的倍数,常规情况下用随机数来填充,但是要付出数据膨胀的代价。本书提出的云存储中的加密技术在使用 DES 时做了一些改进。改进的 DES 算法在算法流程上没有变化,只是在分组结果的最后一个模块上做了改动,在不足 64 位的情况下,做了一个异或操作,通过多次测试可知性能在改进后基本保持原算法的高效,但是在数据量上有一定程度的降低,避免了因填充随机数使数据量增多的问题。从表 2-9 中可以看出,改进的算法执行以后得到的数据量比原算法有所减少,当应用对象变成大型数据库时,这种效果将更加明显,也就能很好地确保数据库数据总量基本不变。

表 2-9 DES 改进前后数据容量对比变化

组别	数据/MB	原 DES/MB	新 DES/MB	数据容量提升率/%
1	7	25	21	16.0
2	11	33	28	15.2
3	22	47	41	12.8
4	38	58	52	10.3
5	51	70	64	8.6

续表

组别	数据/MB	原 DES/MB	新 DES/MB	数据容量提升率/%
6	121	151	144	4.6
7	720	751	744	0.9
8	1098	1230	1224	0.5
9	1491	1510	1507	0.2
10	10956	10980	10975	0

从表 2-9 中数据可以看出，当对数据执行加密操作以后，它们的容量自然地加大了（因为原始数据后面可能会追加一些消息摘要信息或填充的随机数等数据），但是仔细观察发现，当加密对象是一些小文件数据时，改进的 DES 算法加密后的容量要明显小于常规的 DES 加密操作，它们的容量提升比例基本在 5% 以上；当加密对象的容量增大以后，使用改进的 DES 算法加密以后获得的密文数据和原始明文数据的容量大小相差无几，在存储空间容量上没有提升，但是至少确保了容量没有急剧膨胀，换句话说，就是数据库总体容量基本不变。这种趋势在折线图上表现得更突出，如图 2-32 所示。

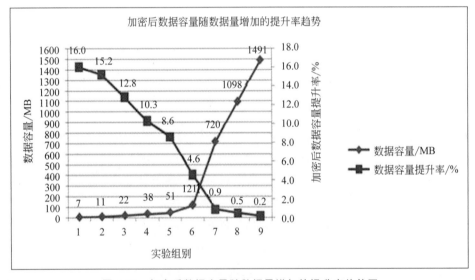

图 2-32 加密后数据容量随数据量增加的提升率趋势图

这对于云端环境而言是至关重要的。一方面，云端是完全开放的一个网络世界，周围充斥着各种不安全因素，所以需要对数据进行加密保存，那么对数据库执行改进后的 DES 操作可以达到该目的；另一方面，要响应数据库较高的读写时间比，这刚好和 DES 的优势相映照，DES 正是以加密速度快、操作简单便利而著称。因此，这种方式在确保云端数据安全的同时，极大地确保了云端数据的存储空间效率。

（2）访问效率。

云存储依靠其低廉的成本、易于扩展的优势获得了广泛的应用。不论是个人还是企业都将自己的数据存储于云端,既增加了数据所能存放的空间,又使得数据的访问不用再受地理位置的局限,同时只需按照自己定制的服务来支付费用。云存储厂商为了应付日趋增长的用户访问量,服务商通常将服务分布到不同地理位置的多个数据服务器上,当用户发出访问请求时,服务商配置好的云存储系统会自动计算请求用户与不同数据站点之间的带宽,再综合考虑各数据服务器的负荷量,把用户导向访问延时最小的站点,从而节约用户的宝贵时间。用户将数据上传到云端以后,既希望获得数据的安全保密性,同时也希望获得高效的访问效率[39]。这个访问效率和云存储系统的数据存储模式相关联,同时,更多的是和在确保数据保密性过程中加密和解密所耗费时间的多少有关,因此,选择一个高效的加、解密算法乃是必经之道。

本书提出的双方抗否认的、混合的数据加密技术,一方面确保云存储中数据的安全性,对在其中存储、传输的数据使用了对称加密,保证了数据的保密性,但是这对对称加密密钥的保管又带来了一个新的问题。于是利用非对称加密的优点,较高的安全保密性,对这个对称密钥进行加密处理。非对称加密 RSA 因其涉及一个大整数的高次幂运算导致速度变慢,使其应用领域受到了一定的限制。本章在使用 RSA 加密对称密钥时执行了一个降幂操作,再者利用 RSA 加密的对象数据量很小,仅是一个对称密钥而已,使得降幂以后的 RSA 速度得以提升,耗时得以缩短,具体对比数据如表 2-10 所示,从中可以看出降幂后的 RSA 缩短了一定的运算时间。

表 2-10 RSA 改进前后消耗时间对比情况

组别	加密			解密		
	原 RSA/ms	改进 RSA/ms	提升率/%	原 RSA/ms	改进 RSA/ms	提升率/%
1	263	255	3.04	281	272	3.20
2	279	270	3.23	489	474	3.07
3	226	219	3.10	168	163	2.98
4	243	235	3.29	190	184	3.16
5	237	230	2.95	390	378	3.08
6	181	175	3.31	264	255	3.41

RSA 算法因大素数的分解难度确保了安全性,又因 RSA 要计算一个大整数的高次幂,需要耗费较长的时间,使其速度变慢,也正因为此,RSA 的应用范围相较于 DES 要窄。RSA 算法下的安全性和时长是矛盾的,现实生活的数据存储过程,既要有较高的安全性,又要有较短的访问时长,这就必须进行折中,寻找一个理想状态。因此,上文提出的在确保 RSA 安全性的同时执行一个降幂操作,缩短其操作时长,加快其访问速度,涉及的混合加密方案中只利用 RSA 对 DES 的密钥进行加密传输。一方面,密钥的数据量相对于数据库文件容量而言要小得多;另一方面,数据库数据的安全性依托于对称密钥的安全保管和安全传输,导致密钥的安全性显得尤为突出,所以选择执行降幂操作后的 RSA 算法来进行加密处理。因为密钥数据量相对要小,不会耗费太多的时长,同时又能确保密钥

的高安全性。经过多次试验以后，从表2-10中的数据可以看出，对对称密钥进行 RSA 加密和解密操作，从表中耗时数据来看，改进后的算法加、解密耗时明显比原来的算法缩短了，算法效率提升率在2%以上，即缩短了用户访问数据所需的时间。从图2-33和图2-34可以更直观地看出时间的提升效率。

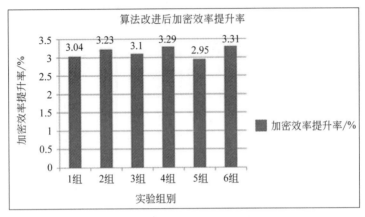

图 2-33　算法改进后加密效率提升率

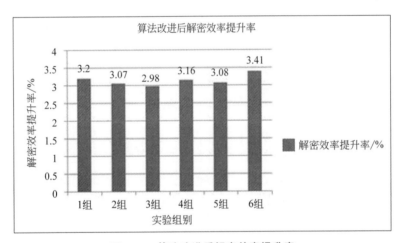

图 2-34　算法改进后解密效率提升率

用户眼中的云和自然界的云有相似之处，二者都是飘浮在空中，所向不明。所以用户对存储在云上的数据安全性的担忧一直是业界关注的焦点。为了保护数据在云中的安全，双方抗否认的、混合的数据加密技术可以在一定程度上确保用户数据的安全。数字签名技术将明文信息的哈希值进行密码变换，附在明文后就可以进行发送，在这个过程中截获信息是看得到明文的，也就是说，数字签名只能保证数据的完整性和来源检验，但是并不对数据的保密性负责。而云端环境的不可信因素和信息安全的三要素迫使对数据进行保密。本章介绍的加密方法，先利用待发送信息的一个摘要 MD，在彼此之间建立一条通道，双方均响应后才能确认双方的身份。此时运用 RSA 非对称加、解密作用在 MD 上，验证双方的不可否认性。因为 RSA 加、解密中，用公钥加密，必须用与之对应的私钥解密,别无他法,反之亦然。这样收发双方都无法进行抵赖,本章还对 RSA 算法进行了改进,加之它的作用对象是信息摘要,容量小,因此在保证安全性的同时能获得较快的速度。然后利用 DES 对称加密技术对明文进行处理,用 RSA 非对称密钥管理发送对称密钥 key,确保密钥的安全抵达,这样充分发挥了对称加密和非对称加密的优势:DES 速度快,用于加密大数据量的明文,再用 RSA 来确保 key 的安全。接收方收到后依次进行解密获得明文,然后用和发送方同样的哈希函数运算明文,得到一个信息摘要,对比这两个信息摘要,如果相等则明文是真实完整的,反之做丢弃处理。

  总之,本章介绍的加密方案在对大数据容量的文件采用简单、便捷又快速的 DES 进行加密,对对称密钥为确保其高安全性采用 RSA 加密处理。采用这两种优劣互补的组合算法充分确保了数据的安全保密性。同时,结合数字签名技术的完整性和抗否认性验证,充分确保了云端数据的安全和可靠,也正好吻合信息安全的保密要求。采用此种方式,充分发挥了云存储的海量存储、高密度、低时延的优势。

第 3 章
制造大数据的多源异构数据融合

随着智能制造的发展,制造车间自动化的普及,智慧车间、数字工厂的飞速诞生,使得机械设备日益精密化、高速化、集成化、智能化,机械设备的组成和结构愈加繁杂,机械设备各部件之间的关联愈加紧密,影响设备正常运行的原因也越来越多。倘若设备的某个部件失效而引发故障,也许会带来生产线严重的系列异常反应,导致巨大的经济亏损,甚至会发生灾难性的人员伤亡和环境污染。机械设备状态监测和智能诊断技术就是为适应工业需要而形成和发展起来的。状态监测即借助于传感器,利用各种各样的测量方法,获取设备工作状态,对特殊情况做出报警,为设备的故障分析供应源数据。智能诊断则依据状态监测的信息,联合历史维修记录,对已发生或者可能发生的故障进行诊断和分析,提出维修对策,快速排除故障,恢复生产。目前,监测和诊断是确保机械设备健康运行的有效途径,已在经济各行业发挥重要作用。相对于其他行业而言,制造业的机械设备存在种类繁多、传动复杂等特点,以致依靠常规的故障诊断方法具有很大的局限性;再者,不同的设备、部件、位置的故障引发的性能变化不同,且外在表现的故障征兆也不尽相同,它们之间是一种复杂的非线性映射关系。这些不确定因素给机械设备故障诊断带来了新的、更大的挑战,而数据融合又被工业界认为是解决机械设备故障不确定性问题的优选方法。因此,采用多源数据融合诊断机械设备的运行状态有着重大的现实意义,不仅可以提早发现故障隐患,及时检修,充分利用设备的有效使用寿命,而且可以提高工厂的生产效率和经济效益。

3.1 多源制造大数据融合方法综述

3.1.1 多源数据融合方法

多源数据融合也称为信息融合,是一种自动化综合信息处理技术,最早起源于军事需求,后逐渐扩展到各领域。类似于人脑处理各类综合信息一样,它充分利用不同时间、不同空间的多来源的数据信息,尤其是多传感器数据,采用智能算法按照某种标准进行合理的综合分析,使对目标对象的描述具有一致性,从而实现决策判断,使系统整体性能优于单个组成部分的性能。因此,多源数据是信息融合的加工处理对象,多传感器系统是信息融合的基础,综合分析处理数据是信息融合的核心,按照数据抽象的层次可以划分为如下几种。

(1) 数据级融合——直接分析、处理原始传感器获取的数据,也称为像素级融合,只适用于同类型的数据源。该方式保留了最多的原始信息,具有良好的融合性能,但因数据量巨大而导致模型分析计算量大,从而使系统的实时性差,是最低层次的融合,如图 3-1 所示。

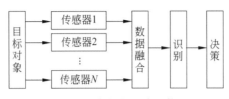

图 3-1 数据级融合结构

(2) 特征级融合——通过提取传感器测量值的特征获得相应的特征向量,然后对特征向量进行综合分析和处理,该方式保留了信息的主要特征,实现了一定程度的信息压缩,但确保了实时性,属于中间层次的融合,如图 3-2 所示。

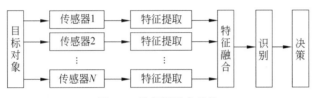

图 3-2 特征级融合结构

(3) 决策级融合——从具体决策问题出发,对各传感器特征向量进行初步决策,再根据一定的规则和可信度将初级结果重新组合、评价,针对具体决策目标获得一个最优决策。该方式的容错性和实时性都很好,当某传感器的测量值出现误差时,系统也许还能进行正确决策,属于最高层次的融合,如图 3-3 所示。

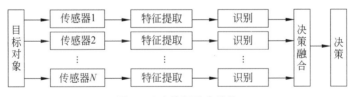

图 3-3 决策级融合结构

不同层次的数据融合结构性能对比如表 3-1 所示。

表 3-1 不同层次的数据融合结构性能对比

融合模型	计算量	容错性	信息损失量	精度	抗干扰性	传感器同质性	通信数据量	实时性	融合水平
数据级	大	差	小	高	差	大	大	差	低
特征级	中	中	中	中	中	中	中	中	中
决策级	小	好	大	低	好	小	小	好	高

数据融合的结构表现为 3 种形式：串行、并行和混合。串行融合时，当前传感器要接收前一级传感器的融合结果，每个传感器不仅有接收数据信息的功能，还有处理和融合信息的能力，如图 3-4(a)所示；并行融合时，每个传感器直接将各自接收的信息传送给融合中心，彼此相互独立、互不影响，融合中心收到信息以后按照适当的规则综合分析得出最终结果，如图 3-4(b)所示；混合模式则结合了串行和并行的特点，每个传感器既要接收信息，同时还要处理信息，再把处理后的信息发送到融合中心进一步融合分析得到最优结果，如图 3-4(c)所示。

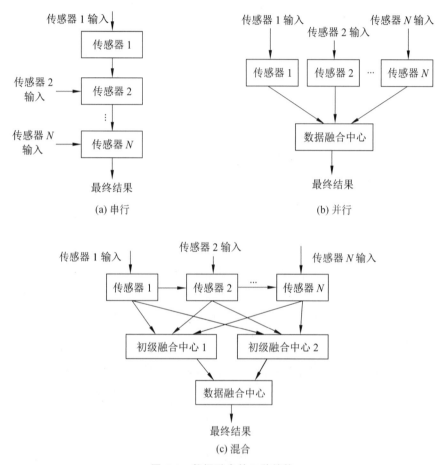

图 3-4　数据融合的 3 种结构

3.1.2　多源数据融合方法在设备故障诊断中的应用

机械设备故障诊断过程从工件采集的物理信号，通过数学变换及人机协作等方式对源信息进行处理，再用智能算法衍生出新的信息并据此对工件故障进行预测，从而采取相应的措施确保系统安全有效运转，这本身就是一个多源信息融合的过程。随着传感器技术的成熟，信息化系统的普及，可以获得制造车间机械设备大量的生产状态信息。同时，设备的精密性也要求监测更多的状态量。面对如此海量的生产制造大数据，充分利用数据的冗余和关联进行数据挖掘,获得设备状态更准确和可靠的结论是故障诊断的核心问题。实现设备诊断和维修的前提是实时状态监测,准确获得反映机械设备真实运行状态的特征[17]。目前,机械设备结构日趋复杂且各部件之间相互耦合,影响设备运行状态的不确定因素越来越多,使得故障表征出现以下特点:非平稳性、复杂性、并发性等。这些特征给设备故障信息的提取、分析、监测带来了极大的挑战。单一传感器有一定的功能和测量范围,且只能从某一侧面反映被测对象的性质,带有一定的局限性,要获得准确的设备健康状态,需要对多个来源的传感器数据进行融合处理,提取关键特征,从而克服其局限性,充分利用多传感器信息,减少模糊性,增加决策诊断的准确性。因此,在机械设备故障诊断领域引入多源传感器数据融合是故障诊断技术发展的必然,其融合诊断策略如图 3-5 所示。

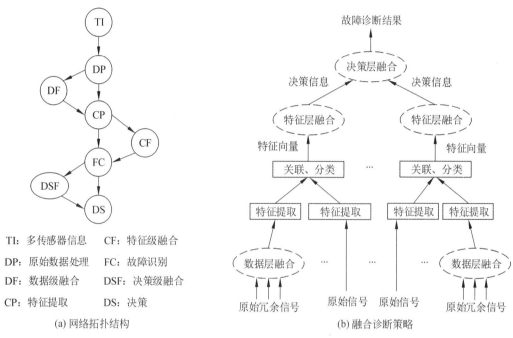

图 3-5 故障诊断融合策略

图 3-5(a)表示故障信息融合诊断的网络拓扑结构,图 3-5(b)表示故障信息融合诊断策略。首先对原始信号进行预处理,按照不同的采集接口要求进行信号转化、数据清洗,然后逐级经过数据融合和特征融合进行综合分析处理。在数据层融合中对信号进行快速傅里叶变换、小波分析等提取特征数据,进行简单的初级诊断获得特性信息并送入特征层融合,运用人工智能方法,如神经网络、支持向量机、决策树、故障树等进行诊断,获得更精确的诊断结果。数据融合和特征融合的结果同时送入决策层,利用贝叶斯理论、最大似然估计、专家系统、聚类、卡尔曼滤波、加权最小二乘法、证据理论等智能融合算法进行终极决策,辅助管理人员进行设备维护。下面简单介绍几个最常用的算法。

(1)贝叶斯估计融合算法。通过先验概率和条件概率来主观估计未知部分的状态,再通过贝叶斯公式进一步修正,最后结合修正概率和目标值做出判断。姚成玉[18]利用改进的小波变换提取故障信号的特征向量,根据条件属性的出现频次进行属性约简,借助朴素贝叶斯网络进行故障分类。吴定海[19]针对故障样本分布不均、特征混叠的问题,提出一种基于贝叶斯的超球面诊断方法,充分利用样本距离和概率密度函数来减小诊断误差,在柴油机异常检测中验证该方法的可靠性。Soroush[20]利用小波去噪、贝叶斯分类对钻孔质量进行检测,获得较高的精度。Guerriero[21]利用贝叶斯方法检测数据一致性,在传感器目标检测中获得最优的数据精确度。贝叶斯方法的关键在于选择合适的先验概率和条件概率,它们一般通过多次试验获得,成本较高。

(2) 专家系统融合方法。通过领域的行业专家经验知识库来解决问题,模拟人类专家运用知识库存储的领域经验对问题进行推理判断。司景萍[22]融合专家系统和模糊神经网络方法,建立诊断规则库,实现数据通信,设计了高效的诊断系统。赵伟[23]结合并优化了专家系统和智能体模型框架,构建一个协同式的电网故障诊断系统。王远航[24]根据机床故障特征,提出基于模糊隶属度的专家系统诊断方法,通过邻近算法实现案例匹配,并开发了相应的原型系统。在实际应用中,专家系统知识的获取需要人工移植且实时更新,其推理方法简单,容易匹配冲突,容错能力差,有一定的局限性。

(3) 模糊理论融合方法。它分为模糊数学、模糊系统、模糊推理、模糊决策和模糊逻辑 5 个分支,可以解决非确定性语义及模糊概念的问题,这是精确理论所无法解决的。在机械设备故障诊断领域,故障表征和机理之间的关系是不确定的、模糊的,使用模糊理论描述和解决故障问题较传统方法更实用。汪惠芬[25]提出了一种改进模糊故障 Petri 网的建模及推理方法,通过正向推理实现故障的智能评价,通过逆向推理提高故障诊断率,并以数控机床的故障分析为例验证模型的正确性和可靠性。温阳东[26]提出一种变压器故障诊断新方法,有效处理诊断的不确定因素,具有较强的知识获取能力。Chen[27]提出一种智能环境检测与故障诊断系统,利用模糊推理将故障分类,再借助神经网络获取故障率,并成功应用于民航。Yu[28]利用模糊理论建立故障表征与模型间的隶属度,利用遗传算法实现故障诊断并应用到配电网领域。事实上,对于复杂系统,建立模糊规则需要花费较长时间,可能使诊断结果不理想。

(4) 神经网络融合方法。它以其特有的联想记忆、自组织、自学习、并行处理能力广泛应用在各专业领域,能够有效建立特征向量和目标类别之间的非线性映射关系,无须人工干预。龚瑞昆[29]利用量子神经网络对变压器进行初步诊断,再利用数据融合方法进一步融合初级结果,获得变压器的故障类型及其准确率。张强[30]通过多传感器采集的数据,提取样本特征,根据优化模型获得隶属度函数,借助模糊推理系统实现多维神经网络融合诊断。Xiong[31]将瞬时电流和电压作为输入,利用 RBF 神经网络对传输线路故障进行分类及定位。Hocine[32]采用遗传算法优化神经网络避免陷入局部最优,从振动信号提取统计特征送入网络,输出轴承的正常或异常状态。在实际应用中,尽管神经网络优势明显,但网络收敛慢,容易陷入局部最优,较多学者建议用证据理论进行融合决策。

(5) 证据理论 (DS) 融合算法。通过计算证据体的概率赋值,按照一定的组合规则融合各证据体,从而获得精确度较高的决策结果。Ma[33]设计了一种多传感器融合的故障诊断方法,利用 DS 理论解决了单传感器诊断的不确定性、不精确性和低可靠性问题。向阳辉[34]利用混淆矩阵计算支持向量机初步诊断的置信度,并加权处理降低局部诊断的冲突。孙伟超[35]借助粗糙集理论提出一种新的证据冲突合成规则,应用于航空电子设备故障诊断,取得较理想的效果。DS 理论因其处理不确定信息的优势广泛应用在故障诊断领域,充分利用多源数据的冗余性、互补性和计算机的高计算能力,得出更准确、可靠的诊断结果。

20 世纪 70 年代前后,美国共研制了几十个融合系统投入军事部门,典型的有 MCS(陆军机动控制系统)、NTDS(海军战术数据系统)、GNCST(全球网络中心监视与瞄准系统)等。Pan[36]阐述了基于 AI、模式识别的多传感器数据融合技术已广泛应用于目标识别、战场监视等领域。Moosavian[37]分析了汽车火花塞的声音和振动信号,利用信息融合的证据理论获得了高达 98.56% 的故障准确率。Othman[38]针对滚动轴承不同的振动和声音信号处理方法进行了分析和总结,实验结果表明,有效结合振动和声音的诊断结果优于单信号源的诊断结果。Gholamshahi[39]将 DS 理论应用于电机故障诊断,结合各种特征信息,提高了故障诊断结果的准确性。我国当时的国防科工委在"八五"计划中设立数据融合的相关研究课题,一些研究所和高校团队纷纷响应,积极申报相关课题,取得了一大批研究成果。吕瑞[40]针对故障树冗余节点多、系统耗时长的问题,通过故障关联项集的映射关系,提出一种多源数据融合诊断方法,提高复杂系统的诊断速度和推理效率。张明[41]构建一种多传感器融合诊断框架,利用 RBF 网络进行初步诊断,根据证据融合规则进行决策诊断,能够正确识别往复式压缩机的故障状态。Jiang[42]通过测试模型和故障模型的交叉区域获得证据,利用证据加权来融合决策诊断结果,并用电机转子的实测数据验证其有效性。

以上研究表明,数据融合在解决目标识别、故障诊断等方面表现出较大的优越性:增加系统生存能力、扩展时间和空间的覆盖面、减少信息的模糊性、降低目标事件的不确定性、增加融合结果的可信度、改善系统可靠性。因此,可以利用不同传感器信息之间的冗余性、互补性,对设备历史状态和实时监测的多个信号源进行综合分析,利用机器学习方法,构建多源故障诊断模型,以期有效提高故障诊断的精确性和增强模型的泛化能力,同时降低信息不确定性,进而准确定位故障源并及时评估设备故障的受损度。

3.2 多源制造大数据融合算法分析

3.2.1 证据理论

1. DS 理论的数学定义

证据理论起源于哈佛大学数学家 A. P. Dempster 利用上、下限概率解决多值映射问题。随后,他的学生 G. Shafer 引入信任函数概念,进一步钻研证据理论,形成了一套基于证据和组合来处理不确定性推理的数学方法。因此,证据理论也被称为 Dempster-Shafer 理论,简称 DS 理论,用于处理不确定、不精确的信息。由于 DS 理论将概率论中的单点赋值扩大到集合赋值,弱化了相应的公理系统,满足了比概率更弱的要求,可以看作对贝叶斯概率论的推广,两者的区别在于贝叶斯概率论需要知道先验概率,而 DS 理论则不需要,具有直接表达不确定和不知道的能力。DS 理论不但强调事物的客观性,还强调人对事物评价的主观性,采用"区间估计"来描述事物的不确定信息是其最大的特点。与贝叶斯网络相比,DS 理论能够在不知道先验概率的前提下,通过简单的推理得到更好的融合结果。因此,DS 理论被广泛应用在故障诊断、能耗分析、路径规划、目标识别等多种场合[43]。

设 Ω 是命题 A 的集合,即 $\Omega = \{A_1, A_2, \cdots, A_n\}$ 且 Ω 中的命题是有限、完备、互斥的,即在任意时刻 A 取且只取 Ω 中的某一个元素为值,则称 Ω 为辨识框架。命题 A 所有可能的组合构成幂集 2^Ω,即 $2^\Omega = \{\phi, \{A_1\}, \cdots, \{A_n\}, \{A_1 \cup A_2\}, \cdots, \{A_1 \cup A_2 \cup A_3\}, \cdots\}$。在辨识框架下,由任意单个命题构成的组合称为单点证据,由任意两个及其以上的命题构成的组合称为非单点证据。

定义 3.1 对于幂集的任意命题 A,定义映射 $m: 2^\Omega \rightarrow [0,1]$,满足式(3.1)的条件:

$$\begin{cases} m(\phi) = 0 \\ \sum_{A \subseteq \Omega} m(A) = 1 \end{cases} \tag{3.1}$$

则称 m 是 2^Ω 上的概率分配函数,$m(A)$ 称为 A 的基本概率分配(basic probability assignment, BPA),代表命题 A 对证据源最初的支持度。如果 $m(A) > 0$,则称 A 为焦元。概率分配函数的功能是把辨识框架的任意子集 A 映射到 $[0,1]$ 获取数值 $m(A)$。当 $A \subset \Omega$ 且 A 由独立的单个元素构成时,$m(A)$ 代表对 A 的精确信任度;当 $A \subset \Omega$ 但 $A \neq \Omega$ 且由互斥的多个元素构成时,$m(A)$ 也代表对 A 的精确信任度,但不清楚具体如何分配该信任度给 A 的元素;当 $A = \Omega$ 时,$m(A)$ 代表对 Ω 的各子集进行信任分配后剩余的部分,具体如何分配这部分是未知的。

定义 3.2 对于任意命题 A,A 中所有子集对应的基本概率分配之和称为 A 的信任度函数(belief function, Bel),满足式(3.2)的条件:

$$\begin{cases} \text{Bel}: 2^\Omega \rightarrow [0,1] \\ \text{Bel}(A) = \sum_{B \subseteq A} m(B) \quad A \subseteq \Omega \end{cases} \tag{3.2}$$

$\text{Bel}(A)$ 称为信任函数,也称为下限函数,表示对 A 的全部信任,其值为 A 的所有子集的基本概率之和。由 BPA 的定义容易获得:

$$\begin{cases} \text{Bel}(\phi) = m(\phi) = 0 \\ \text{Bel}(\Omega) = \sum_{B \subseteq \Omega} m(B) \end{cases} \tag{3.3}$$

定义 3.3 对于任意的命题 A,$\text{Pl}(A)$ 表示对 A 非假的信任程度,满足式(3.4)的条件:

$$\begin{cases} \text{Pl}: 2^\Omega \rightarrow [0,1] \\ \text{Pl}(A) = 1 - \text{Bel}(\neg A) \quad A \subseteq \Omega \end{cases} \tag{3.4}$$

$\text{Pl}(A)$ 称为似然函数(plausibility function, Pl),也称为上限函数,表示对 A 可能成立的不确定性度量。

明显地,Bel(A)和PI(A)有如下关系:PI(A)≥Bel(A),$A \subseteq \Omega$。A的不确定性由PI(A)-Bel(A)表示,将(Bel(A),PI(A))称为信任区间,如图3-6所示。

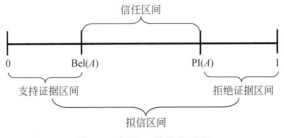

图 3-6 命题 A 的信任区间

图 3-6 表明信任度 Bel(A) 是对命题 A 假设信任程度的下限估计,即 A 可信的最小值,属于悲观估计;似然度 PI(A) 是对命题 A 假设信任程度的上限估计,即 A 可信的最大值,属于乐观估计。表 3-2 给出了一些常见的信任区间。

表 3-2 常见的信任区间

证 据 区 间	解　　释
[1,1]	完全是真的
[0,0]	完全是假的
[0,1]	完全无知
[Bel,1],其中 0<Bel<1	趋向于支持
[0,PI],其中 0<PI<1	趋向于反驳
[Bel,PI],其中 0<Bel≤PI<1	既趋向于支持又趋向于反驳

2. DS 理论的融合规则

(1) 合成规则。

假设 A_1、A_2 是辨识框架 Ω 上的两个命题,则 $m_1(A_1)$ 和 $m_2(A_2)$ 是幂集 2^Ω 上的两个基本概率分配,按照 DS 理论,将两条证据 m_1、m_2 的融合规则定义如式(3.5)所示。

$$\begin{cases} m(\phi) = 0, & A = \phi \\ m(A) = (1-k)^{-1} \sum_{A_1 \cap A_2 = A} m_1(A_1) m_2(A_2), & A \neq \phi \end{cases} \quad (3.5)$$

其中,$k = \sum_{A_1 \cap A_2 = \phi} m_1(A_1) m_2(A_2)$,$k$ 反映了证据的冲突程度,称为冲突因子;$(1-k)^{-1}$ 可以避免在证据合成时将非 0 的概率赋给空集,称为修正因子。推而广之,假设辨识框架 Ω 上有 n 个命题,其基本概率分配依次为 $m_i, i=1,2,\cdots,n$。对于幂集 2^Ω 上的任意子集 $A \subset \Omega$ 的融合规则如式(3.6)所示。

$$\begin{cases} m(\phi) = 0, & A = \phi \\ m(A) = (1-k)^{-1} \sum_{\cap A_i = A} \prod_{1 \leqslant i \leqslant n} m_i(A_i), & A \neq \phi \end{cases} \quad (3.6)$$

其中，$k = \sum_{\cap A_i = \phi} \prod_{1 \leqslant i \leqslant n} m_i(A_i)$。

融合规则的数学公式表明，DS 理论的本质是两条证据的正交和，故而满足交换律和结合律。

$$交换律：m_1 \oplus m_2 = m_2 \oplus m_1 \quad (3.7)$$

$$结合律：(m_1 \oplus m_2) \oplus m_3 = m_1 \oplus (m_2 \oplus m_3) \quad (3.8)$$

(2) 决策规则。

用 DS 理论的组合规则得到融合结果后，根据 $m(A)$ 进行决策判断。常见的判断方法有基于 BPA 的方法、基于 Bel 函数的方法和基于最小风险的方法。广泛采用的是基于 BPA 的方法。设辨识框架 Ω 中有任意的命题 A_1、A_2，满足式(3.9)的条件

$$\begin{cases} m(A_1) = \max\{m(A_i), A_i \subset \Omega\} \\ m(A_2) = \max\{m(A_i), A_i \subset \Omega \text{ 且 } A_i \neq A_1\} \end{cases} \quad (3.9)$$

如果

$$\begin{cases} m(A_1) - m(A_2) > \varepsilon_1 \\ m(\Omega) < \varepsilon_2 \\ m(A_1) > m(\Omega) \end{cases}$$

则 A_1 为决策结果，其中，ε_1 和 ε_2 为预先设定的阈值，该值一般由专家系统或工人的经验值设定，实验中设置 $\varepsilon_1 = 0.1$ 和 $\varepsilon_2 = 0.05$。

3.2.2 学习向量化神经网络

从机器学习的角度出发，神经网络主要分为有监督学习和无监督学习两种方式。监督学习模式要求事先给模型提供期望输出，根据期望值更新模型权重，使模型的预测值尽可能接近期望值。但现实存在很多人们无法预知的情况，此时，监督学习则无法满足需求。自组织竞争网络通过观察、分析、学习、归纳目标对象的内在关联，将具有相同属性的对象进行分类。它通过自主学习和归纳目标对象的本质规律，自动更新模型权重，采用竞争学习规则获得对输入向量的响应机会，最终只有一个响应并被激活的神经元向有利于自己竞争获胜的方向更新权重。

学习向量化(learning vector quantization，LVQ)神经网络源于自组织竞争网络，集中了竞争响应和监督学习的优势，弥补了自组织网络缺乏分类标签的不足。LVQ 神经网络由输入层、竞争层和线性输出层构成，前两层采用全连接方式，后两层采用部分连接方式。每个竞争层神经元只能与一个线性输出层神经元连接，但每个线性输出层神经元可以与多个竞争层神经元连接，它们只允许设置为 1 或者 0。竞争层依据初始权重与输入向量之间的距离进行分类，如果距离相近，则将其作为同类输出。当某个向量被送至 LVQ 时，距离最近的竞争层神经元被激活，设置状态为 1，与被激活神经元相连的线性输

出层神经元也设置为1,而其他神经元均设置为0。LVQ神经网络结构如图3-7所示。

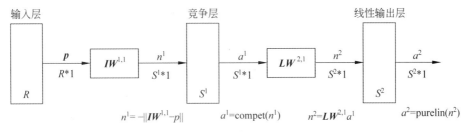

图 3-7 LVQ神经网络结构

其中,p 为 R 维的输入向量;S^1 为竞争层神经元个数;$IW^{1,1}$ 为输入层与竞争层之间的连接权系数矩阵;n^1 为竞争层神经元的输入;a^1 为竞争层神经元的输出;$LW^{2,1}$ 为竞争层与线性输出层之间的连接权系数矩阵;n^2 为线性输出层神经元的输入;a^2 为线性输出层神经元的输出。

LVQ网络常用的算法有以下两种。

(1) LVQ1算法。

LVQ1算法通过计算初始权重与输入向量的距离,挑选距离最近的竞争层神经元并激活,从而关联相应的线性输出层神经元。如果输入向量的标签与线性输出层所对应的标签相同,则网络权重向输入方向调整;反之,则反向调整,其具体步骤如下。

① 随机初始化网络权值 w_{ij} 及学习率 $\eta(\eta>0)$。

② 将输入向量 $\boldsymbol{x}=(x_1,x_2,\cdots,x_n)^\mathrm{T}$ 送入输入层,并计算距离 d_i。

$$d_i = \sqrt{\sum_{j=1}^{n}(x_j - w_{ij})^2} \tag{3.10}$$

③ 挑选距离最近的竞争层神经元,若 d_i 最小,则设置与之相连的输出层神经元的类别信息为 C_i。

④ 记输入向量的类别信息为 C_x,如果 $C_x = C_i$,则采用式(3.11)更新权重

$$w_{ij-\mathrm{new}} = w_{ij-\mathrm{old}} + \eta(x - w_{ij-\mathrm{old}}) \tag{3.11}$$

否则,采用式(3.12)调整权重。

$$w_{ij-\mathrm{new}} = w_{ij-\mathrm{old}} - \eta(x - w_{ij-\mathrm{old}}) \tag{3.12}$$

⑤ 判断是否符合预设的终止条件,若符合,则终止算法,否则,返回②继续更新网络权重。

(2) LVQ2算法。

在LVQ1算法中,只有一个竞争获胜的神经元可以调整权重。为了改善网络的分类识别率,LVQ2引入了次获胜神经元,获胜与次获胜神经元的权重都将被调整,其具体步骤如下。

① 将输入向量 $\boldsymbol{x}=(x_1,x_2,\cdots,x_n)^\mathrm{T}$ 送入输入层,并计算距离。

② 选择距离最近的两个竞争层神经元 i 和 j。

③ 倘若 i 和 j 符合如下要求:

a. 神经元 i 和 j 对应不同的标签；

b. 神经元 i 和 j 与当前输入向量的距离 d_i 和 d_j 符合式(3.13)的要求。

$$\min\left\{\frac{d_i}{d_j}, \frac{d_j}{d_i}\right\} > \rho \quad (3.13)$$

其中，ρ 为输入向量可能落进的接近于两个向量中段平面的窗口宽度，一般取 2/3 上下。则有：

- 如果神经元 i 对应的标签 C_i 与输入向量的标签 C_x 相同，即 $C_i = C_x$，则按照式(3.14)更新 i 和 j 的权重。

$$\begin{cases} w_{i-\text{new}} = w_{i-\text{old}} + \eta(x - w_{i-\text{old}}) \\ w_{j-\text{new}} = w_{j-\text{old}} - \eta(x - w_{j-\text{old}}) \end{cases} \quad (3.14)$$

- 如果神经元 j 对应的标签 C_j 与输入向量的标签 C_x 相同，即 $C_j = C_x$，则按照式(3.15)更新 i 和 j 的权重。

$$\begin{cases} w_{i-\text{new}} = w_{i-\text{old}} - \eta(x - w_{i-\text{old}}) \\ w_{j-\text{new}} = w_{j-\text{old}} + \eta(x - w_{j-\text{old}}) \end{cases} \quad (3.15)$$

④ 如果神经元 i 和 j 不符合第③步的要求，则只修正竞争获胜神经元的权重，更新公式与 LVQ1 算法相同。

3.2.3 决策树

1. 决策树的基本思想

决策树(DT)是数据挖掘中常用的分类方法，它通过将大量的样本按照某种意图预测分类，期望从中寻找一些对决策者有参考价值的信息。它是一种监督学习，即给定一堆样本，它们拥有一组属性和一个事前明确的类别标签，通过学习这些样本创建一个分类器，使其能够对新加入的样本做出正确的类别判断。分类的过程一般包括两个步骤：模型构建和预测应用。以图 3-8 为例，训练集有 4 个已知类别的样本，通过对训练集的归纳，建立分类模型(归纳)；根据所建模型，对测试集进行预测(推论)。

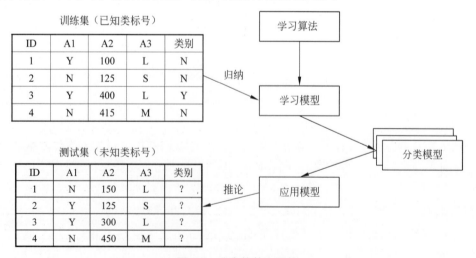

图 3-8 分类的基本思想

决策树,顾名思义,像一棵树一样把数据样本按照某种规则从根节点排列到叶子节点,不同的分支代表不同的分类结果。树的非叶子节点代表特征属性,叶子节点代表分类的标签,根节点是最高层节点,也是分类的最佳属性。决策树采用自上而下的递归方式,从根节点着手,在非叶子节点上进行特征属性的对比,确定子树的分支,最后在叶子节点上获得分类结果。在以新节点为根的子树上重复该过程,直至叶子结点成为最终的结论。决策树易于理解和操作简单,能够直接体现数据的特点,且用户无须有较强的专业背景。

为了尽量正确分类训练样本,在创建决策树时,节点划分过程不断重复,再由于数据中的噪声和离群点,会得到一棵枝繁叶茂的决策树。一些分支反映的是异常数据,可能因模型的学习能力太强而把训练集自身的某个特点当作一般规律来学习而发生过拟合,影响样本整体的分类。因此,通过主动剪掉部分分支来减小过拟合的风险。剪枝一般有预先剪枝和后剪枝两种方式。预先剪枝是在创建决策树的过程中预设一个标准,如果当前节点的划分无法提升决策树的泛化能力,则该节点就停止生长并标记为叶子节点。这种方式容易导致"视界局限",只要停止生长,就中断其后继节点执行"好"的分支操作的任何可能性。后剪枝则通过训练集首先生成一棵完整的决策树,然后自底向上地考虑所有相邻的成对叶子节点,如果消去它们能提高决策树的泛化能力,则消去,同时使它们的公共父节点成为新的叶子节点,如此反复。预先剪枝在减小过拟合风险时也可能致使模型泛化能力下降。后剪枝技术避免了"视界局限",但在大样本时计算量代价大,不过对于小样本而言,后剪枝优于预先剪枝方法。

2. C4.5算法

决策树的构建主要分为3部分:特征属性的选择、决策树的创建、决策树的剪枝。创建决策树的关键在一系列特征属性中如何挑选最佳属性值。常规情况,随着节点划分的不断重复,决策树的分支所涵盖的样本趋于同类,即节点的"纯度"越来越高。特征属性选择度量又称为分裂规则,拥有最高度量得分的属性被选作样本的度量标准,指导给定节点的样本如何分裂。目前经常使用的度量方式有信息增益、增益率和Gini指标。不同的分裂规则对应不同的决策树算法,比较常见的有ID3、C4.5、CART等。ID3算法在信息论基础上,以信息熵为度量指标,挑选熵值最小的属性,用作决策节点,创建一棵熵值下降最快的决策树,从而实现数据分类。ID3算法在使用过程中暴露少许问题:不执行剪枝操作;只能处理离散分布的数据特征;利用信息增益作为指标挑选最佳分裂属性,偏向多值属性。C4.5算法则是对ID3算法的一种改进,主要改进了以下几方面:用信息增益率来选择属性,克服属性偏向的不足;在构造树的同时进行剪枝;离散化连续属性。

信息熵(Entropy)是用来度量样本数据纯度的一种常用指标。如果信息的不确定性越大,出现各种情况的可能性就越多,则熵的值就越大,数学定义如式(3.16)所示。

$$\text{Entropy}(S) = \sum_{i=1}^{c} -p_i \log_2 p_i \tag{3.16}$$

其中,S是样本集合,c为特征属性的总数,p为样本事件发生的概率。

信息增益(Information gain)是指信息划分前后的熵的变化,即使用某个属性A分割样本而导致的期望熵降低,也就是原有信息熵与属性 A 划分样本 S 后信息熵的差值,数学定义如式(3.17)所示。

$$\mathrm{Gain}(S,A)=\mathrm{Entropy}(S)-\sum_{v\in\mathrm{Values}(A)}\frac{|S_v|}{|S|}\mathrm{Entropy}(S_v) \qquad (3.17)$$

其中,A 为特征属性,$\mathrm{Values}(A)$ 为特征属性 A 的值域,S_v 是 S 中属性 A 的值为 v 的样例集合。

分裂信息度量(SplitInformation)是考虑某种属性进行分裂时分支的数量信息和尺寸信息,将其称为属性的内在信息,数学定义如式(3.18)所示。

$$\mathrm{SplitInformation}(S,A)=-\sum_{i=1}^{c}\frac{|S_i|}{|S|}\log_2\frac{|S_i|}{|S|} \qquad (3.18)$$

信息增益率(GainRatio)是信息增益与内在信息的比例。设样本集 S 按照离散属性的 c 个不同的取值划分为 c 个子集,这些子集的信息增益率如式(3.19)所示。

$$\mathrm{GainRatio}(S,A)=\frac{\mathrm{Gain}(S,A)}{\mathrm{SplitInformation}(S,A)} \qquad (3.19)$$

在决策树的非叶子结点分裂前,首先计算每个特征属性的信息增益率,挑选最大信息增益率的属性作分裂节点,因为信息增益率越大,区分样本的能力越强,越具有代表性,这是一种自上而下的贪心策略。文中的决策树模型采用 C4.5 算法来构造。C4.5 决策树算法的伪代码如图 3-9 所示。

```
Input: an attribute set dataset D
Output: a decision tree
    (a) Tree = {}
    (b) if D is 'pure' or other end conditions are met, then
    (c)     terminate
    (d) end if
    (e) for each attribute a ∈ D do
    (f)     compute information gain ratio (InGR)
    (g) end for
    (h) a_best = attribute with the highest InGR
    (i) Tree = create a tree with only one node a_best in the root
    (j) D_v = generate a subset from D except a_best
    (k) for all D_v do
    (l)     subtree = C4.5 (D_v)
    (m)     set the subtree to the corresponding branch of the Tree according to the InGR
    (n) end for
```

图 3-9 C4.5 决策树算法的伪代码

3.2.4 卷积神经网络

1. CNN 的网络结构

卷积神经网络(convolution neural network,CNN)是一种深度前馈人工神经网络,其神经元仅响应局部连接的神经元,主要用来识别位移、缩放及扭曲不变性的二维图形[44]。

由于该网络可以直接输入原始图像，避免了复杂的前期预处理过程，网络本身可以隐含在训练过程中学习并记忆。再者，由于同一个特征图（Feature map）上的神经元权值相同，所以 CNN 可以并行学习，这也成为 CNN 区别于全连接网络的一大特点。CNN 以局部权值共享的特殊结构大大降低了网络的复杂性，被广泛应用在图像识别、人脸识别、性别鉴定、目标检测、缺陷诊断、人群密度估计等领域[45]。一个典型的 CNN 网络包括卷积层（Convolution layer）、池化层（Pooling layer）、全连接层（Fully connected layer）、拉平层（Flatten layer），其网络结构如图 3-10 所示。

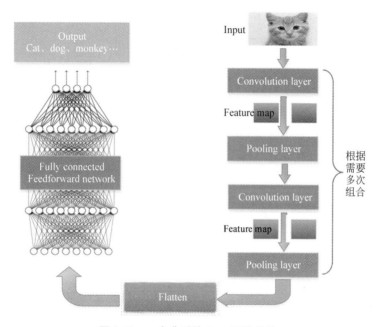

图 3-10　一个典型的 CNN 网络结构

（1）输入层→卷积层。

假设输入的是一张 6×6 的图像，使用两个 3×3 的卷积核（Filter）进行卷积，步长（Stride）设置为 1，获得两个 4×4 的 Feature map，如图 3-11 所示。

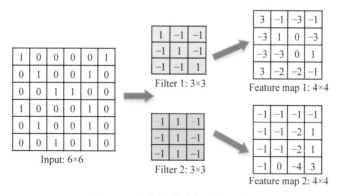

图 3-11　卷积核的卷积过程实例

图像输入 CNN 中，经过卷积层以后获得 Feature map。Feature map 的尺寸计算方法：[Input 的尺寸－Filter 的尺寸]/Stride＋1。以 Filter 1 为例，如图 3-12 所示，Stride＝1，计算 Feature map 的尺寸为 4×4，第一个神经元 F_{11} 的输入如下。

$$\text{net}_{F_{11}} = \text{conv}(\text{input}, \text{filter})$$

$$\text{net}_{F_{11}} = I_{11} \times f_{11} + I_{12} \times f_{12} + I_{13} \times f_{13} + I_{21} \times f_{21} + I_{22} \times f_{22} + I_{23} \times f_{23} + I_{31} \times f_{31} + I_{32} \times f_{32} + I_{33} \times f_{33} = 3$$

神经元 F_{11} 的输出如下（使用 ReLU 激活函数）。

$$\text{Out}_{F_{11}} = \text{activators}(\text{net}_{F_{11}}) = \max(0, \text{net}_{F_{11}}) = 3$$

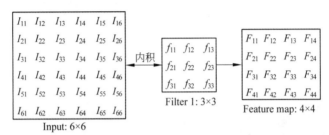

图 3-12 卷积核的卷积过程

经过卷积操作后，激活函数对卷积层的输出进行非线性变换，增强模型的表达能力，它通过函数保留并映射出激活的神经元特征，这是解决非线性问题的关键。目前，常用的激活函数如表 3-3 所示。

表 3-3 常用的激活函数

名　　称	公　　式
Sigmoid 函数	$f(x) = \dfrac{1}{1+e^{-x}}$
Tanh 函数	$\tanh(x) = \dfrac{e^x - e^{-x}}{e^x + e^{-x}}$
ReLU 函数	$f(x) = \max(0, x)$
Leaky ReLU 函数	$f(x) = \begin{cases} \alpha x, & x < 0 \\ x, & x \geqslant 0 \end{cases}$
Maxout 函数	$f(x) = \max(\boldsymbol{\omega}_1^T x + b_1, \boldsymbol{\omega}_2^T x + b_2)$

Sigmoid 函数在反向传播误差的过程中，当层数较多的时候，反向传播的梯度减小，权值得不到有效更新，引起梯度耗散问题。Tanh 函数类似于 Sigmoid 函数，仍然存在梯度耗散现象。ReLU 函数在 $x>0$ 时，梯度恒为 1，收敛快，无梯度耗散现象；当 $x<0$ 时，输出为 0，学习获得的特征规律具有代表性，泛化能力强，运算量小；Leaky ReLU 函数在 ReLU 函数的基础上增加了一个超参数。Maxout 函数本质上是对 ReLU 函数和 Leaky ReLU 函数的一般化归纳，和 ReLU 函数相对比，它的每个神经元参数数量增加了一倍，导致整体参数数量激增。因此，在实际应用中，一般选取 ReLU 函数作为激活函数追加

在卷积层后面。

同样的方式可以求得 Feature map 其他神经元的值。在此阶段,一个卷积核相当于一个小型模式识别器,通过卷积核的卷积运算,它以固定步长从左到右,从上到下依次对输入数据进行扫描获得不同的特征规律。该卷积核的尺寸远小于原始输入,并能出现在任意地方。经过同一个卷积层的卷积核尺寸一致,并且共享权值,极大减少了模型训练的工作量,缩短模型的计算耗时。

(2) 卷积层→池化层。

通过卷积操作获得 Feature map 之后,从理论角度出发,可以利用提取到的所有特征去训练分类器。采用这种方式,将面临巨大的计算量,出现过拟合现象。例如,输入为 100×100 的图像,假设学习获得 400 个 10×10 的 Filter 特征,则每个特征和图像卷积得到一个 $(100-10+1) \times (100-10+1) = 8281$ 维的卷积特征,由于有 400 个 Filter 特征,所以每个样本会得到一个 $8281 \times 400 = 3312400$ 维的卷积特征向量。学习一个 3312400 维的分类器十分不便,容易导致过拟合。受图像静态属性(在一个图像区域有用的特征很可能在图像其他区域也适用)的启发,可以对图像不同位置的特征进行聚合统计来解决这个问题。这种聚合操作称为池化(Pooling)或者下采样(Subsampling)。池化通常有两种形式:均值池化(Mean-pooling)和最大池化(Max-pooling),本质上它们都是一种特殊的卷积过程,如图 3-13 所示。

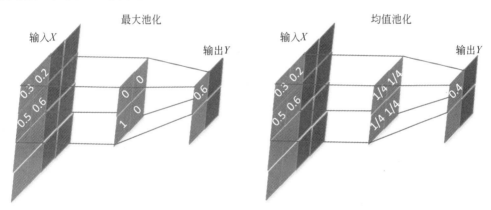

图 3-13 两种常用的池化操作

最大池化的卷积核中各权值只有一个为 1,其余均为 0。卷积核中为 1 的位置对应输入被卷积核覆盖部分值最大的位置。卷积核在原始输入的滑动步长为 2,其效果相当于把原始输入缩减成原来的 1/4,并保留每个 2×2 区域的最强输入。

均值池化的卷积核中每个权重都是 0.25,卷积核在原始输入的滑动步长为 2,其效果相当于把原始输入缩减成原来的 1/4。

在图 3-11 的基础上,执行 2×2 的最大池化操作,Stride=2,结果如图 3-14 所示。

池化层的目的主要是通过下采样的方式,在不影响输入图像质量的情况下,压缩图片、减少参数。一个卷积核和一个子采样构成了 CNN 特有的特征提取器。不同的卷积核提取不同的特征。在图 3-11 的两个卷积核 Filter 中,一个负责提取对角线方向的特

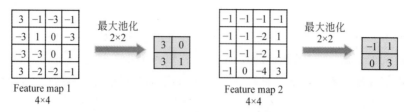

图 3-14　最大池化操作案例

征,另一个负责提取垂直方向的特征,执行最大池化以后,获得的是真正能够识别特征的数值,其余则被丢弃,在后续计算中减小了 Feature map 的尺寸,减少模型计算量。

值得注意的是,并非所有情况下最大池化的效果都很好。在实际应用中,需要将最大池化前后的效果进行对比,从中选择最佳性能。有时候边界信息对某个特征有关键作用,却在子采样过程中被丢弃了。例如,原始图片为 6×6,卷积后变成 4×4,池化后变成 2×2,如果继续增加层数则会越变越小,导致模型分类准确率受影响。针对这种情况可以采取"补零"(Zero padding)操作,它可以确保每次卷积或池化后的尺寸大小不变。常规情况下,选择尺寸为 3×3 的 Filter 和 Padding－size=1 的补零操作,或者 5×5 的 Filter 和 Padding－size=2 的补零操作,即可保留原始输入的尺寸不变,如图 3-15 所示。

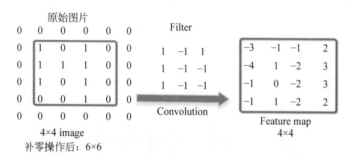

图 3-15　补零操作案例

(3) 池化层→全连接层。

利用池化层的输出可以进行下一步分类。至此,完成了一个完整的"卷积"操作。图 3-10 已经明确标注,卷积-池化操作(Convolution-pooling)可以根据实际需要反复叠加。通过不断设计不同尺寸的卷积核,提取不同角度的特征,最后送入全连接层做分类。池化的输出送到 Flatten 层把所有元素"拉平",作为全连接层的输入,如图 3-16 所示。

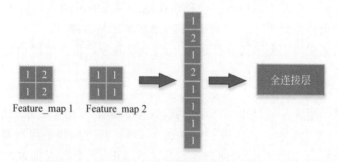

图 3-16　"拉平"过程

(4) 全连接层→输出层。

全连接层到输出层跟传统的神经网络的连接方式一样,通过 Softmax 函数计算后输出到输出层,得到不同类别的概率值,输出概率值最大的即为类别。具体做法是,先将池化层的输出铺平成一维向量送入全连接层,再与输出层全连接。其中采用 ReLU 函数作为隐含层的激活函数,Softmax 函数作为输出层的激活函数,其目的是对输出结果进行归一化处理,对于模型分类问题,则是将输入神经元经过模型训练后输出和为 1 的概率值,如图 3-17 所示。

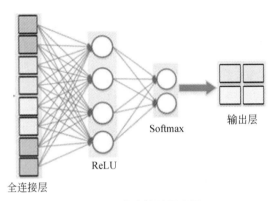

图 3-17　全连接层示意图

2. 网络模型评价指标

在上一点中,已经构建了 CNN 模型来完成分类,那么如何评价该分类模型的好坏。训练好的分类模型是基于给定训练样本的,它将被用来预测独立于训练样本的测试样本。如果分类模型在训练样本中表现优越,而在测试集中表现不佳,就出现了过拟合现象。另一方面,如果模型在训练过程中没有学习到足够的特征,导致训练出来的模型不能很好地匹配测试集,则出现欠拟合现象。因此,需要一些指标对模型的性能进行评价。常用的模型性能指标包括正确率、精准率、召回率、F1 值等。

(1) 混淆矩阵。

混淆矩阵(confusion matrix)也称为误差矩阵,是衡量模型性能的一种标准格式,用 n 行 n 列的矩阵呈现。混淆矩阵的列表示预测类别,每一列的总数代表预测为该类别的样本数;行表示真实类别,每一行的总数代表该类别的实际样本数。假设分类目标只有两类:正例(Positive),用 1 表示;负例(Negative),用 0 表示,模型的结果如下。

True Positives (TP):被正确分类为正例的样本个数;

False Positives (FP):被错误分类为正例的样本个数;

False Negatives (FN):被错误分类为负例的样本个数;

True Negatives (TN):被正确分类为负例的样本个数。

根据以上描述,典型的混淆矩阵如表 3-4 所示。

表 3-4 混淆矩阵

真实类别	预测类别		总数
	1	0	
1	TP	FN	真实正例（TP+FN）
0	FP	TN	真实负例（FP+TN）
总数	预测正例（TP+FP）	预测负例（FN+TN）	TP+FP+FN+TN

(2) 评价指标。

① 正确率（Accuracy），是最常见的评价指标，反映模型的整体性能，能将正的判定为正，负的判定为负。一般来说，正确率越高，模型性能越好。

$$Accuracy = (TP+TN)/(TP+FP+TN+FN) \quad (3.20)$$

与正确率相反的是错误率（Error rate），描述样本被模型错误分类的比例。对于一个实例而言，正确分类和错误分类是互斥的，即 Error rate=1−Accuracy。

② 精准率（Precision），是精确性的度量，指预测值与真实值之间的吻合程度，即预测正确的正例数占预测为正例总量的比例。

$$Precision = TP/(TP+FP) \quad (3.21)$$

正确率和精确率是不一样的。正确率不管类别，只要预测正确，均把预测正确的样本数目放在分子，把全部样本数目放在分母，表明正确率是对全部样本的判断，是对模型整体性能的评价；精确率在分类中对应具体的某个类别，分子是正确预测该类别的样本数目，分母是预测为该类别的所有样本数目，表明精确率是模型预测为某个类别的正确率的评价。在正负样本数量不均衡的情况下，正确率存在一定的缺陷，此时更多用的是精确率；当样本数量均衡分布的时候才选择正确率作评价指标。

③ 召回率（Recall），又称"查全率"，是覆盖面的度量，预测对的正例数占真实的正例数的比例。

$$Recall = TP/(TP+FN) \quad (3.22)$$

④ F1 值（F1-Score），精准率和召回率的调和均值。一般而言，正确率和召回率从两个角度反映了模型性能，单独根据某一指标无法全面地衡量模型的整体性能。为了均衡二者的影响，引入 F1-Score 作为综合指标，全面地评估模型性能。

$$F1\text{-}Score = (2 \times Precision \times Recall)/(Precision + Recall) \quad (3.23)$$

⑤ 敏感性（Sensitivity），又称为真正类率（true positive rate，TPR），衡量模型对正例样本的判别能力，表示所有正例中被正确分类的比例。

$$Sensitivity = TP/(TP+FN) \quad (3.24)$$

负正类率（false positive rate，FPR），衡量模型错误判断为正类的负例占所有负例的比例，即 FPR=FP/(FP+TN)。

⑥ 特异性（Specificity），又称为真负类率（true negative rate，TNR），衡量模型对负例

样本的判别能力,表示所有负例中被正确分类的比例。

$$\text{Specificity} = \text{TN}/(\text{FP} + \text{TN}) = 1 - \text{FPR} \tag{3.25}$$

实际上,敏感性就是召回率,特异性就是 $1-\text{FPR}$。

⑦ 其他指标如下。

计算速度:模型训练和预测耗费的时间。

鲁棒性:模型应对缺失值和异常值的能力。

可扩展性:模型处理大数据集的能力。

可解释性:模型预测标准的可理解性。

3.3 证据理论决策融合算法的改进

证据理论拥有直接处理不确定和不知道信息的优势,因而被广泛应用在数据融合、故障诊断等领域。但在实际应用中,当证据冲突的时候会得到与事实相悖的结论。针对证据理论无法有效处理冲突而导致融合失效的问题,提出一种改进的融合策略。该策略利用邻位借值法避免"一票否决"现象,通过马氏距离函数和德尔菲法共同修正证据的基本概率赋值,再根据冲突因子和阈值的关系选择相应的融合规则完成数据融合。

3.3.1 证据理论的不足

DS 理论因在处理不确定信息方面的独特优势,自提出以来在各领域得到了广泛应用。随着 DS 理论研究的深入,在取得了很多成功经验的同时也逐渐暴露了 DS 理论的一些缺陷。

1. 基本概率赋值

在 DS 理论中,证据的 BPA 值是已知的,没有给出未知情况下的具体求解措施。从目前的应用看,普遍采用的方式为神经网络的训练输出。但随着证据个数的增加,网络结构变复杂,训练测试的时间被延长,可能出现极端的不收敛现象。因此,急需一种带有普适性的求解证据 BPA 值的方法。

2. 证据冲突

DS 理论的融合规则中,冲突因子 k 反映融合过程中各证据间的冲突程度,$0<k<1$。当冲突因子 $k=1$ 时,表示证据完全冲突;当 $k=0$ 时,表示证据相容。当计算得到的 k 趋近于 1,表示强冲突,反之为弱冲突。k 等于或趋近 0,融合结果比较理想;k 越大,证据间冲突越激烈,矛盾越明显。当 $k=1$,即证据完全冲突时,无法使用 DS 理论进行融合;而 k 接近 1,即证据高度冲突时,产生的融合结果通常与直觉相悖。表 3-5 的例子证明了这一点。

表 3-5　证据冲突的例子

	强　冲　突				完　全　冲　突		
	A	B	C		A	B	C
m_1	0.99	0.01	0	m_1	1	0	0
m_2	0	0.01	0.99	m_2	0	1	0
m_{12}	0	1	0	m_{12}	失效		
k	0.9999			k	1		

在表 3-5 的强冲突例子中,证据 m_1 支持目标 A,证据 m_2 支持目标 C,根据融合规则计算得到融合结果为目标 B。目标 B 的信任度由融合前的 0.01 变成了融合后的 1,完全支持目标 B,而对目标 A 和 C 的信任度由融合前的 0.99 变成了融合后的 0,被完全否定,此后,不论增加多个支持目标 A 和 C 以及不支持目标 B 的证据,结果仍然不变,这种情况与常理不吻合。这种情况下,冲突因子 $k=0.9999$,这就是经典的 Zadeh paradox。在完全冲突例子中,证据 m_1 完全支持目标 A,证据 m_2 完全支持目标 B,根据融合规则计算得到冲突因子 $k=1$,导致融合规则的分母为 0,这在数学上是不允许的。在这种情况下,无法使用 DS 理论。

3. "一票否决"现象

在 DS 理论中,如果融合前命题的 BPA 值为 0,则意味着该命题被完全否定,无论后续增加多个支持该命题的证据,融合结果都不可能支持该命题,该现象称为"一票否决"现象。表 3-6 的例子阐述了这一现象。

表 3-6　"一票否决"的例子

	A	B	C
m_1	0.7	0.2	0.1
m_2	0	0.9	0.1
m_3	0.75	0.15	0.1
m_4	0.8	0.1	0.1
m_{1234}	0	0.9643	0.0357
k	0.99		

从直觉的角度判断表 3-6 的例子,准确的融合结果应该有力地支持命题 A,因为证据 m_1、m_3、m_4 都以较大的信任度支持命题 A。不幸的是,按照 DS 理论的融合规则计算的结果支持命题 B。这种违反直觉的结果是由冲突证据 m_2 引起的。证据 m_2 对命题 A 的基本概率赋值为 $m_2(A)=0$,完全否定了 A 命题,导致冲突因子 $k=0.99$ 的强冲突。"一票否决"现象反映了 DS 理论在融合强冲突证据时的典型缺陷。

4. 指数爆炸

随着辨识框架中证据个数的增加，所需的计算量和时间成本呈指数级增加。当达到一定程度时，证据融合几乎不可能实现，无法满足现代系统所需要的实时性。因此，如何解决 DS 理论的指数爆炸问题迫在眉睫。

针对 DS 理论的不足，基本概率赋值的确定需要根据领域的不同而有所区别，冲突证据的解决办法乃是目前学术界的研究热点。解决了冲突证据，在一定程度上也缓解了证据的指数爆炸问题。这里针对 DS 理论的改进主要从证据冲突的角度入手。目前，国内外的研究学者对 DS 理论的冲突问题进行了大量的研究。Yager[46]把冲突证据的概率赋给了未知集，解决了强冲突的问题，但因该方法忽略冲突证据中存在的部分有用信息，只能解决两个证据冲突的情况，在多于两个证据时合成结果不理想；在此基础上，Sun[47]引入了证据的可信度，将证据划分为支持证据和冲突证据两种类型，解决了证据之间信息量不等的问题，但是合成结果仍然和常理存在差异；此外，Lefevre[48]通过引入与冲突证据成比例的权重因子，将冲突按比例分配给冲突证据的每个焦元。Zhang[49]为了有效区分局部冲突和全局冲突，使系统具有鲁棒性，提出了一种新的 DS 组合规则，直接将局部冲突分配给局部命题。Li[50]把支持证据冲突的概率按照命题的平均支持度加权分配给各命题，取得了相对理想的合成结果，但却忽略了全集的情况；Zhu[51]提出了一种基于证据来源的数量、可靠性和相关性的新方法，设置证据权重来解决冲突问题。Murphy[52]提出了一种修改模型的方法，将证据体平均组合，该方法虽然收敛快，但是没有考虑证据之间的关联；Deng[53]对多源证据体进行加权平均后再融合，获得更强的抗干扰能力，更快的收敛速度。

归纳起来，这些改进 DS 理论的研究工作表现为两大类：重新分配证据的 BPA 和修改融合规则，达到降低冲突程度的目的，它们仅从单一的角度来解决矛盾。本章提出的改进方法将兼顾 BPA 和融合规则两方面。在工业界，不论是目标识别，还是故障诊断，证据体的 BPA 无疑离不开传感器，它是证据体的源头。传感器本身的差异和观测环境的不同必然对证据体的 BPA 造成影响。在修正证据的 BPA 时，添加对传感器权重的选择是必要的。因此，本章改进的具体步骤如下：首先，引入距离函数来表征证据体之间的相似程度，获得证据体彼此之间的支持度，转换为可信度作为证据的权重；其次，考虑采集数据时传感器的自身因素和环境因素，引入传感器的权值，结合证据权重共同修正 BPA；接着，引入一个阈值 λ，在融合之前，先计算冲突因子 k，对比 k 和 λ 的大小关系，再选择融合公式。最后，将融合结果纳入决策规则，得到最终结果。

3.3.2 证据理论的改进

1. "一票否决"现象的消除

在 3.3.1 节讨论证据理论的不足时提到"一票否决"现象，在使用 DS 理论融合计算的时候，只要其中一个命题的 BPA 为 0，则 DS 理论将因"一票否决"现象而失效。为了避免这种现象的发生,可以采取一个微小的、基本概率再分配的方法。在不影响各命题主体信任度的前提下,从同一个证据中,BPA 非 0 的命题处借一个微小的值(从实践经验看,该值控制在 0~0.05 为佳)到 BPA 为 0 的命题上。以表 3-6 为例,在证据 m_2 中,$m_2(A)=0$,从 $m_2(A)$ 的邻居 $m_2(B)=0.9$ 处借 0.01 添加到 $m_2(A)$ 处,使得 $m_2(A)=0.01$,$m_2(B)=0.89$,$m_2(C)=0.1$,此时便避免了"一票否决"的可能性。值得一提的是,此处的借值不一定要相邻,只要是同一个命题的证据即可。同时,将微调过后的 BPA 赋给原来的证据,便于后续处理。

2. 冲突证据的解决方案

(1) 利用距离函数修正证据权重。

在设备运转过程中,传感器采集的数据并不一定完全可靠。为了获得更好地融合结果,需要对传感器数据进一步检验一致性,常用的办法是采用距离函数来检验。如果两个传感器之间的距离近,则彼此的支持程度高,反之,支持程度低。以两个 n 维向量 $\boldsymbol{m}_1(x_{11},x_{12},\cdots,x_{1n})$ 和 $\boldsymbol{m}_2(x_{21},x_{22},\cdots,x_{2n})$ 为例,它们之间的距离公式如表 3-7 所示。

表 3-7 常用的距离公式

名 称	公 式
欧氏距离(Euclidean distance)	$d(\boldsymbol{m}_1,\boldsymbol{m}_2)=\sqrt{\sum_{k=1}^{n}(x_{1k}-x_{2k})^2}$
曼哈顿距离(Manhattan distance)	$d(\boldsymbol{m}_1,\boldsymbol{m}_2)=\sum_{k=1}^{n}\mid x_{1k}-x_{2k}\mid$
切比雪夫距离(Chebyshev distance)	$d(\boldsymbol{m}_1,\boldsymbol{m}_2)=\max(\mid x_{1k}-x_{2k}\mid)$
闵氏距离(Minkowski distance)	$d(\boldsymbol{m}_1,\boldsymbol{m}_2)=\sqrt[p]{\sum_{k=1}^{n}\mid x_{1k}-x_{2k}\mid^p}$
马氏距离(Mahalanobis distance)	$d(\boldsymbol{m}_1,\boldsymbol{m}_2)=\sqrt{(\boldsymbol{m}_1-\boldsymbol{m}_2)^{\mathrm{T}}\boldsymbol{S}^{-1}(\boldsymbol{m}_1-\boldsymbol{m}_2)}$

不同的距离函数有各自不同的优缺点,在实际应用中,根据需要选择合适的距离函数。马氏距离是印度统计学家提出的一种用协方差计算两点间距离的方法。它可以计算样本与样本集的重心之间的最短距离,也可以计算两个未知样本集的相似度。两点之间的马氏距离不受量纲影响,与原始数据的测量单位无关。逆协方差矩阵可以消除尺度对距离的影响,这是多传感器信息融合应用中的一个非常重要的特点,因为这些传感器提供了不同的目标性质,有不同的单位,因此在组合之前需要去除量纲。不同的证据预处理方法会得到不同的结果,甚至一些预处理方法将使融合结果受到融合序列的影响。采用标准化数据和集中化数据的预处理方法,计算出两点之间的马氏距离相同,说明马氏距离与预处理无关,还能消除变量之间相关性的干扰。此外,马氏距离满足对称性、非负性、非退化性和三角不等式这 4 个公理,保证了马氏距离的有效性和合理性。因此,在校验 BPA 时选择马氏距离来修正证据权重。

首先,根据式(3.26)计算两个证据 $\boldsymbol{m}_i$ 和 $\boldsymbol{m}_j$ 之间的马氏距离 d_{ij}。

$$d_{ij}=d(\boldsymbol{m}_i,\boldsymbol{m}_j)=\sqrt{(\boldsymbol{m}_i-\boldsymbol{m}_j)^{\mathrm{T}}\boldsymbol{S}^{-1}(\boldsymbol{m}_i-\boldsymbol{m}_j)} \quad i,j=1,2,\cdots,n \quad (3.26)$$

其中，T 代表转置，$\boldsymbol{S}$ 代表协方差矩阵，$\boldsymbol{S}^{-1}$ 代表逆协方差矩阵。通过计算两两证据间的马氏距离，可以获得证据体的距离矩阵如式(3.27)所示。

$$\boldsymbol{d}_{ij}=\begin{bmatrix} d_{11} & d_{12} & \cdots & d_{1n} \\ d_{21} & d_{22} & \cdots & d_{2n} \\ \vdots & \vdots & \ddots & \vdots \\ d_{n1} & d_{n2} & \cdots & d_{nn} \end{bmatrix} \quad (3.27)$$

其次，根据式(3.28)定义两个证据 $\boldsymbol{m}_i$ 和 $\boldsymbol{m}_j$ 之间的相似性度量为 $\boldsymbol{S}_{ij}$。

$$\boldsymbol{S}_{ij}=\boldsymbol{S}(\boldsymbol{m}_i,\boldsymbol{m}_j)=-\boldsymbol{d}_{ij} \quad (3.28)$$

很明显，相似性度量和距离函数成反比关系。通过计算两两证据间的相似性度量，可以获得证据体的相似矩阵如式(3.29)所示。

$$\boldsymbol{s}_{ij}=\begin{bmatrix} s_{11} & s_{12} & \cdots & s_{1n} \\ s_{21} & s_{22} & \cdots & s_{2n} \\ \vdots & \vdots & \ddots & \vdots \\ s_{n1} & s_{n2} & \cdots & s_{nn} \end{bmatrix} \quad (3.29)$$

然后，根据式(3.30)定义证据 $\boldsymbol{m}_i$ 的支持度为 $\mathrm{Sup}(\boldsymbol{m}_i)$，即将相似性度量矩阵中除自身以外的所有元素求和，代表证据 $\boldsymbol{m}_i$ 和其他证据之间的支持度。

$$\mathrm{Sup}(\boldsymbol{m}_i)=\sum_{j=1,j\neq i}^{n}\boldsymbol{S}_{ij}(\boldsymbol{m}_i,\boldsymbol{m}_j) \quad (3.30)$$

最后，根据式(3.31)定义证据 $\boldsymbol{m}_i$ 的信任度为 $\mathrm{Cred}(\boldsymbol{m}_i)$，即将支持度标准化处理，满足 DS 理论的要求 $\mathrm{Cred}(\boldsymbol{m}_i)\in[0,1]$ 且 $\sum_{i=1}^{n}\mathrm{Cred}(\boldsymbol{m}_i)=1$。

$$\mathrm{Cred}(\boldsymbol{m}_i)=\mathrm{Sup}(\boldsymbol{m}_i)/\sum_{i=1}^{n}\mathrm{Sup}(\boldsymbol{m}_i) \quad (3.31)$$

式(3.26)~式(3.31)表明两个证据之间的距离越近越相似，则彼此之间的相互支持度越高，证据 $\boldsymbol{m}_i$ 的信任度越高，所占权重就大，$\mathrm{Cred}(\boldsymbol{m}_i)$ 即作为证据的权重。

(2) 利用德尔菲法修正传感器权值。

传感器在原理和结构上千差万别，需要根据不同的测量目的、对象和环境合理地选择传感器的类型。通常从传感器的灵敏度、频率响应特性、稳定性、精度等方面考虑。同种类型的传感器处于不同的环境中，受温度、湿度、噪声、电磁场等影响，加上传感器自身质量差异，使传感器的测量数据无法完全反映被测对象的真实状态，从而影响后续融合的精度。为此，根据专家系统和现场工人的经验，结合实际应用场景的先验知识，给传感器设置一定的权重 $\omega(s_i)$，不同的权重代表当前状态下，传感器测量值对融合结果的重要性和贡献度。传感器权值满足 $\omega(s_i)\in[0,1]$ 且 $\sum\omega(s_i)=1$。

传感器权重的选择有多种不同的方法。德尔菲法(Delphi method)是其中应用比较广泛的方法之一。德尔菲法也称为专家调查法，它的本质是一种反馈匿名函询法。它由组织者设计调查问卷，按照规定的流程，采用匿名的方式发送给专家。对所要调查问题征得专家的建议后,进行整理、归纳、统计,再次匿名发送给专家征求意见,再集中,再反馈,经过反复征询和修改,直至获得专家基本一致的观点。该方式专家之间互不认识,互不干扰,只与组织者发生联系,避免了现场会议中专家不能充分发表意见、权威人物的意见左右他人意见等弊端。该方法简便易行,具有一定的科学性和实用性,充分发挥专家的作用,获得可靠的结论,具有广泛的代表性。本章根据制造领域的特殊性,采用的是简化的德尔菲法。根据车间传感器属性、安装位置、实验环境、实验工作台,设计相应的调查问卷,发放给车间一线工人,然后工人根据自己所掌握的先验知识完成问卷,最后将问卷结果取平均值作为传感器的权值。

以智能车间的火灾报警系统为例,该系统一般由烟雾、温度、湿度以及光亮度传感器组成。通过分析处理传感器采集的信号,给出相应的预警提示。根据火灾探测原理,烟雾浓度相对于温度、湿度、光亮度而言,更能突显火灾发生的可能性,所以在考虑传感器权重的时候,应该赋予烟雾传感器更高的权重。以同样的方式,在 3.4 节的实例验证中采用德尔菲法,根据安装位置的不同,以工人的先验知识为背景,结合问卷调查,对轴承座 X 轴、Y 轴、Z 轴 3 个方向的传感器权重进行统计,分别取其平均权值,获得不同的权值 $\omega(s_x)=0.5, \omega(s_y)=0.3, \omega(s_z)=0.2$,并将其应用于实例仿真验证中修正证据的 BPA。

(3) 利用证据权重和传感器权值共同修正 BPA。

原始的 BPA 因冲突因子过高而导致融合结果的不稳定和不可靠,因此借助于证据权重 $\mathrm{Cred}(m_i)$ 和传感器权值 $\omega(s_i)$ 共同修正 BPA。

$$m_i^*(A) = \sum_{i=1}^n m_i(A) * \mathrm{Cred}(m_i) * \omega(s_i) \tag{3.32}$$

根据证据理论的要求,修正后的 BPA 之和应该为 1,还需要进行归一化处理。

$$m_i^\#(A) = m_i^*(A) / \sum_{A \subseteq \Omega} m_i^*(A) \tag{3.33}$$

(4) 利用阈值选择融合规则。

一方面,式(3.33)已经对证据的 BPA 进行修正,一定程度上解决了原始 BPA 导致的融合冲突;另一方面,考虑修改融合规则,进一步消除证据冲突。新的组合规则,保留了经典 DS 理论冲突因子 k 的计算方法,同时引入阈值 λ,该阈值的大小由大量的实验测试确定,此处设置 $\lambda=0.9$。当计算获得 k 值以后,首先对比 k 和 λ 的大小关系,然后选择不同的公式进行合成。当证据相容或者弱冲突的时候,就采用经典 DS 理论进行合成;当证据完全冲突或者高冲突的时候,就选择改进的合成规则。采用这种方式既保留了原始证据理论的精华,融合多个不确定信息获得更高精度的结果,同时降低了冲突证据带来的不确定信息对合成结果的影响。改进的证据理论方法称为 IDS 理论,其融合规则如式(3.34)所示。

$$k = \sum_{\cap A_i = \varnothing} \prod_{1 \leqslant i \leqslant n} m_i^\#(A_i) \tag{3.34-1}$$

$$q(A) = \frac{1}{n} \sum_{i=1}^n m_i^\#(A_i) \tag{3.34-2}$$

$$\begin{cases} m(\varnothing) = 0 & A = \varnothing \\ m(A) = \begin{cases} \dfrac{1}{1-k} \sum\limits_{\cap A_i = A} \prod\limits_{1 \leqslant i \leqslant n} m_i^{\#}(A_i) & k < \lambda \\ \sum\limits_{\cap A_i = A} \prod\limits_{1 \leqslant i \leqslant n} m_i^{\#}(A_i) + k * q(A) & k > \lambda \end{cases} & A \neq \varnothing \text{ and } A \neq U \\ m(U) = 1 - \sum\limits_{i=1}^{n} m_i^{\#}(A_i) & A = U \end{cases} \qquad (3.34\text{-}3)$$

其中,$\varnothing$ 是空集,U 是全集。

3. IDS 理论的性能分析

(1) 有效性分析。

为了说明 IDS 理论的有效性,采用文献[53]的数据对比分析了不同的融合方法。4 个传感器共同识别 3 个目标,传感器的 BPA 值依次为:$m_1=\{0.5,0.2,0.3\}$,$m_2=\{0,0.9,0.1\}$,$m_3=\{0.55,0.1,0.35\}$,$m_4=\{0.55,0.1,0.35\}$。实验对比不同融合方法的结果如表 3-8 所示。

表 3-8 不同融合方法的结果

Method	$m_1 \oplus m_2$	$m_1 \oplus m_2 \oplus m_3$	$m_1 \oplus m_2 \oplus m_3 \oplus m_4$
传统 DS	$m(A)=0$	$m(A)=0$	$m(A)=0$
	$\boldsymbol{m(B)=0.8571}$	$\boldsymbol{m(B)=0.6316}$	$m(B)=0.3288$
	$m(C)=0.1429$	$m(C)=0.3684$	$\boldsymbol{m(C)=0.6712}$
Yager[46]	$m(A)=0$	$m(A)=0$	$m(A)=0$
	$m(B)=0.1800$	$m(B)=0.0180$	$m(B)=0.0018$
	$m(C)=0.0300$	$m(C)=0.0105$	$m(C)=0.0037$
	$\boldsymbol{m(U)=0.7900}$	$\boldsymbol{m(U)=0.9715}$	$\boldsymbol{m(U)=0.9945}$
Sun[47]	$m(A)=0.0896$	$m(A)=0.1598$	$m(A)=0.1941$
	$m(B)=0.3772$	$m(B)=0.2006$	$m(B)=0.1595$
	$m(C)=0.1017$	$m(C)=0.1247$	$m(C)=0.1371$
	$\boldsymbol{m(U)=0.4315}$	$\boldsymbol{m(U)=0.5149}$	$\boldsymbol{m(U)=0.5092}$
Li[50]	$m(A)=0.1975$	$m(A)=0.3400$	$\boldsymbol{m(A)=0.3978}$
	$\boldsymbol{m(B)=0.6145}$	$\boldsymbol{m(B)=0.4066}$	$m(B)=0.3250$
	$m(C)=0.1880$	$m(C)=0.2534$	$m(C)=0.2772$
	$m(U)=0$	$m(U)=0$	$m(U)=0$
Deng[53]	$m(A)=0.1543$	$\boldsymbol{m(A)=0.5816}$	$\boldsymbol{m(A)=0.8060}$
	$\boldsymbol{m(B)=0.7469}$	$m(B)=0.2439$	$m(B)=0.0482$
	$m(C)=0.0988$	$m(C)=0.1745$	$m(C)=0.1458$

续表

Method	$m_1 \oplus m_2$	$m_1 \oplus m_2 \oplus m_3$	$m_1 \oplus m_2 \oplus m_3 \oplus m_4$
IDS	$m(A)=0.7469$ $m(B)=0.1543$ $m(C)=0.0988$ $m(U)=0$	$m(A)=0.8358$ $m(B)=0.1097$ $m(C)=0.0545$ $m(U)=0$	$m(A)=0.9299$ $m(B)=0.0491$ $m(C)=0.0210$ $m(U)=0$

表 3-8 的结果表明,因为证据 m_2 否定了目标 A,无论后续增加多少个支持 A 的证据,仍然不能改变 DS 融合结果对 A 的否定,说明了经典 DS 理论无法有效处理冲突,出现了"一票否决"现象。Yager[46]的结果将冲突证据的不确定概率转嫁到未知集 U 上,并且随着证据的增多,不确定概率的值在增大,仍然存在"一票否决"的情况。Sun[47]改进了Yager[46]的方法,消除了"一票否决"现象,目标 A 的概率虽然不大,但是随着证据的增加而有所加大,但未知集 U 所占的比重仍然较大,无法决策。Li[50]简化了融合规则,在增加到 4 个证据的时候准确识别出目标 A。Deng[53]引入证据可信度,并将可信度作为权重对辨识框架中的证据加权平均后再融合,在 3 个证据的时候能准确识别目标 A。本章的IDS 理论由于修正了证据的 BPA 和融合规则,在两个证据的时候就能准确识别出目标 A。因此,本章的 IDS 理论是有效的。

(2) 鲁棒性分析。

鲁棒性又称为健壮性,是指控制系统在一定的参数控制下,维持原有性能不变的特性,是在操作异常和危险情况下系统生存的关键,主要强调遇到干扰情况,程序的容错性、可移植性。针对传统证据理论,证据的 BPA 容易受外界因素的干扰而发生微小变化,最终的合成结果却剧烈变化。从表 3-8 的结果可以看出,经典 DS 对证据的 BPA 变化比较敏感,存在"一票否决"现象,鲁棒性不佳。Yager[46]将证据冲突分配给未知 U,无法获得融合结果。Sun[47]消除了"一票否决"现象,但未知集的比重较大仍然无法决策。Li[50]的方法,鲁棒性有所增强,在增加到 4 个证据时可以获得正确结果。Deng[53]的鲁棒性进一步加强,在 3 个证据时就能获得正确结果。本书提出的 IDS 方法对冲突证据融合效果更好,只需 2 个证据就能获得融合结果,相对前几种方法而言具有更好的鲁棒性。

3.4 证据理论决策融合算法的应用

3.4.1 基于神经网络和证据理论的样本预测

目前,样本预测的方法比较多样,神经网络便是其中的一大利器。通过学习大量的样本数据,利用反向传播算法不断调整网络的权重和阈值,力争从样本中提取更多的规律,进而对新的数据进行预测。神经网络算法学习规则简单,便于计算机实现,但也由于神经网络自身的局限使得预测精度无法满足某些领域的要求[54]。例如,大型机电设备故障诊断中,机电设备结构复杂,故障类型多且彼此相关,设备各组成部件成本昂贵,需要较高的预测精度确定故障点;在航天发射任务中,对于卫星进入预定轨道的时间,经度、纬度等参数需要精确预测,在完成运行任务,坠入大气层的落地点也需要极高的预测精度;类似这样一些特殊的领域,对于预测精度有非常高的标准和要求,引入数据融合领域的证据理论方法可满足该需求[55]。

1. 神经网络

神经元是神经网络的主要组成单元,大量简单的神经元相互连接在一起,形成具有较强并行能力的神经网络。图 3-18 展示的是一个神经元模型。

其中,$X_1 \sim X_n$ 是其他神经元传送来的输入信号,W_{ij} 则是从 i 神经元传送到 j 神经元的连接权值,θ 表示一个阈值,则输入 X_i 和输出之间的关系表示成激活函数 f,即

$$\text{net}_i = \sum_{j=1}^{n} w_{ij} x_j - \theta$$

$y_i = f(\text{net}_i)$,即为该神经元的输出。

若用向量表示,则有 $\boldsymbol{X} = [X_0, X_1, \cdots, X_n]$,$\boldsymbol{w} = \begin{bmatrix} w_{i0} \\ w_{i1} \\ \vdots \\ w_{in} \end{bmatrix}$,$\boldsymbol{y}_i = f(\boldsymbol{XW}) - \theta$

神经网络则是一个模拟人脑功能的信息处理系统。其常见的网络结构分为 3 类:前馈神经网络、反馈神经网络、自组织网络。本章后续使用的是前馈神经网络,故在此展开介绍。神经网络通常分为输入层、隐藏层和输出层 3 个组成部分,其中隐藏层可以是一层,也可以是多层,根据实际需要确定。图 3-19 表示了一个 3 层的四输入三输出的前馈神经网络。

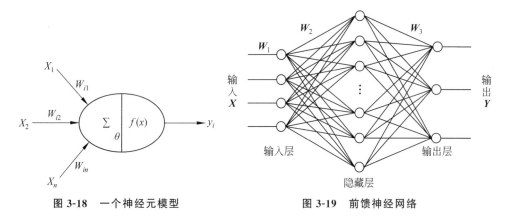

图 3-18 一个神经元模型　　　　图 3-19 前馈神经网络

该网络只在训练过程产生反馈信号,在分类过程信息只能向前传送,直到输出层。其中第一层是输入单元,第二层为隐藏层,第三层为输出层。用 $\boldsymbol{X}$ 表示网络的输入向量,$\boldsymbol{W}_1$、$\boldsymbol{W}_2$、$\boldsymbol{W}_3$ 表示网络各层的连接权向量,F_1、F_2、F_3 表示各层的激活函数,则第一层的输出为 $\boldsymbol{Y}_1 = F_1(\boldsymbol{XW}_1)$;第二层输出为 $\boldsymbol{Y}_2 = F_2(\boldsymbol{Y}_1 \boldsymbol{W}_2)$;第三层输出为 $\boldsymbol{Y}_3 = F_3(\boldsymbol{Y}_2 \boldsymbol{W}_3)$。该网

络通过 W 调整内部神经元之间的连接关系,以达到信息处理的目的。将训练数据集送入网络中,根据网络的实际输出结果和期望值之间的差别来调整权重 W,直到对整个训练样本而言,误差不超过规定的阈值;然后将测试数据集导入网络,即可得到预期的输出结果。

在神经网络构建过程中,隐藏层节点数是一个关注的焦点。如果节点数过少,则神经网络的学习和处理信息能力得不到足够的训练;如果过多,则会增加网络结构的复杂性,尤其是硬件实现,因此,在实际应用中,往往通过多次实验的方法来确定最佳节点数。常规情况下,有以下几个经验公式可参考。其中,m 为隐藏层节点数;n 为输入层节点数;l 为输出层节点数;α 为 1 到 10 之间的常数。

(1) $m = 2n + 1$;

(2) $m = \sqrt{n+l} + \alpha$;

(3) $m = \log_2 n$;

(4) $m = \sqrt{nl}$。

神经网络源自人类大脑的神经元细胞,能够在没有导师监督教导的情况下自己学习、信息归纳和推广,具有冗余损伤性、意识性、鲁棒性和较高的信息处理效率。但是,神经网络算法本质上属于梯度下降法,在处理复杂的目标函数时存在"锯齿形现象"和"麻痹现象",使得算法的训练过程缓慢,甚至停顿,导致算法低效;从数学角度而言,该算法是一种局部搜索的优化方法,容易陷入局部最优解,使训练失败。

2. 遗传算法

遗传算法是一种模拟达尔文生物进化过程的计算模型,是由美国教授 J. Holland 首次提出,其主要特点是直接对结构对象进行操作,不存在求导和函数连续性的局限;具有全局寻优的能力;采用概率化的寻优方法,自动获取搜索空间,自适应调整搜索方向,无须确定规则,已被广泛应用到人工智能、组合优化、机器学习等领域。

遗传算法通过模拟大自然优胜劣汰的进化过程来搜索全局最优解,能够克服神经网络局部最优、收敛慢等缺点。因此,采用遗传算法对其进行优化。

(1) 对原始随机的权值 W 和阈值 θ 进行编码,产生初始种群;

(2) 用遗传算法对其进行复制、交叉、变异等操作,获得优化的 W 和 θ;

(3) 用优化的结果对神经网络进行训练和测试。

3. 基于神经网络和证据理论的样本预测模型

通过数据采集手段(如传感器、数据库、人工测量等)获得目标对象的数据集,并将其分为两部分,其一用来训练该模型,其二利用该模型对其进行预测。将训练样本集导入遗传算法改进的神经网络中进行训练,待符合训练精度后,导入测试数据,执行预测操作,得到识别率。通过多次训练测试,挑选识别率最高的两次作为证据理论合成的基本概率赋值,利用合成公式对其融合,得到最后的预测精度,其流程如图 3-20 所示。

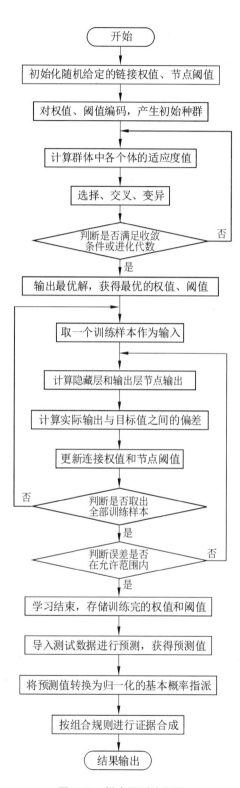

图 3-20 样本预测流程图

4. 仿真实验结果分析

以 Iris 数据集作为实验的样本数据,该数据集可以在 https://en.wikipedia.org/wiki/Iris_flower_data_set 上下载得到。有一批 Iris 花,可以分为 3 种类型,不同类型的 Iris 花的花萼长度、花萼宽度、花瓣长度、花瓣宽度会有差异,现采用本章介绍的方法对它们进行分类预测:利用已知品种的 Iris 花的数据对优化的神经网络进行训练,然后导入测试样本进行分类预测,最后将预测值进行证据组合,获得更准确的 Iris 花的类型。

现将 Iris 花的数据集分成 2 组,每组各 75 个样本,每种花各有 25 个样本,其中一组作为训练样本,另外一组作为测试样本。为了编码方便,将 Iris 花的类型编号为 1,2,3,构建一个四输入(Iris 花的四个特征)三输出(样本数据属于某种类型的可能性)的前馈神经网络。其中,隐藏层节点数据实验经验值取 10,最大训练次数为 500 次,训练精度为 0.01,学习率为 0.01。考虑到篇幅的限制,只给出训练样本的 15 个(见表 3-9)和测试样本 15 个(见表 3-10)。训练样本中已知每个样本所属的类型,测试样本的类型则依据本章的方法预测确定。

表 3-9 训练样本(75 个训练集中的 15 个)

花萼长度	花萼宽度	花瓣长度	花瓣宽度	类型
5.1	3.5	1.4	0.2	1
4.9	3.0	1.4	0.2	1
4.7	3.2	1.3	0.2	1
4.6	3.1	1.5	0.2	1
5.0	3.6	1.4	0.2	1
7.0	3.2	4.7	1.4	2
6.4	3.2	4.5	1.5	2
6.9	3.1	4.9	1.5	2
5.5	2.3	4.0	1.3	2
6.5	2.8	4.6	1.5	2
6.3	3.3	6.0	2.5	3
5.8	2.7	5.1	1.9	3
7.1	3.0	5.9	2.1	3
6.3	2.9	5.6	1.8	3
6.5	3.0	5.8	2.2	3

将训练样本导入神经网络,多次训练测试,得到如图 3-21 所示的收敛图。

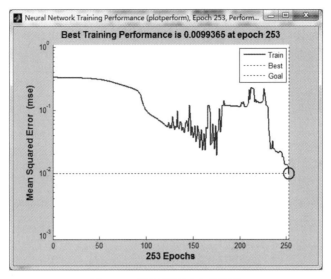

图 3-21　神经网络误差收敛图

此时,样本的识别率为 89.33%,从图 3-21 中可以看出,样本在训练到 100 次前后,收敛比较缓慢,之后开始急速收敛,并且出现较大幅度的波动,直到样本在 253 次时收敛到 0.0099365,达到预设的误差精度。同样的样本数据导入经过遗传算法改进的神经网络中,可以得到如图 3-22 所示的收敛图。

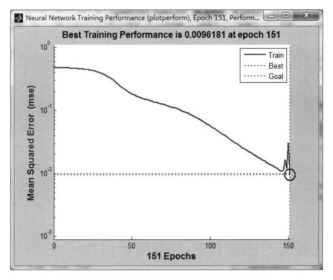

图 3-22　改进的神经网络误差收敛图

从图 3-22 中可以明显看出,样本从刚开始训练就快速收敛,在训练 151 次时已经收敛到 0.0096181,小于网络所要求的误差精度 0.01,并且识别率达到 94.66%。将该网络多次训练,挑选识别率最高的两组利用证据理论进行证据组合,得到更准确的识别率 97.33%(如果目标对象需要,可以进行多组证据的融合),如表 3-10 所示。

表 3-10 测试样本(75 个测试集中的 15 个)

花萼长度	花萼宽度	花瓣长度	花瓣宽度	真实类型	BP 预测 类型	BP 预测 精度	GA-BP 预测 类型	GA-BP 预测 精度	本章方法 类型	本章方法 精度
5.0	3.0	1.6	0.2	1	1	0.9158	1	0.9825	1	0.9999
5.0	3.4	1.6	0.4	1	1	0.9255	1	0.9962	1	1.0000
5.2	3.5	1.5	0.2	1	1	0.9927	1	0.9987	1	1.0000
5.2	3.4	1.4	0.2	1	1	0.9767	1	0.9984	1	1.0000
4.7	3.2	1.6	0.2	1	1	0.9873	1	0.9957	1	1.0000
6.6	3.0	4.4	1.4	2	2	0.5532	2	1.0000	2	0.9997
6.8	2.8	4.8	1.4	2	**3**	0.6061	2	1.0000	2	0.9713
6.7	3.0	5.0	1.7	2	**3**	0.6074	**3**	0.7987	**3**	0.9310
6.0	2.9	4.5	1.5	2	2	0.6395	2	0.9108	2	0.9942
5.7	2.6	3.5	1.0	2	2	0.9212	2	0.9801	2	0.9995
7.2	3.2	6.0	1.8	3	3	0.8286	3	1.0000	3	0.9999
6.2	2.8	4.8	1.8	3	**2**	0.5282	3	1.0000	3	0.9741
6.1	3.0	4.9	1.8	3	**2**	0.5199	3	1.0000	3	0.9711
6.4	2.8	5.6	2.1	3	3	0.7744	**2**	0.6871	3	1.0000
7.2	3.0	5.8	1.6	3	3	0.8865	3	0.9986	3	0.9993
					识别率	89.33%	识别率	94.66%	识别率	97.33%

从表 3-10 的实验结果不难看出,神经网络预测方法的识别率在整个测试集上达到 89.33%,在表 3-10 给出的 15 个测试样本中出错 4 个;用遗传算法优化初始的权值和阈值后再进行神经网络的训练和测试,在测试集上的识别率提高到 94.66%,在表 3-10 给出的 15 个测试样本中出错 2 个;挑选识别率最高的两组预测值,归一化处理以后作为证据采用证据理论进行融合,识别率进一步提高到 97.33%,在表 3-10 给出的 15 个测试样本中出错 1 个。实验结果表明,本章介绍的预测模型简化了样本预测的复杂性,具有较高的预测识别率,在一些高精度要求的领域,有一定的参考意义。

3.4.2 基于证据理论的多传感器多目标识别

围绕实现制造强国的战略目标,《中国制造 2025》五大工程之一的智能制造工程,要求建设重点领域智能工厂,实现关键岗位机器人替代;十大重点领域中突出强调机器人,要求积极研发新产品,扩大机器人应用市场。伴随国家政策的落地生根,华中数控、川崎重工等一批国内外知名机器人企业入驻,在珠海格力电器的现代化工厂内,搬运机器人正有条不紊地工作。这一切归功于机器人体表和厂房内的无数个传感器。这些传感器位于无线传感网络(wireless sensor network,WSN)中,它们将采集的数据通过 WSN 传输给数据中心，待分析处理后形成控制指令发送到机器人，从而完成相应的操作。

机器人运作中首要解决的是操作对象的问题，即目标识别[56]，即采用一定的技术，将一个特定目标从其他类型的目标中区分出来的过程，目前广泛采用传感器来完成。由于制造车间环境温湿度、随机噪声和传感器的角度、位置、精度等多重因素的影响，传感器的目标识别结果存在较大的误差。因此，联合使用多个传感器识别多个不同的目标对象，并采用数据融合技术来降低误差[57]。

1. 证据理论的第一次降维之预处理

证据理论的计算量随着 m_{ij} 个数的增加而急剧增长，下面将从目标优化和节点优化两方面来改进。

(1) 目标优化。

在传感器网络中，有 n 个传感器节点实现对 m 个目标的感知识别。假设第 i 个传感器识别目标为第 j 种类型的置信度为 m_{ij}，则整个传感器网络的识别结果通过基本概率分配(BPA)利用矩阵表示为

$$\boldsymbol{M} = \begin{bmatrix} m_{11} & m_{12} & \cdots & m_{1m} \\ m_{21} & m_{22} & \cdots & m_{2m} \\ \vdots & \vdots & \ddots & \vdots \\ m_{n1} & m_{n2} & \cdots & m_{nm} \end{bmatrix} \tag{3.35}$$

该 BPA 矩阵满足关系：$m_{i1}+m_{i2}+\cdots+m_{im}=1$，即任意传感器节点 i 对所有目标的识别概率之和为1。

为了减少可能的目标种类数，计算所有传感器对同一个目标的总体信任度 B_j。当 B_j 大于某一阈值 t_1 时，保留该目标类型，反之舍弃。目标 j 的总体信任度 B_j 的计算公式如下：

$$B_j = m_{1j} + m_{2j} + \cdots + m_{nj} \tag{3.36}$$

对目标种类进行优化筛选以后，可能的目标类型数将有所减少，由先前的 m 个减少为 b 个，则整个传感器网络的 BPA 矩阵变化为

$$\boldsymbol{M}_1 = \begin{bmatrix} m_{11} & m_{12} & \cdots & m_{1b} \\ m_{21} & m_{22} & \cdots & m_{2b} \\ \vdots & \vdots & \ddots & \vdots \\ m_{n1} & m_{n2} & \cdots & m_{nb} \end{bmatrix} \tag{3.37}$$

(2) 节点优化。

在目标优化中从减少目标类型数入手，那么节点优化则从传感器节点的角度来考虑。在整个传感器网络中，并非每个传感器节点的监测都是有效的。采用一定的方式去除无效监测的传感器节点就实现了节点优化。根据目标优化后的 BPA 矩阵 $\boldsymbol{M}_1$(式(3.37))计算同一个传感器对所有目标的总体信任度 B_i。当 B_i 小于某一阈值 t_2 时，认为该传感器节点的监测数据无效，剔除，反之保留。传感器节点 i 的总体信任度 B_i 的计算公式如下：

$$B_i = m_{i1} + m_{i2} + \cdots + m_{ib} \tag{3.38}$$

对传感器节点进行优化筛选以后,有效的传感器节点数有所减少,由先前的 n 个减少到 a 个,则经过目标优化和节点优化以后的 BPA 矩阵变化为

$$\boldsymbol{M}_2 = \begin{bmatrix} m_{11} & m_{12} & \cdots & m_{1b} \\ m_{21} & m_{22} & \cdots & m_{2b} \\ \vdots & \vdots & \ddots & \vdots \\ m_{a1} & m_{a2} & \cdots & m_{ab} \end{bmatrix} \tag{3.39}$$

2. 证据理论的第二次降维之聚类

(1) 聚类。

聚类是将一个集合中的对象分成相似的类或者簇的过程,使得同一个簇中的对象具有较高的相似性,不同的簇具有较高的相异性,即簇内相似,簇间相异。簇内相似性越大,簇间相似性越小,聚类就越好。聚类的概念可以形式化描述为

$$D = \{O_1, O_2, \cdots, O_n\}$$

其中,D 表示一个对象集合,O_i 表示第 i 个对象,$i = \{1, 2, \cdots, n\}$;C_x 表示第 x 个簇,$C_x \subseteq D$,$x = 1, 2, \cdots, k$;$\text{Similarity}(O_i, O_j)$ 表示对象 O_i 与对象 O_j 之间的相似度。一个好的聚类结果应满足如下条件。

① $\bigcup_{x=1}^{k} C_x = D$;

② 对于 $\forall C_x, C_y \subseteq D, C_x \neq C_y$ 有 $C_x \cap C_y = \varnothing$;

③ 簇内任何对象的相似度均大于簇间任何对象的相似度,即

$$\text{Min}_{\forall o_{x_u}, o_{x_v} \in C_x, \forall C_x \subseteq D}(\text{Similarity}(o_{x_u}, o_{x_v})) >$$

$$\text{Max}_{\forall o_{x_s} \in C_x, \forall o_{y_t} \in C_y, \forall C_x, C_y \subseteq D \& C_x \neq C_y}(\text{Similarity}(o_{x_s}, o_{y_t}))$$

(2) K-means 聚类。

常见的聚类方法有 K-means、BIRCH、DBSCAN、STING、EM 等,本章选用简单又快速的 K-means 方法来实现源数据的分类。K-means 属于划分式聚类算法,其核心思想是:首先选定 k 个初始聚类中心,根据最小距离原则将每个数据对象分配到某一簇中,然后不断迭代计算各簇的聚类中心并依据新的聚类中心调整聚类情况,直至收敛。其算法描述如下。

① 给出样本集合 $D = \{O_1, O_2, \cdots, O_n\}$,随机选择 k 个样本值作为 k 个簇 $C_1, C_2, \cdots, C_k$ 的初始聚类中心 $m_1, m_2, \cdots, m_k$;

② 根据最小距离原则求每个样本值与初始聚类中心的距离 $D(O_i, m_j)$,$i = 1, 2, \cdots, n$,$j = 1, 2, \cdots, k$,寻找 $i, i = \arg \min \|O_i - m_j\|$,则 O_i 属于第 j 个簇。

③ 更新每个簇的平均值,计算新的聚类中心 $m_j = \frac{1}{|C_j|} \sum_{O \in C_j} O$,$|C_j|$ 表示当前簇 C_j 的样本对象数,$j = 1, 2, \cdots, k$ 和误差平方和准则函数 E:$E = \sum_{i=1}^{k} \sum_{O \in C_j} \|O - m_j\|^2$。

④ 判断:如果 $|E_2 - E_1| < \xi$,ξ 是一个极小数,E_1, E_2 代表前后两次迭代的准则函数

值,即 E 不再明显发生变化,算法结束,反之,返回第②步继续执行。

3. 基于证据理论的多传感器目标识别模型

DS 证据理论是一种经典的决策级融合算法,因满足比贝叶斯概率更弱的条件,不需要知道先验概率就能直接表达不确定的情况而被广泛应用于信息融合、专家系统、决策分析等领域。因此,作者提出通过预处理和聚类二次降维的方式,采用 DS 进行数据融合,从而提高识别精度和降低融合计算量,具体过程如图 3-23 所示。

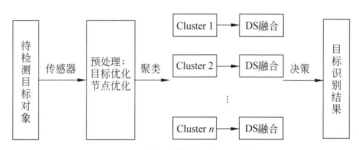

图 3-23 多传感器多目标识别过程

4. 仿真实验结果分析

以某智慧工厂的无人车间为例,其中共有 11 个传感器节点$\{S1,S2,S3,S4,S5,S6,S7,S8,S9,S10,S11\}$对车间目标进行识别,可能的目标种类有$\{A1,A2,A3,A4,A5,A6\}$,则该无人车间的传感器构成 WSN,其基本概率指派如表 3-11 所示。

表 3-11 识别目标的基本概率指派

m_{ij}	A1	A2	A3	A4	A5	A6
S1	0.10	0.30	0.32	0.14	0.08	0.06
S2	0.17	0.31	0.14	0.17	0.11	0.10
S3	0.16	0.37	0.19	0.13	0.07	0.08
S4	0.16	0.27	0.32	0.15	0.05	0.05
S5	0.24	0.12	0.14	0.32	0.07	0.11
S6	0.15	0.31	0.27	0.11	0.07	0.09
S7	0.27	0.17	0.10	0.32	0.11	0.03
S8	0.15	0.26	0.32	0.12	0.06	0.09
S9	0.35	0.17	0.18	0.12	0.07	0.11
S10	0.21	0.17	0.18	0.33	0.04	0.07
S11	0.31	0.21	0.16	0.14	0.10	0.08

按照预处理的方法计算,采取以下参数设置:$t_1=0.9,t_2=0.8$(根据专家系统的经验值获得)。首先优化目标对象,$A5$ 的总体信任度为 0.83,$A6$ 的总体信任度为 0.87,均小

于阈值 t_1，故删除目标类型 $A5,A6$；然后筛选传感器节点，在删除 $A5,A6$ 以后，传感器 $S2$ 的总体信任度为 0.79，小于阈值 t_2，故剔除节点 $S2$，得到的有效的归一化 BPA 指派如表 3-12 所示。

表 3-12 有效的归一化基本概率指派

m_{ij}	A1	A2	A3	A4
S1	0.12	0.35	0.37	0.16
S3	0.19	0.44	0.22	0.15
S4	0.18	0.30	0.36	0.16
S5	0.29	0.15	0.17	0.39
S6	0.18	0.37	0.32	0.13
S7	0.31	0.20	0.12	0.37
S8	0.18	0.31	0.37	0.14
S9	0.42	0.21	0.22	0.15
S10	0.24	0.19	0.20	0.37
S11	0.38	0.25	0.20	0.17

利用 MATLAB 对表 3-12 进行 K-means 聚类，根据数据预处理结果选择 $K=4$，结果如图 3-24 所示。

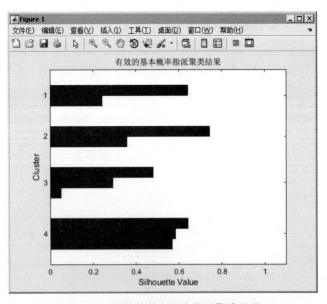

图 3-24 有效的基本概率指派聚类结果

根据程序执行结果获知图 3-24 聚类结果的标号 $\text{cidx}^T = [4\ 1\ 4\ 3\ 1\ 3\ 4\ 2\ 3\ 2]$，将图 3-24 的聚类结果和聚类标号相结合，可知 10 个传感器节点可分为 4 组，分别是：第一组,S3,S6;第二组,S9,S11;第三组,S5,S7,S10;第四组,S1,S4,S8。对每一个簇用 DS 算法融合,第一个簇的融合结果如图 3-25 所示。

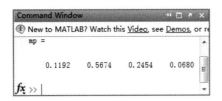

图 3-25 cluster 1 融合结果

各簇数据的融合结果如表 3-13 所示。

表 3-13 各簇数据的融合结果

m_{ij}	A1	A2	A3	A4
cluster1	0.1192	0.5674	0.2454	0.0680
cluster 2	0.5668	0.1864	0.1563	0.0906
cluster 3	0.2546	0.0673	0.0482	0.6300
cluster 4	0.0435	0.3645	0.5518	0.0401

从表 3-13 的实验结果不难看出,cluster1 识别对象为 $A2$,cluster2 识别对象为 $A1$,cluster3 识别对象为 $A4$,cluster4 识别对象为 $A3$,与真实情况相符。同样的源数据,采用均值法和未改进的证据理论进行融合,3 种算法的融合结果对比如表 3-14 所示。

表 3-14 3 种算法的融合结果对比

m_{ij}	A1	A2	A3	A4	A5	A6	识别对象数	真实对象数	$O(N)$
本章方法	0.5668	0.5674	0.5518	0.6300	0	0	4	4	$O(N^3)$
均值法	0.2064	0.2418	0.2109	0.1864	0.0755	0.0791	6	4	$O(N)$
未改进 DS	0.5277	0.7040	0.553	0.6266	0	0	4	4	$O(N^5)$

从表 3-14 数据看出,文中介绍的方法能准确而快速地识别目标对象,且各对象的概率波动小,相对比较稳定;均值法虽然在最短时间内得到融合结果,但是目标识别率低,最高只达到 24%,且各对象的概率波动较大,与实际情况存在较大的误差;传统未改进的 DS 证据理论,因没有考虑传感器数据的冗余性和冲突,虽然识别得到正确的目标对象,但是做出融合决策的时间消耗相差了 10^2 倍时间单位,如图 3-26 所示。由此可见,文中采取的改进措施是有效而必要的。

WSN 是无人车间的基本组成模块,传感器是 WSN 的基元。传感器采集的数据具有较高的冗余性和冲突,严重影响了传感器的使用寿命。文中介绍的预处理措施通过优化传感器节点和目标对象使源数据维度下降,一方面延长传感器的生命周期,另一方面在证

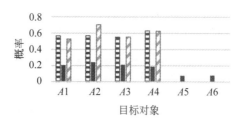

图 3-26　3 种算法融合结果对比

据融合时降低计算量,再结合 K-means 聚类继续降维,使之能够快速而准确地识别出目标对象,该方法在无人车间的目标识别方面有一定的参考意义。

3.4.3　改进证据理论(IDS)在设备故障中的融合诊断

1. IDS 融合诊断模型

为了说明 IDS 理论的实用性,将其应用在轴承的健康状态评估中[58]。实验以 SKF 的 6205-2RS 型轴承为监测对象,在轴承座的 X 轴、Y 轴和 Z 轴方向安装 LC0101 加速度传感器来测量振动信号。采用电火花加工技术人为破坏的方式制造故障来模拟轴承 5 种不同的运行状态:健康(H)、内圈故障(I)、滚动体故障(B)、外圈故障(O)和保持架故障(C)。实验工作台由驱动部分和支撑部分组成。驱动部分包括电机和减速器;支撑部分包括轴承座和轴承。实验共需 5 个轴承,1 个完好无损的轴承,用于模拟健康状态,剩下的 4 个破坏的轴承用于模拟 4 种故障状态。在不同故障模式下,3 个加速度传感器同时采集轴承的振动信号,轴承转速为 1797r/min,采样频率为 12kHz,样本长度为 2048,每种状态采集 100 组数据,经过信号处理单元变成数字信号存储在计算机上,然后利用 3σ 准则进行降噪处理,并结合快速傅里叶变换提取统计特征。为了避免偶然性,从 100 组数据中随机选取 70 组数据作为训练集,剩下的 30 组作为测试集送入 GA-BP 神经网络分类器判别故障概率,并以此作为证据的 BPA 值,最后依据 IDS 理论进行融合决策,获得轴承的故障识别率,其诊断模型如图 3-27 所示。

图 3-27 的诊断模型采用 GA-BP 网络对样本进行学习和训练。BP 是一种按照误差逆向传播训练(error back propagation training,BP)算法的多层前馈神经网络,其主要特点是信号的正向传播和误差的反向回传。在信号正向传播过程中,信息从输入层传递给隐藏层,直至输出层。如果预测值与期望值不相同,则执行误差的反向回传。误差通过输出层,按照梯度下降的方式更新各连接层的权重,向隐藏层、输入层逐级反向回传。BP 网络训练的过程正是不断、反复的信息正向传播和误差反向传播,从而使预测值不断向期望值靠拢。

假设 BP 神经网络的输入层节点数为 n,隐藏层节点数为 m,输出层节点数为 l。输入层到隐藏层的权重为 v_i,隐藏层到输出层的权重为 w_i,D 为目标期望值,E 为误差,学习速率为 η,激励函数为 Sigmoid(),表达式为 $f(x)=1/(1+e^{-x})$。

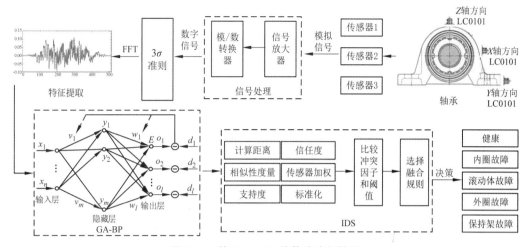

图 3-27 基于 GA-BP 的故障诊断模型

输入层输入向量：$\boldsymbol{X}=(x_1,x_2,\cdots,x_n)^{\mathrm{T}}$；

隐藏层第 j 神经元输入为 net_j：$\mathrm{net}_j = v_{1j}*x_1 + v_{2j}*x_2 + \cdots + v_{nj}*x_n$；

隐藏层第 j 神经元输出：$\boldsymbol{Y}=(y_1,y_2,\cdots,y_m)^{\mathrm{T}}$，其中，$y_j = f(\mathrm{net}_j)$；

输出层第 k 神经元输入为 net_k：$\mathrm{net}_k = w_{1k}*y_1 + w_{2k}*y_2 + \cdots + w_{mk}*y_m$；

输出层第 k 神经元输出：$\boldsymbol{O}=(o_1,o_2,\cdots,o_l)^{\mathrm{T}}$，其中，$o_k = f(\mathrm{net}_k)$；

输出层的期望输出向量：$\boldsymbol{D}=(d_1,d_2,\cdots,d_l)^{\mathrm{T}}$

当网络输出 $\boldsymbol{O}$ 和期望输出 $\boldsymbol{D}$ 不一致时，存在输出误差 E，定义如式(3.40)所示。

$$E = \frac{1}{2}\sum_{k=1}^{l}(d_k - o_k)^2 \tag{3.40}$$

通常采用梯度下降法来调整误差，即权重的调整量应该与误差的负梯度成正比。

$$\Delta w_{jk} = -\eta \frac{\partial E}{\partial w_{jk}} \tag{3.41}$$

$$\Delta v_{ij} = -\eta \frac{\partial E}{\partial v_{ij}} \tag{3.42}$$

通过权重的调整量，更新整个 BP 神经网络的权值。

$$w_{jk} = w_{jk} + \Delta w_{jk} \tag{3.43}$$

$$y_{ij} = y_{ij} + \Delta v_{ij} \tag{3.44}$$

在构建网络过程中，隐藏层节点数是一个难点。如果节点数过少，神经网络的学习和处理信息能力得不到足够的训练；如果过多，则会增加网络结构的复杂性，尤其是硬件实现。一般地，通过增加隐藏层节点数降低模型的误差，比增加隐藏层数更容易实现。在决定隐藏层节点数时必须符合如下要求：①输入层节点数必须大于隐藏层节点数；②训练样本数必须远远大于模型的权重数目，一般为 2～10 倍。因此，在实际应用中，往往通过多次实验的方法来确定最佳节点数。常规情况下，有以下几个经验公式可参考：

(1) $m = 2n+1$；

(2) $m = \sqrt{n+l} + \alpha$；

(3) $m = \log_2 n$；

(4) $m = \sqrt{nl}$。

其中，m 表示隐藏层节点数；n 表示输入层节点数；l 表示输出层节点数；α 表示 1 到 10 之间的常数。

神经网络算法本质上属于梯度下降法，在处理复杂的目标函数时存在"锯齿现象"和"麻痹现象"，使得算法的训练过程缓慢，甚至停顿，导致算法低效；从数学角度而言，该算法是一种局部搜索的优化方法，容易陷入局部最优解，使训练失败；此外，神经网络的结构因隐藏层节点数的不唯一而变得多样化，节点数过大，可能出现过拟合现象，造成网络性能低，容错性低；若节点数过少，则可能出现欠拟合现象，造成网络学习不足，精度差。遗传算法通过模拟大自然优胜劣汰的进化过程来搜索全局最优解，能够克服 BP 神经网络局部最优、收敛慢等缺点。因此，采用遗传算法对神经网络进行优化，称为 GA-BP 网络，其算法流程如图 3-28 所示。

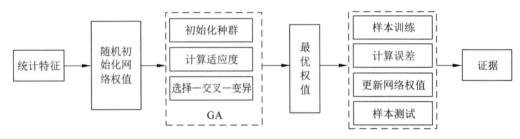

图 3-28 GA-BP 分类器模型

首先，对 BP 神经网络原始随机的权值 v 和 w 进行编码，产生初始种群；
然后，用遗传算法对其进行选择、交叉、变异操作，获得优化的 v 和 w；
最后，用优化的权值对神经网络进行训练和测试。

在实验过程中，GA-BP 网络参数设置如表 3-15 所示。

表 3-15 GA-BP 网络参数设置

GA		BP	
参　　数	值	参　　数	值
群体大小	30	最大训练步数	1000
进化次数	200	最小目标训练误差	0.1
交叉概率	0.4	学习速率	0.1
变异概率	0.1	显示结果的间隔次数	10

2. IDS 融合诊断结果分析

基于 IDS 理论的融合故障诊断方法通常由 3 个步骤组成：①构造故障辨识框架，包含所有需要识别的故障类型；②获取诊断证据，以 BPA 的形式表示获取的故障信息对于故障模式的支持程度；③选取合适的融合规则，根据融合结果做出诊断判决。具体到本案例中，设置故障的识别框架 $\Omega=\{H,I,B,O,C\}$，对应于轴承的 5 种工作状态，传感器的测量值则充当该框架下的证据体。由于加速度传感器的测量值是模拟信号，无法直接作为证据的 BPA，需要借助信号处理单元转换为数字信号，同时经过 GA-BP 分类器转换成概率值才能作为证据的 BPA。采用遗传算法优化神经网络的初始权值，避免神经网络陷入局部最优，结合 IDS 融合规则获得更高的准确率。此处设置传感器的权值为 $\omega(s_x)=0.5,\omega(s_y)=0.3,\omega(s_z)=0.2$，为了便于分析结果，仅提取每个传感器对应的两组样本数据，结果如表 3-16 所示。

表 3-16 融合诊断结果分析

No.	BPA					结果	
	健康-H	内圈-I	滚珠-B	外圈-O	保持架-C	诊断	真实
Sensor-1-1	0.0582	0.3653	0.3513	0.0368	0.1884	I	B
Sensor-1-2	0.0034	0.0177	0.4513	0.1090	0.4186	B	B
Sensor-2-1	0.1527	0.4060	0.1785	0.0525	0.2103	I	B
Sensor-2-2	0.0045	0.3643	0.5947	0.0059	0.0306	B	B
Sensor-3-1	0.1438	0.0184	0.2032	0.4321	0.2025	O	B
Sensor-3-2	0.4767	0.0338	0.2312	0.1765	0.0818	H	B
原始 DS	0.0041	0.0538	0.9074	0.0034	0.0313	B	B
改进 IDS	0.0038	0.0160	0.9647	0.0033	0.0122	B	B

表 3-16 表明不同的传感器产生了不同的诊断结果。Sensor-1-1 的诊断结果错误，但是诊断结果的内圈故障(0.3653)和真实情况的滚珠故障(0.3513)之间只有 0.014 的差距；Sensor-1-2 的诊断结果准确，但是滚珠故障(0.4513)和保持架故障(0.4186)之间非常接近，说明 Sensor-1 具有不确定性，传感器的结果不完全可靠；Sensor-2 的两组数据，其中一组准确，另一组错误，但是准确率只达到了 0.4060；Sensor-3 的两组数据均诊断错误，且概率值均低于 0.5，其测量值不可靠。说明单一传感器由于自身精度、安装位置、环境等因素的影响，误差大、波动范围广，且无法准确、全面地反映滚动轴承的健康运行状态。有必要对多个传感器的数据进行融合处理，从而获得对被测对象一致性的解释和描述，如图 3-29 所示。

采用证据理论融合多传感器数据，可以快速、准确地定位轴承的故障状态，原始 DS 方法达到 0.9074 的概率，而 IDS 算法则达到 0.9647，进一步验证了 IDS 融合的有效性和必要性。

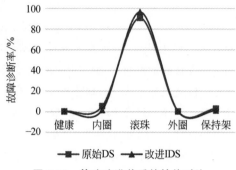

图 3-29　算法改进前后的性能对比

第 4 章
制造大数据背景下旋转设备的智能故障诊断

制造业是国民经济的主体,是强国之基。《中国制造 2025》明确指出智能制造工程作为五大重点工程启动实施,该政策的出台是制造业全速发展的助推器。机械设备的健康运转是制造业发展的前提,各种设备零部件的失效会导致重大的生产停机事故,会给企业带来重大损失[59]。在国内外,曾频繁出现因设备故障引发的灾难事件。1986 年,美国"挑战者"号航天飞机发射不久,助推器的密封圈失效导致飞机在空中爆炸,机组成员无一幸免;2011 年,伊朗一架客机由于发动机故障而从高空坠毁,多人伤亡;2000 年,我国三峡大坝在建设过程中由于塔带机皮带和塔身连接处的吊耳发生断裂,造成重大伤亡事故;2008 年,我国华能伊敏煤电公司机组发生转子裂纹故障,造成巨大的经济损失。倘若能事先发现这些设备故障并做出维修决策,便可以避免事故的发生。一次次事故的不可逆转,敲响人们对于机械设备可靠性和安全性的警钟。曾有调查表明,英国调查 2000 家工厂后发现,企业的设备维修费用在实施故障诊断后每年缩减约 3 亿英镑;四川泸州天然气化学工业公司实施故障诊断后,大修开缸率由 89% 降至 57%,为企业带来数千万的经济效益。因此,有必要开展机械设备状态监测和故障智能诊断研究。制造业的蓬勃发展离不开大量的大型机械设备,确保这些机械设备关键零部件的正常运转是保证生产线平稳运行的前提,也是智能制造工程的重要建设内容。因此,国家把机械设备状态监测与智能诊断研究作为制造业长期发展的规划实施,受到工业界、学术界等的广泛关注。同时,设备状态监测和诊断研究成为了工业科技发展的一个重要研究课题[60]。

4.1 制造大数据背景下设备故障智能诊断技术分析

4.1.1 设备故障发生的一般规律

机械设备由成千上万个零部件组成,在设备运转过程中,有的零部件易于失效,有的却能长时间工作。大量的实践经验表明,零部件从开始使用到失效报废的整个生命周期中,它的可靠性遵循一定的规律。如果设置零部件的故障率为设备的可靠性指标,则该指标是以时间为横坐标,以故障率为纵坐标的一条曲线,如图 4-1 所示。

该条曲线两端高,中间低,形状酷似浴盆,故而命名为浴盆曲线。它具有明显的阶段性,随时间变化分为三个阶段。

Ⅰ——磨合期,也称早期失效期。在该阶段,新部件刚投入使用,处于磨合阶段,此时

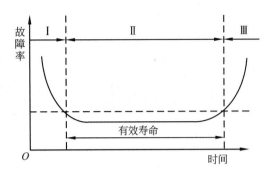

图 4-1 设备寿命的浴盆曲线

故障率很高。但是随着使用时间的增多,部件彼此磨合,故障率迅速降低。这一阶段的故障大多由设计、制造缺陷导致。为了缩短这一阶段时间,在投入运行前需要试用,尽早发现和排除故障,剔除不合格部件。

Ⅱ——正常使用期,也称随机失效期。在该阶段,技工已熟练掌握设备性能特点,设备部件经过磨合处于稳定工作状态,故障率最低,被认为是设备的有效使用时间。但环境条件变化、误操作等因素也会导致部分随机故障。

Ⅲ——劣化期,也称耗损失效期。在该阶段,随着设备使用时间的增长,设备的磨损、退化、侵蚀等原因致使设备故障率快速攀升,生产效能急剧跌落,为消除故障所花费的时间、精力、成本则成倍增加,此时需要不同形式的检修才能恢复生产。

机械设备的运行性能满足浴盆曲线,一般从正常逐渐劣化至失效。倘若能在该过程中检测到设备的性能衰退趋势或故障情况,则可以实现设备的主动维修,避免进一步的事故发生,最大程度地发挥设备利用率,降低企业维护成本[61]。本课题研究的设备状态监测与智能诊断也源于此。

故障诊断实质是一个信号处理与模式识别的过程。前者是从繁杂的原始信号中提取故障特征,而后者通过计算机模型的学习和训练,自主分类输入的故障特征,从而识别设备故障,降低对专家系统的依赖。机械设备故障诊断的内容大致包括设备运行状态的监测、设备运行趋势的预测、故障类型和程度的确定。常用的故障诊断方法有以下几种。①直接观察法:它是最传统的监测法,采用医学上的"听、摸、看、闻"的方式,依靠观察者的感觉和经验来判断,具有较大的局限性。随后,增加简易检测设备和精密诊断仪器辅助人体感官对车间生产线的设备进行巡回监测,根据既定的标准或生产经验分析判断设备状态。②振动监测诊断法:它是设备故障诊断最常用的方法,利用接触式测量获得设备的振动信号,通过分析振动信号的时域、频域、时频域特征来判断设备状态。设备零部件的运动规律决定了振动频率,观察振动频率的振幅变化即可了解该部件的运转状态和劣化程度。③噪声监测诊断法:它是振动监测方法的辅助措施,利用非接触式测量设备在运转过程中产生的噪声信号来判断设备状态,克服了特殊环境,如有毒、高腐蚀环境无法接触式测量振动信号的局限。噪声信号的强弱及其频率成分和故障类型、原因紧密相关,同样能准确反映设备的健康状态。④其他诊断方法包括无损检测法、磨损残余物测定法、温度监测法、性能参数测定法等。本章后续研究采用振动监测法和噪声监测法。

4.1.2 传统的机械设备故障诊断方法

机械设备故障诊断技术起步于 20 世纪 60 年代,到 80 年代已发展成一门综合性学科。美国是最早研究故障诊断技术的国家。早在阿波罗计划失败后,美国于 1967 年成立了以故障机理、预测技术、可靠性设计、耐久性评估为主要研究内容的机械故障预防小组,主旨由先前的为军事服务转向军民结合;在航空航天方面,大规模地对飞机进行状态监测,利用飞行过程中采集的大量信息综合分析飞机各部位的故障原因并发送相关指令,并将该成果应用于波音 747 和 DC9 客机,极大地改善了飞机的安全性;美国本特利公司(Bently Nevada)的 DM2000 系统,能对设备进行在线监测和智能诊断,与企业管理系统互联互通,使设备的实时运行状态能为各部门共享,避免了不同部门的信息孤岛。英国在二十世纪六七十年代,以 R.A.Collacott 博士为首的研究团队开始故障诊断技术的研发。1982 年曼彻斯特大学成立了 WIMU 公司、Michael Neale and Associte 公司等,担任政府顾问,开展与机械设备故障诊断相关的咨询、规划、培训、故障分析等业务活动。在核发电方面,英国原子能机构(UKAEA)下设一个系统可靠性服务站,专门提供故障诊断技术服务。日本在钢铁、化工、铁路等行业的故障诊断技术在世界领先。1971 年,日本工程师协会发展全员生产维修,积极引进并消化吸收新技术并转化为自己的诊断技术,研发自己的诊断系统和诊断设备。国立机构,如东京大学、京都大学等高校科研团队积极开展故障诊断基础理论研究;民营企业,如三菱重工、川崎重工等则以企业内部需求为目标开展工业实践。如三菱重工开发的"机械保健系统"在汽轮发电机组故障监测和诊断上起到了积极作用,节约了巨大的维修成本。欧洲其他一些国家的设备故障诊断技术也有自己独特的优势,如瑞典的 SPM 轴承监测技术、挪威的船舶诊断技术、丹麦的振动和声发射技术、德国的 Allianz 技术等。国外的设备监测和诊断技术较成熟,已转换成实用性很强的工业产品,典型代表有美国 SKF 轴承公司的 M800A 系统、美国 Vibro-meter 公司的 S501 系统、加拿大 CSI 公司的 Nspectr-2 系统、加拿大 ENTEK 公司的 EXPLORE 系统、德国 Philips 公司的 RMS-700 系统等。

我国的设备诊断技术研究比国外晚 10 年左右,大约 20 世纪 70 年代末,部分高等院校的科研团体才开始研究设备的故障诊断,一些工厂开始研究并效仿西方的维修体制。1985 年以后,科技部先后将一些有关"大型汽轮机发电机故障在线监测系统"等项目列入科技攻关计划;随后,机械部、电力部也先后将类似的项目列入重大科技计划,标志着我国设备监测与诊断技术进入全速发展时期,国内故障诊断技术已经普及到机械、交通、航空航天、轻工业、电子等各个行业。在这数十年的发展期间,不论在理论研究还是应用实践上都取得了丰硕的成果。高甜容[62]提出一种自适应误差修正模型,通过对同类样本自适应聚类并批量修正实现判决结果的重新划分,在数控机床的故障诊断应用表明,该模型具有可行性。张云强[63]利用 S 变换和傅里叶逆变换将轴承振动信号变成二维空间的双时域序列,提取主对角线元素构建故障特征向量,仿真验证了该方法的有效性。古莹奎[64]为了有效降低故障特征的维数,确保诊断精度,应用 PCA 提取特征主成分送入 SVM 分类器进行诊断分类,结果表明,降维以后故障诊断的准确率达到97%,极大地降低了诊断耗时。贾峰[65]提出一种多维度排列熵的特征提取方法,对轴承早期故障进行智能诊断,尤其在小样本情况下,仍然具有较高的精度,适用于轴承故障状态的在线监测。徐小力[66]针对复杂加工中心监测信息不确定的情况,提出一种多传感器融合诊断算法,利用主观Bayes获得局部判决送入融合中心进行全局判决,实验表明该方法具有较高的故障识别率。严新平[67]从摩擦动力学角度出发,提出一种基于多尺度传感器融合诊断方法,对柴油机进行状态监测和故障诊断。工程应用方面的硕果有郑州工业大学的MMDS-900系统、哈尔滨工业大学的机组振动微机监测与故障诊断系统、西安交通大学的大型旋转机械计算机状态监测及故障诊断系统、辽阳石化公司的ZZB-1振动诊断工程软件包、清华大学的核电站常规岛关键设备振动监测系统、酒泉卫星发射中心的载人航天工程测试发射专家系统工具、运载火箭研究院的CZ-2F运载火箭故障检测处理系统等[68]。

综上所述,故障诊断技术虽然取得了一定的成果,但随着智能制造的发展,大型机械设备的故障具有复杂性、不确定性和并发性。倘若能在设备运转过程中监测并诊断设备故障,将有效避免事故发生,减少生产力损失,因而对机械设备进行合理的故障诊断是一个亟待解决的问题。如果只采用单一的数据来源和诊断方法,则会出现模型诊断精度低、泛化能力弱等现实问题,难以获得满意的结果。此外,生产车间存在海量的多源异构的制造大数据,若能基于这些数据,利用信号处理、机器学习等技术之间的相关性和互补性,结合特征提取和模式识别方法,扬长避短,提出更有效的多源融合故障诊断技术,则有助于大型复杂机械设备的保养维修。因此,实现多源信息融合是当前故障诊断技术的发展新趋势。

4.1.3 多源数据融合的设备故障诊断方法

机械设备长时间高负荷的运转,时常会导致各种类型的故障发生。人们希望设备在有微小异常征兆时,能够及时发现并诊断。另外,设备的故障征兆和故障类型之间是一种复杂的映射关系,具有多种属性,同种属性在时间和空间上有较大的分布。从单传感器获得的故障信息是有限的,因此在对机械设备进行状态监测时,需要安装大量不同类型的传感器收集设备状态信息。一般情况下,相对于单传感器而言,多传感器信息可以提高系统的鲁棒性、扩展时空范围、增强数据可信度和系统分辨力。基于多传感器数据融合的诊断方法可以提升系统运行的安全性,有效降低安全事故发生的概率,为视情维护提供可靠的依据。实际中,环境噪声的干扰、传感器自身的性能局限、对故障机理的了解不足、监测过程存在诸多不可预测因素及故障自身的随机性和模糊性,都会导致获取的设备状态信息具有不确定性、不完备性。因此,急需一种有效融合方法来减小这种不确定性对故障诊断结果的影响。

DS理论在处理不确定信息方面具有良好的鲁棒性,可以提供比单信息源更准确的诊断结果,被广泛应用到机械设备的故障诊断中。但是,原有的证据融合规则存在证据冲突的问题,本章力图解决该问题,并应用于故障决策融合,其融合诊断模型如图4-2所示。该模型中,采用多种方式获得多路故障信号送入特征级融合,通过神经网络、决策树、专家系统等方法提取每一路信号的故障特征,获得多组特征级诊断结果。证据决策融合的目标则是接收并融合这些初级诊断结果。特征提取方法的差异性,以及特征诊断准确率的不同,都会导致初级结果并不完全一致,甚至存在冲突。首先需要进行冲突分析,然后选择恰当的融合规则进行决策处理,得到一组关于故障信号的决策诊断结果。

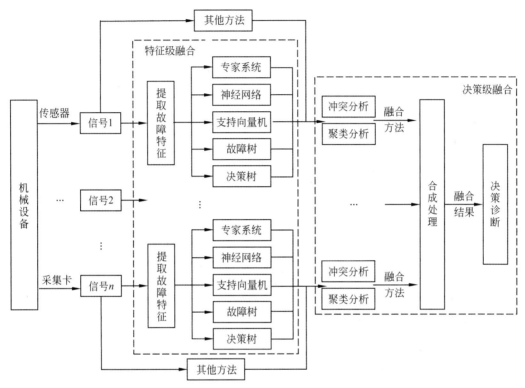

图 4-2　证据理论决策级融合诊断模型

4.2　制造大数据背景下设备故障状态监测与诊断的框架

伴随智慧车间、数字工厂的诞生,机械设备的组成、结构、环境日益复杂化,设备零部件之间的联系越来越紧密。设备的某一个部件失效便会造成一系列的连锁反应,轻则生产停机,重则导致人员伤亡或灾难性的环境污染。因此,对机械设备的运行状态进行实时监测显得尤为必要,可以预防和诊断可能出现的故障,以便发现设备的故障隐患,及时维修。设备不同部件、不同位置、不同时间的故障引发的性能变化不一致,外在表征也不尽相同,它们之间是一种复杂的非线性映射关系。一种故障可能表现有多个征兆,相同的征兆也可能由不同的故障引发,这些不确定性因素增加了故障诊断的难度。

机械制造设备是由最常见的传动部件构成,包括轴、联轴节、轴承、齿轮、皮带轮、液压件和电器元件等。无论是实现运动转化还是功率传递,轴承和齿轮都是机械设备中最关键,也是最容易出现故障的基础部件,具有广泛的代表性。因此,本书以轴承和齿轮作为研究对象,对机械设备的典型基础部件的故障诊断技术进行深入的研究。一方面,本专著旨在采用最新的技术和理论,如多源数据融合、神经网络、智能算法和机器学习等,并结合传统诊断技术,研究机械设备的监测和故障诊断;另一方面,随着大数据技术、深度学习技术的兴起,可以充分利用制造业产生的大数据进一步辅助传统的诊断技术作用到制造业的机械设备上,以期能为机械设备的故障监测与诊断提供新的思路和方法。

数据融合故障诊断是一种机械故障信息的自动综合处理方法,涉及信号处理、人工智能等技术。对于大型机械设备而言,可获取的系统数据和状态信息既多且繁,如何从中快速发现故障特征,迅速做出故障决策是工业界一个具有挑战性的任务。信息融合则期望将各种途径、不同时空域获取的多源、异构数据看作一个整体,充分利用数据的相关性、冗余性和互补性,借助于各种不确定信息处理方法进行多信息源的融合诊断,获得被测对象更准确的状态描述。常用的方法有证据理论、Bayes 理论、模糊推理等,利用这些基本方法对设备状态进行初级诊断,再将初级诊断的结果送入融合模型进行高级决策获得更精确的诊断结果。多源数据融合的设备状态监测与诊断的研究框架如图 4-3 所示。

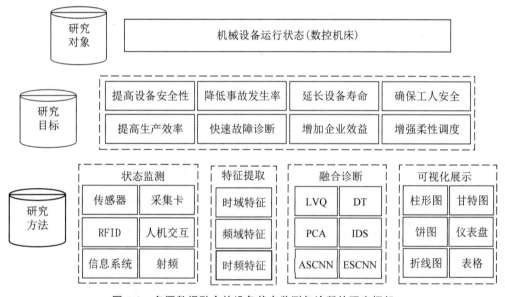

图 4-3　多源数据融合的设备状态监测与诊断的研究框架

图 4-3 展示了多源数据融合的设备状态监测与诊断的研究框架,选取制造车间数控机床作为监测对象,充分利用各种手段采集其状态信息,利用信号分析技术提取故障特征,将特征送入 LVQ、DT、CNN 等智能分类器做初步诊断,再利用 IDS 融合模型进行决策,最后将诊断结果用柱形图、饼图等可视化方式展现出来,辅助决策人员做出智能诊断。依据研究框架,我们设计了相应的技术路线,如图 4-4 所示。

图 4-4 展示的技术路线中,不同的数控设备采用不同的监测手段采集设备的运行状态信息,再进行数据处理和融合诊断,最后可视化展示分析结果。

第 4 章 制造大数据背景下旋转设备的智能故障诊断

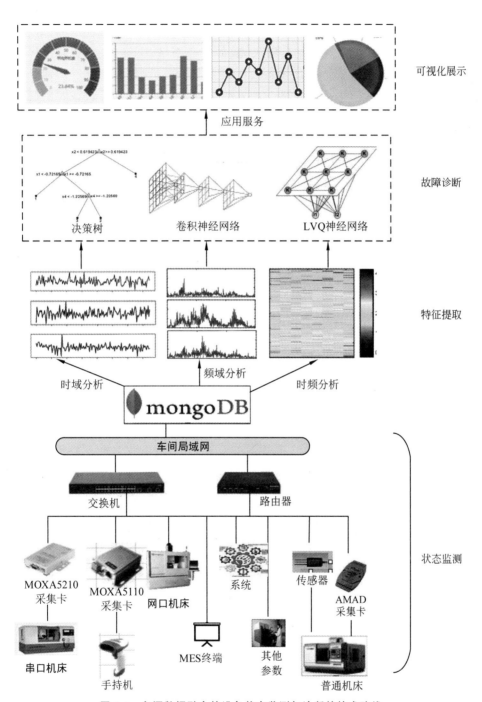

图 4-4 多源数据融合的设备状态监测与诊断的技术路线

4.3 基于LVQ和DT的单源信号多传感器融合智能诊断

针对单信号源情况下,现有的诊断模型,如神经网络、决策树、支持向量机等受模型结构单一,难以全面有效地处理设备故障信息,提出一种集成模型。以轴承为研究对象,利用凯斯西储大学轴承故障平台的实验数据,选取不同运行状态的风扇端和驱动端的轴承振动信号,提取多信息域的统计特征向量并借助于主成分分析的方法实施降维。将风扇端的特征送入LVQ神经网络分类器,并对比分析降维前后的分类性能,获得风扇端的初级诊断结果;同样的方式,将驱动端的特征送入决策树模型,获得驱动端的初级诊断结果。将单模型输出的初级结果作为证据,利用改进的证据融合(IDS)策略集成LVQ神经网络和决策树两个基础模型,利用基础模型的协同和互补实现更好的轴承故障诊断性能[69]。

4.3.1 单源信号多传感器融合诊断的实验数据准备

1. 数据来源

实验数据来源于美国凯斯西储大学轴承数据中心公开的轴承数据集。该数据集被广泛应用于利用振动信号进行故障诊断的学术研究。该实验平台由2hp的电机、译码器和功率计组成。将加速度传感器使用磁性底座安装在电机壳体的左右两侧,左侧是风扇端轴承,右侧是驱动端轴承,使用16通道DAT记录仪测量振动信号并保存成mat格式,实验台如图4-5所示。

图4-5 凯斯西储大学轴承实验台

为了验证本章算法的有效性,我们选取了负载为1hp,转速为1772r/min,采样频率为12kHz,故障尺寸为0.1778mm的源数据。为了获得客观结果,通过随机采样的方式在原始数据中获取实验数据。针对每一种状态,共选取1800个样本,随机挑选其中的1200个样本作为训练集,剩下的样本作为测试集,相应的数据集描述如表4-1所示。

表 4-1　轴承实验数据集描述

故障状态		正常	内圈故障	外圈故障	滚珠故障
故障类型（标签）		1	2	3	4
驱动端	训练集	1200	1200	1200	1200
	测试集	600	600	600	600
风扇端	训练集	1200	1200	1200	1200
	测试集	600	600	600	600

2. 数据增强

数据增强，即增加数据集的大小，其本质是在有限的数据集上对数据执行某种操作使数据量增多，该操作要尽可能合理，类似于自然生成。一般从实验台获得的数据量有限，对于模型的训练来说是远远不够的，尤其是深度学习模型。少量的数据作用在训练模型上，会导致模型在训练过程中出现过拟合现象，使得训练误差很小，但测试误差特别大，从而影响模型最终的分类效果。此时，在原有数据的基础上，采用数据增强技术，就可以获得更多的数据，同时也增强了数据的多样性，保证模型的泛化能力。一般来说，数据增强技术更多地应用在图像识别领域，采用的方法是在原图的基础上裁剪、放大、缩小、拉伸、平移、旋转等。对于文本、振动信号、声音信号而言，可能存在错别字、错误语音、外界噪声，可以利用它们来对数据进行增强。

针对机械设备故障诊断涉及的故障信号（振动和声音）有其特殊的时序性和周期性，图像领域常用的增强技术不再适用，而选择一种较简单的重采样（resampling）方式来进行。在对训练样本采样过程中，后一个样本的起点并非前一个样本的终点，而是两个样本之间有一段采样点是重复的，但对于测试样本则没有这个过程，如图 4-6 所示。

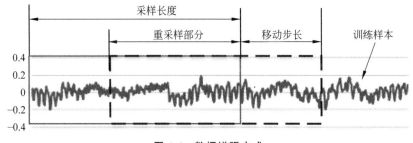

图 4-6　数据增强方式

假设一段轴承的故障振动信号有 51 200 个数据，采用长度为 512 的滑动窗口截取数据点，如果没有重采样，则获得 100 个数据样本；采用数据增强技术，假设移动步长为 1，中间有 511 个数据点重复，则我们最多可以获得 50 689 个数据样本。从样本数量来看，数据增强后样本数量得到了极大的扩充，可以较好地满足深度学习模型的训练需求。

3. 数据标准化

在多指标、多特征评价体系中，由于各指标性质不同而具有不同的量纲和数量级。当指标数值呈现较大差距时，直接使用原值会凸显较高数值指标的作用，相对减弱较低数值指标的作用。因此，为克服量纲差异，便于数据处理，改善模型的分类准确性，在进行故障分类之前，需要对数据进行标准化处理。将数据映射到一个特定区间，消除数据的单位限制，转换成无量纲的纯数值再进行分析，既可以加快模型的收敛速度，也可以提升模型的精度。常见的标准化方法有以下几种：

(1) 离差标准化。

对序列 $x_1, x_2, \cdots, x_n$ 进行式(4.1)的变换

$$y_i = \frac{x_i - \min\limits_{1 \leqslant j \leqslant n}\{x_j\}}{\max\limits_{1 \leqslant j \leqslant n}\{x_j\} - \min\limits_{1 \leqslant j \leqslant n}\{x_j\}} \tag{4.1}$$

则新序列 $y_1, y_2, \cdots, y_n \in [0, 1]$ 且无量纲。

(2) 0 均值标准化。

对序列 $x_1, x_2, \cdots, x_n$ 进行式(4.2)的变换

$$y_i = \frac{x_i - \bar{x}}{s}, \bar{x} = \frac{1}{n}\sum_{i=1}^{n} x_i, s = \sqrt{\frac{1}{n-1}\sum_{i=1}^{n}(x_i - \bar{x})^2} \tag{4.2}$$

则新序列 $y_1, y_2, \cdots, y_n$ 的均值为 0，方差为 1，无量纲。

(3) 归一化方法。

对序列 $x_1, x_2, \cdots, x_n$ 进行式(4.3)的变换

$$y_i = \frac{x_i}{\sum\limits_{i=1}^{n} x_i} \tag{4.3}$$

则新序列 $y_1, y_2, \cdots, y_n \in [0, 1]$，无量纲且 $\sum\limits_{i=1}^{n} y_i = 1$。书中后续的标准化方式均采用此方法。

4.3.2 单源信号多传感器融合诊断的故障特征提取

1. 数字信号处理

(1) 采样。

在信号处理中，将连续信号离散为数字信号的过程即为采样。为保证信号无失真传输必须满足奈奎斯特准则，包括取样和量化的两个步骤，如图 4-7 所示。取样将一个连续信号 $X(t)$ 按一定的时间间隔 Δt 逐点取瞬时值；量化用数字编码表示取样值。常用的量化方法有均匀量化、对数量化和自适应量化，一般依据信噪比大小来选择。

(2) 采样间隔及采样定理。

在数字信号处理领域，只有确定合理的采样间隔 Δt 和采样长度 T，才能确保信号采

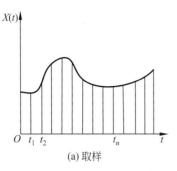 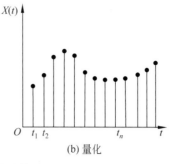

图 4-7 信号采样

样不失真。采样频率 f_s 用于衡量采样速度的快慢，f_s($f_s = 1/\Delta t$)越高，采样数据点越密集，离散的数字信号和连续的原始信号越相似。当 T 一定时，f_s 越高，样本量越大，所需的内存容量和计算量就越大。为了兼顾二者的需求，并保证信号不失真，就必须遵守采样定理。采样定理是美国电信工程师 H. 奈奎斯特在 1928 年提出的，是连续时间信号（模拟信号）和离散时间信号（数字信号）之间的纽带，因此，采样定理也被称为奈奎斯特定理。根据该定理，带限信号不丢失信息的最低采样频率为 $f_s \geqslant 2f_{max}$，f_{max} 表示原信号中最高频率成分的频率。当 f_s 低于 2 倍奈奎斯特频率的时候会造成波形重构不准确，出现虚假的低频成分，信号失真无法恢复原貌，出现频率混叠现象，如图 4-8 所示。

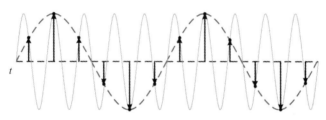

图 4-8 频率混叠现象

图 4-8 所示的混叠现象中，由于 f_s 过低，无法确认该频率的波形是虚线还是实线。为了避免出现该现象，必须提高 f_s 以满足采样定理，一般取 f_s 为 2.56~4 倍的 f_{max}。具体到本章实验中，文献[70]已计算出凯斯西储大学轴承实验的 $f_{max}=157.96\text{Hz}$。实验采集振动信号的 $f_s=12\text{kHz}$，远远大于 4 倍的 f_{max} 满足采样定理。

(3) 采样长度。

采样长度 T 指获取信号最低频率所必需的时间跨度。T 的选择首先要确保能够反映信号的全貌，对瞬态信号应包括完整的瞬态过程；对周期信号，理论上采集一个周期即可。其次需考虑频率分辨率 Δf，T 在 f_{max} 确定的情况下与 Δf 是反比关系，也就是 T 越长 Δf 越小。如果 T 取得较短，则无法呈现信号的低频成分；倘若 T 取得较长，虽然提高了 Δf，但在 Δt 不变时，采样数据点数 N 增加，使计算量加大；当固定 N 时，Δt 增大，则 f_s 下降，f_{max} 也随之降低。因此，信号分析时有必要综合考虑 T、N 和 f_s 的关系。

2. 多信息域的特征提取

（1）信号的时域特征提取。

利用数据采集卡收集机械设备在运转过程中各种状态随时间变化的动态信息，如振动信号、声音信号、负载信号等，即可得到目标对象的时间历程也就是时域信号。轴承振动信号大部分具有周期性，信号的简谐性和瞬时脉冲性比较明显，借助于时域波形分析可以了解轴承的运行状态。信号的时域分析就是通过对时域波形的各种参数、指标进行计算，选择合适的指标对不同类型的故障进行准确判断。时域信号本身包含的信息量巨大，通常用于反映设备的总体状态，具有简单直观的特点，是诊断机械设备故障最原始的依据，广泛应用于故障监测、趋势预报。常用的时域指标参数包括两大类：有量纲指标和无量纲指标。

有量纲指标的数值随着负载和转速大小的变化而改变，它们受工况影响较大。常用的有量纲指标如下。

① 方差(Variance)：衡量信号离散程度的度量。方差越大，数据的波动越大；方差越小，数据的波动就越小，其数学定义如式(4.4)所示。

$$\text{Variance} = \frac{\sum_{i=1}^{n}(x_i - \bar{x})^2}{n} \tag{4.4}$$

② 峭度(Kurtosis)：表征曲线陡峭程度的物理量。随着故障的出现，峭度增加幅度较快，对探测信号中有脉冲的故障特别有效，其数学定义如式(4.5)所示。

$$\text{Kurtosis} = \frac{\frac{1}{n}\sum_{i=1}^{n}(x_i - \bar{x})^4}{\left(\frac{1}{n}\sum_{i=1}^{n}(x_i - \bar{x})^2\right)^2} \tag{4.5}$$

③ 平均值(Mean)：描述信号的稳定性，表示幅值变化过程的中心趋势，反映的是信号变化的静态分量，其数学定义如式(4.6)所示。

$$\text{Mean} = \frac{\sum_{i=1}^{n}x_i}{n} \tag{4.6}$$

④ 标准差(standard deviation, Std)：描述一组数值与平均值离散程度的度量。Std较大，表示这些数值远离平均值；反之，则接近平均值，其数学定义如式(4.7)所示。

$$\text{Std} = \sqrt{\frac{1}{n}\sum_{i=1}^{n}(x_i - \bar{x})^2} \tag{4.7}$$

⑤ 歪度(Skewness)：描述数据分布偏斜方向和程度的度量，用于表示数据非对称分布程度的特征，其数学定义如式(4.8)所示。

$$\text{Skewness} = \frac{\frac{1}{n}\sum_{i=1}^{n}(x_i - \bar{x})^3}{\left(\frac{1}{n}\sum_{i=1}^{n}(x_i - \bar{x})^2\right)^{\frac{3}{2}}} \tag{4.8}$$

⑥ 峰值(Peak)：故障信号波形幅值的瞬时单峰最大值。在故障诊断的时候采取如下方式提高峰值的稳定性：在一个信号样本中，找出 10 个绝对值最大的数，取其算术平均值作为峰值，其数学定义如式(4.9)所示。

$$\text{Peak} = \frac{1}{10} \sum_{i=1}^{10} x_i \tag{4.9}$$

⑦ 均方根(root mean square, RMS)：反映信号能量的大小，用于表示信号的振动能量，对早期故障不敏感，但其稳定性相对较好，其数学定义如式(4.10)所示。

$$\text{RMS} = \sqrt{\frac{\sum_{i=1}^{n}(x_i)^2}{n}} \tag{4.10}$$

无量纲指标在理论上与机械设备的运动状态无关，具有对机械工矿变化不敏感的特点。常用的无量纲指标如下：

① 峰值因子(crest factor, CF)：用来检测信号中是否存在冲击的统计指标，其数学定义如式(4.11)所示。

$$\text{CF} = \frac{x_{\text{peak}}}{x_{\text{RMS}}} \tag{4.11}$$

② 峭度因子(kurtosis factor, KF)：用来检验信号偏离正态分布的程度，其数学定义如式(4.12)所示。

$$\text{KF} = \frac{x_{\text{kurtosis}}}{x_{\text{RMS}}^{4}} \tag{4.12}$$

③ 波形因子(shape factor, SF)：波形因子的稳定性好，但敏感性差，其数学定义如式(4.13)所示。

$$\text{SF} = \frac{X_{\text{RMS}}}{\bar{x}} \tag{4.13}$$

④ 歪度因子(skewness factor, SKF)：用于反映振动信号的非对称性，其数学定义如式(4.14)所示。

$$\text{SKF} = \frac{x_{\text{skewness}}}{x_{\text{RMS}}^{3}} \tag{4.14}$$

(2) 信号的频域特征提取。

时域分析最大的特点是信号的时间顺序，即数据按照事件发生时间先后顺序来产生，只能初步诊断机械设备的总体运行状态，要想进一步确诊故障的类型、发生原因、产生部位，就需要进行频域分析。频域特征提取就是把按照时间先后获得的时域信号通过傅里叶变换分解到频率空间，从而获取频率成分的幅值和相位信息。通过频域分析，对照机械设备运行时的特征频率，可以定位查找故障源。时域分析与频域分析是对模拟信号的两个观察面，如图 4-9 所示。

时域分析是以时间轴为横坐标，频域分析则以频率轴为横坐标表示信号的动态变化。常规情况下，时域分析较为形象与直观，频域分析则更为简练。目前，信号分析从时域向频域过渡。不过，它们是互相联系，相辅相成的。动态信号从时间域变换到频率域主要通

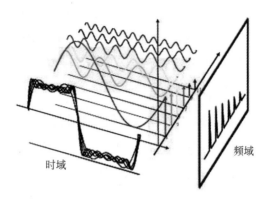

图 4-9 信号的时域和频域关系

过快速傅立叶变换(fast Fourier transform,FFT)实现。FFT 把原始的 N 点序列依次分解成短序列,利用离散傅里叶变换的对称性和周期性求出短序列相应的离散傅里叶并重组,达到删除冗余,减少运算和简化结构的目的。FFT 因其快速、简单、高效的优点被广泛应用到机械设备故障的诊断中[71]。FFT 将信号由时域变换到频域需要满足连续周期性前提。FFT 只针对有限长度的时域数据,因此采样时必须对时域信号进行截断。即使是周期信号,假如截断的时间长度不是周期的整数倍,那么截取后的信号将会存在频谱泄漏。为了将泄漏误差降低到最小,有必要使用窗函数。添加窗函数是为了使时域信号更好地满足 FFT 处理的周期性要求,减少频谱泄漏。常用的窗函数有矩形窗、汉宁窗、平顶窗,它们的时域表达式如表 4-2 所示。

表 4-2 常见窗函数的表达式

窗 函 数	时域表达式
矩形窗	$\omega(t)=1$
汉宁窗	$\omega(t)=\dfrac{1}{2}\left(1-\cos\dfrac{2\pi t}{T}\right)$
平顶窗	$\omega(t)=\left(1-1.93\cos\dfrac{2\pi t}{T}+1.29\cos\dfrac{4\pi t}{T}-0.388\cos\dfrac{6\pi t}{T}+0.0322\cos\dfrac{8\pi t}{T}\right)/4.634$

(3) 轴承实验统计特征。

实验选取负载为 1hp,转速为 1772r/min,采样频率为 12kHz,故障尺寸为 0.1778mm,采样长度为 512,重采样步长为 300 的数据,借助于汉宁窗处理原始截取信号,再利用 FFT 进行统计特征提取。轴承正常状态和三种故障状态的时域和频域信息如图 4-10 所示。

实验共选取了以下振动信号的统计特征:方差、峭度、均值、标准差、歪度、峰值、均方根、峰值因子、峭度因子、歪度因子。首先,针对实验台数据确定采样频率为 12kHz,采样长度为 512,重采样步长为 300,完成采样过程;其次,针对每一个样本添加汉宁窗处理,减少频谱泄漏;接着,对加窗处理后的信号样本进行 FFT 变换,将时域信号转移到频域空间,获得一系列频率域上的幅频属性;然后,对频谱空间进行切片处理,计算每个切片区间

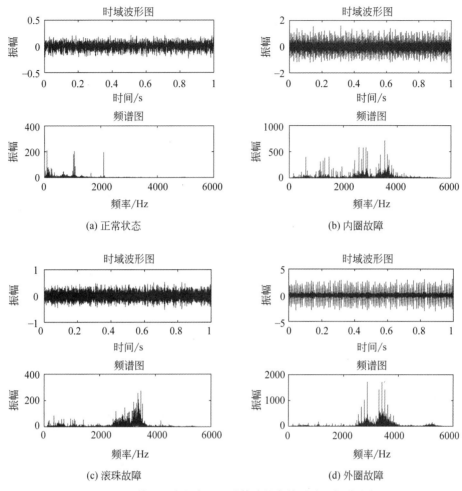

图 4-10 轴承正常状态和三种故障状态的时域和频谱信息

的方差、峭度等统计特征值[72]。部分特征波形如图 4-11～图 4-14 所示（从上到下依次是均值、峭度、方差、标准差、歪度、均方根、波形因子、峰值）。

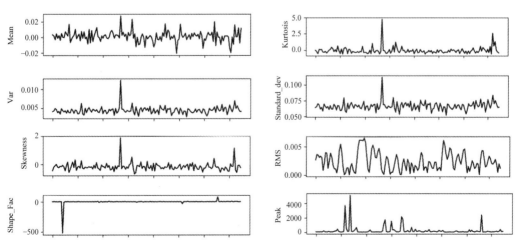

图 4-11 轴承正常状态的统计特征

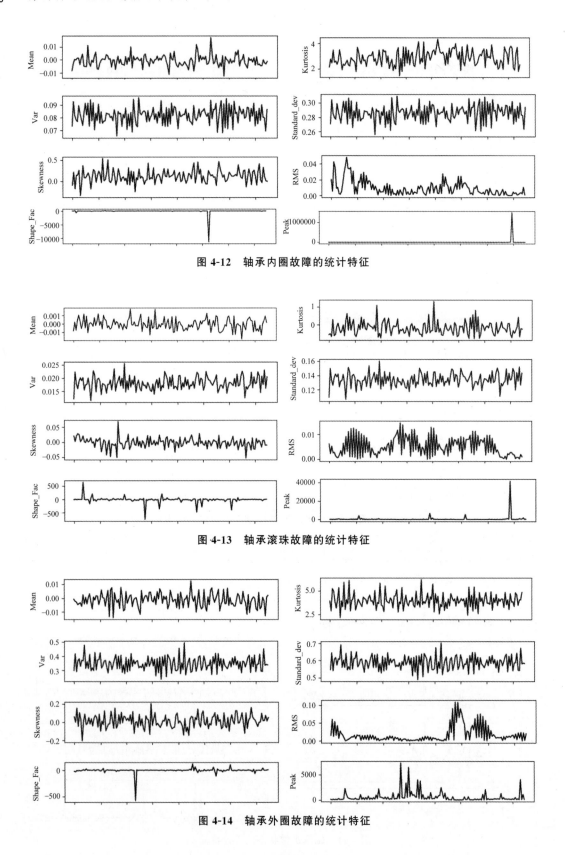

图 4-12 轴承内圈故障的统计特征

图 4-13 轴承滚珠故障的统计特征

图 4-14 轴承外圈故障的统计特征

观察图 4-11～图 4-14 可知,同一个统计特征(如左上角的第一张图)在不同的故障模式下的表征不尽相同,因此,借助于统计特征可以实现轴承不同故障的诊断。

4.3.3 单源信号多传感器融合诊断的模型构建

轴承是旋转机械的重要组成部件,一旦发生故障将导致设备失效,引发潜在的安全事故。每一台机械设备至少包含一个轴承,并且它的故障可能是其他部件随后出现问题的直接原因,有必要对其进行监测。轴承一般由内圈、外圈、滚珠和保持架四部分组成。理论上,机械设备的任何一个部件都可能失效,但事实上,轴承由于摩擦成为最脆弱的部件,更容易发生故障而导致设备失效,因此轴承故障的检测和诊断对保障生产效率和设备安全有重大意义。

轴承故障诊断的方法大致分为声学监测、电流和温度监测、磨屑监测和振动分析。这些方法各有千秋,其中的振动分析被普遍认为是最有效的监测技术。一旦轴承发生故障,就会产生振动脉冲。即使正常运行,也会产生平滑且波动较小的脉冲信号。学术界对此已有大量的研究。Xie[73]介绍了一种通过振动分析检测旋转机械状态的方法。Zhou[74]提出了一种基于滚动轴承图像识别的故障诊断方法,实现了变工况下的故障分类。Li[75]提出了一种用于旋转机械振动测量的深度统计特征学习模型。以上文献均先对振动信号提取统计特征,再送入学习模型进行诊断。不同的提取方法获得的特征不尽相同,但存在高维冗余的问题,可能导致后续模型分析的维数灾难。为了解决这个问题,众多学者通过引入主成分分析来降低维数,消除冗余,以加快模型的收敛速度,提高模型诊断的准确性。Zhao[76]讨论了基于 TR-LDA 的降维技术并应用于轴承的故障诊断。Wang[77]展示了一种结合小波分析和 PCA 检测轴承失效的模型。Zhang[78]提出了一种利用 PCA 技术有效地提取嵌入高维数据的固有非线性流形特征的轴承故障诊断方法。Jia[79]讨论了使用主成分分析和多类支持向量机进行轴承故障分类的特征选择。结果表明,利用 PCA 提取的特征是准确和有效的。

从原始振动信号中提取表征故障本质的特征,送入分类器通过大量样本的学习,自主对输入特征分类识别,完成故障诊断过程。决策树作为一种结构简单、搜索效率高的分类器,可以从一组无规则、无次序的事例中推理出分类规则,可以直接作为专家系统知识库的输入。因此在故障诊断方面得到广泛的应用。Lu[80]使用决策树从训练集产生决策规则,完成对轴承的状态监测。Amarnath[81]采用决策树算法选择从声学信号提取特征,利用机器学习方法搭建轴承的故障诊断模型。Gangadhar[82]阐述了决策树用于识别给定样本集的最佳特征以进行分类。Sugumaran[83]提出了一种利用决策树自动生成规则的方法,通过测试不同的故障统计特征,以获得满意的结果。近年来,人工神经网络因其具有自学习、联想记忆的优势而被广泛应用在故障诊断领域。BP 神经网络是应用最广泛的一种,但容易陷入局部最优。LVQ 神经网络是在监督状态下对竞争层进行训练的一种学习算法,能较好地克服 BP 网络的缺点,实现对轴承故障的准确诊断。Liu[84]提出了一种神经网络模型,基于振动信号特征对齿轮箱进行故障检测和识别。Xu[85]根据故障特征参数的重要性赋予不同的权重,采用改进的模糊 ARTMAP 神经网络来判断轴承故障。

Padma[86]设计了一种利用LVQ神经网络进行心电图分析的决策支持系统,准确率达到95.5%。由于振动信号非线性强、冗余量大,不同的识别模型具有不同的网络结构和识别性能,因此单一的模型可能导致判断结果具有较大的随机性。通过借助证据理论处理不精确信息的优势,对不同模型和传感器的诊断结果进一步决策融合,从而改善轴承的故障诊断精度。Jiang[87]提出了一种加权平均的多传感器数据融合的故障诊断方法。Xiang[88]建立了复杂系统故障诊断的GNN-DS诊断模型,该模型降低了系统的不确定性。

现有的诊断方法根据故障信号提取故障特征,然后定位故障,它们无法对故障进行模式识别。相对于故障定位,故障类型的模式识别对机械设备的运行状态监测和维护具有更大的指导意义,它更能反映设备损坏程度,给维修工提供一个更直观的故障率。因此,需要利用神经网络、支持向量机、决策树、专家系统等智能分类器对故障进行模式识别。以上方法尽管在轴承的故障诊断上得到应用,但随着信息量的增大,单一的方法、单一的模型仍然难以对信息进行有效处理。基于此,本章选择LVQ神经网络和决策树作为智能分类器对机械设备的轴承故障进行模式识别,提出了一种故障诊断的多传感器集成模型。首先,利用凯斯西储大学轴承实验平台采集轴承两端(风扇端和驱动端)不同工作状态的振动信号,利用快速傅里叶变换分解信号获得统计特征;其次,利用主成分分析的方法根据特征值的累计贡献率对统计特征进行降维,并将风扇端的特征送入LVQ分类器,将驱动端的特征送入决策树模型;然后,利用LVQ和决策树模型进行初步的故障诊断,获得单一分类器、单一模型的故障识别率,作为证据理论的输入;最后,采用改进的IDS理论对两种模型的结果进行融合决策,实现对轴承故障的诊断识别。融合模型的框架如图4-15所示。

4.3.4 基于LVQ和DT的多模型融合故障诊断方法

1. LVQ神经网络的学习和训练

(1) LVQ神经网络的"死点"问题及改进。

自组织竞争网络能够自动学习并对输入向量进行分类,但分类依据只取决于初始权重与输入向量之间的距离。当两个输入向量的距离接近时,则将它们归为同类。LVQ网络是一种自主竞争的监督学习算法。相比于其他方法,LVQ网络结构简单,通过内部神经元的相互作用就可以完成分类,且不需要预处理输入向量,直接计算初始权重和输入向量的距离,从而实现模式识别,因此简单易行。

但仍然存在一些问题,有时候某个神经元的初始权重向量和输入向量相距太远,在后续的学习和训练过程中,无论迭代多少次都无法达到预设的训练误差,从而使其在竞争中从未获胜,从未被响应,形成毫无用处的"死点",进而影响网络的分类能力。事实上,这些"死点"并非真的毫无用处,它可能意味着输入向量本身存在错误,或者输入向量本身是正确的,但与周围其他输入向量相比有所不同。常规情况下,为了保证分类效果,往往选择忽略这些数据,但特殊场景下,这些"死点"会发挥重要作用。例如,在诈骗案例研究中,

第 4 章　制造大数据背景下旋转设备的智能故障诊断

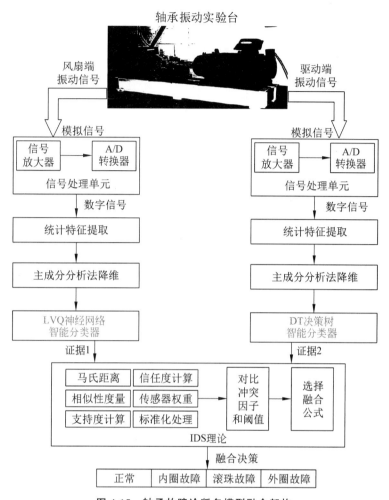

图 4-15　轴承故障诊断多模型融合架构

"死点"可能预示着欺骗,忽略它们可能意味着案例的错误判断;又如在故障诊断案例中,"死点"可能预示着潜在故障,忽略它们可能导致后期花费巨大的维修成本。因此有必要对该问题进行改进。引入阈值学习函数 learncon() 来调整神经元的响应半径,即修正该神经元的阈值,将原来"死点"神经元的响应半径扩大到有输入向量能够吸引到该神经元后再缩小半径。通过阈值学习函数调整,原来"死点"的神经元的阈值会逐渐增加,并缩短与输入向量之间的距离而向输入向量移动,从而使其活动频繁而避免"死点"现象。

以文献[89]中的数据为例来说明对"死点"阈值的调整。假设利用 LVQ 神经网络对表 4-3 的训练样本进行分类,结果如图 4-16(a)所示,经过两次迭代就满足收敛精度。当放入表 4-3 的测试样本时,运行程序发现达到最大迭代次数时没有满足误差精度,继续增加迭代次数也无法满足,从图 4-16(b)可以看出,此时的 Training 和 Goal 接近平行状态,始终无法收敛,网络运行过程中出现了"死点"现象;当运用 learncon() 函数调整 LVQ 网络的阈值后,结果如图 4-16(c)所示,经过三次迭代即满足误差要求。

表 4-3 LVQ 网络"死点"案例

类别		数据									
训练集	样本	−4	−2	−2	0	0	0	0	3	2	2
		0	1	−1	1	1	−1	−2	2	−1	0
	标签	1	1	1	2	2	2	2	1	1	1
测试集	样本	−3	−8	−2	0	0	0	0	8	2	9
	标签	0	1	−1	2	1	−7	−2	1	−1	0

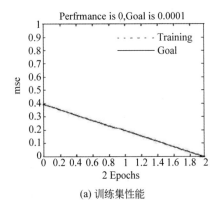
(a) 训练集性能

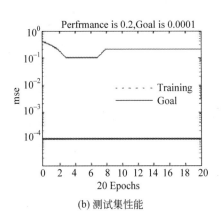
(b) 测试集性能

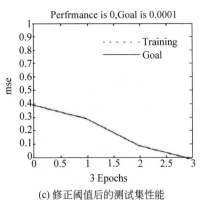
(c) 修正阈值后的测试集性能

图 4-16 LVQ 神经网络阈值变化前后的误差收敛趋势

(2) LVQ 神经网络在故障诊断中的应用。

LVQ 神经网络属于前向监督神经网络，用于定位并识别轴承的不同故障状态。将 1200 个训练样本输入 LVQ 神经网络中。输入层包含 10 个从振动信号提取的统计特征。LVQ 神经网络的输出层是故障分类的精度，包括四种类型：正常、外圈故障、内圈故障和滚珠故障。LVQ 神经网络的最重要的层次是竞争层，使用 K 折交叉验证方法来确定竞争层神经元个数。将样本划分成 K 部分，挑选其中任意一个部分留作验证集，剩下的 $K-1$ 部分作为训练集训练模型。样本的每一部分充当一次验证集，该过程重复执行 K 次，最后对 K 次的结果求平均，获得一个可靠的数值。该方法可以有效地避免过学习及欠学习现象的发生,最后得到可靠的结果。10 折交叉验证是最常用的。通过这种方法,竞争层神经元的最佳个数为 11 个,如图 4-17 所示。

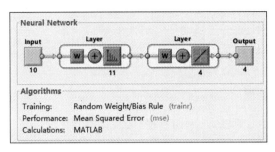

图 4-17　10 折交叉验证选择最佳竞争层神经元个数

因此,本节实验中 LVQ 神经网络使用 10—11—4 的网络结构,其参数设置如下:最大训练步数设置为 1000,最小目标训练误差设置为 0.1,学习速率设置为 0.1。从数据集中选取 1200 个样本进行训练,其余 600 个样本用于测试,创建 LVQ 神经网络得到图 4-18(a)所示的误差曲线。为了突出 LVQ 神经网络的优越性,采用相同的参数设置,创建 BP 神经网络得到图 4-18(b)所示的误差曲线。

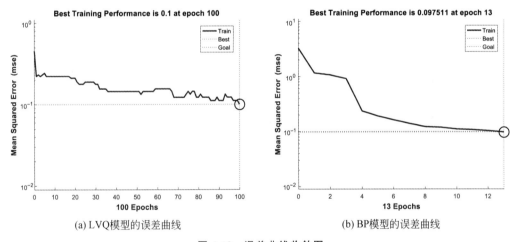

图 4-18　误差曲线收敛图

对比图 4-18(a)和(b)中两幅误差收敛趋势图,很明显 BP 神经网络有较少的训练次数和较小的均方误差值,它在迭代到 13 代的时候就已经满足要求,而 LVQ 神经网络则迭代到 100 代的时候才达标。表面上看 BP 网络更优越。但是,神经网络算法本质是一种局部搜索的优化方法,容易陷入局部最优解,使训练失败。表 4-4 的结果证明了这一现象。在相同的训练集和网络参数下,BP 神经网络的最大分类准确率是 98%,最小分类准确率是 10.29%,二者之间差距太大导致其平均准确率比较低,仅仅是 46.99%。LVQ 神经网络的分类准确率彼此相差不大,其平均准确率是 86.25%,可见后者远远大于前者,说明 LVQ 神经网络的性能整体优于 BP 网络。

表 4-4　LVQ 和 BP 的识别准确率对比

	正常	外圈故障	故障内圈	滚珠故障	平均准确率
LVQ 神经网络/%	75.00	89.67	100.00	80.34	86.25
BP 神经网络/%	10.29	49.11	98.00	30.58	46.99

2. 决策树模型的构建

决策树通过归纳学习算法,从一组乱序、无规律的实例中寻找一系列规则来实现数据分类,该规则可以表示成多个 IF-THEN 形式。决策树将数据样本划分成多个互斥的子集,在树的非叶子节点处对比样本的特征属性值,依据不同的取值判断下一步的分支走向,直至在叶子结点处获得分类结果。该方法具有良好的可读性,易于理解,分类效率高,具有一定的抗干扰能力,被广泛应用在设备的故障诊断中。

在轴承实验平台上,将不同故障状态的 10 个振动特征输入 C4.5 算法。利用 1200 个训练样本创建决策树,可以获得一棵"枝繁叶茂"的决策树。该决策树包括代表了类型标签的叶子节点和代表鉴别能力的决策节点,并不是每一个统计特征都能成为决策节点,而要依靠特征的信息熵和信息增益率产生的贡献度来确定,满足一定阈值的特征属性则出现在决策树中,否则丢弃,最终获得的决策树如图 4-19 所示。

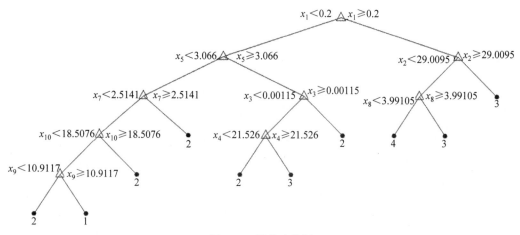

图 4-19　原始决策树

图 4-19 所示的决策树的叶子节点分别代表轴承故障类型,即 1 代表正常状态、2 代表外圈故障、3 代表内圈故障、4 代表滚珠故障;非叶子节点代表轴承的特征属性,依次是 x_1 代表方差、x_2 代表峭度、x_3 代表均值、x_4 代表标准差、x_5 代表歪度、x_7 代表均方根、x_8 代表峰值因子、x_9 代表峭度因子、x_{10} 代表歪度因子,峰值特征 x_6 被丢弃(图 4-20 的叶子节点 1~4,非叶子节点 x_1~x_{10} 代表相同的含义)。该决策树对于训练样本而言,分类准确率很高,但无法保证独立于训练样本的测试样本也能获得类似的准确率,有可能得到相反的结果,分类准确率较低。原因在于枝繁叶茂的决策树往往是过拟合的,其中包含

了很多的噪声和离群点,决策树在训练的时候将其作为一般属性来学习而导致过度拟合,进而影响整个样本的分类。因此需要进行剪枝获得一个分叉少、结构相对简单的决策树。C4.5 算法采用的是悲观剪枝法,属于后剪枝的一种。它利用训练集生成决策树,并用训练集进行剪枝。若使用叶子节点代替原来的子树后,如果悲观剪枝法的误差率能够下降,则用该叶子节点代替原来的子树。剪枝后的决策树如图 4-20 所示。

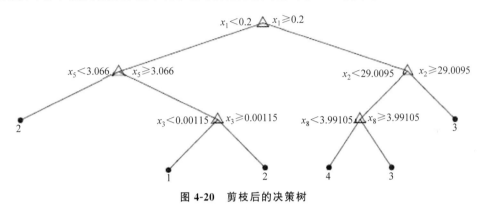

图 4-20 剪枝后的决策树

图 4-20 所示的决策树的叶子节点代表识别出来的轴承故障类型,非叶子节点代表轴承的特征属性。从轴承提取的 10 个统计特征的贡献度不相同,其重要性也不一致,剪枝后只有 5 个出现在决策树中,其余则被丢弃。决策树节点的重要性从上到下依次递减,顶层节点是分类的最佳节点。该剪枝后的决策树提出的特征是方差、峭度、均值、歪度、峰值因子。剪枝后的决策树对训练样本的分类正确率有所下降,但能保证测试集的分类正确率,重代入误差和交叉验证误差很好地证明了这一点。重代入误差指借助训练集创建决策树模型以后,将训练集再次导入模型获得的分类正确率与实际之间的差值;交叉验证误差指预测模型利用交叉验证方法在实际应用中的误差值,二者都被用来评价预测模型的泛化能力。实验得到如表 4-5 所示的结果。

表 4-5 剪枝前后的误差对比

	剪 枝 前	剪 枝 后
重代入误差	0.0140	0.0680
交叉验证误差	0.0880	0.0840
平均分类准确率/%	86.88	88.74

表 4-5 表明虽然剪枝后的重代入误差大于剪枝前(0.0680>0.0140),但是交叉验证误差是约等的(0.0840≈0.0880),而且剪枝后样本的平均分类准确率得到了提高(88.74%>86.88%)。

决策树以根节点开始,以叶子节点结束,代表一条可以用 IF-THEN 表示的合取规则。将图 4-20 产生的决策树转换为 IF-THEN 规则表示如下:

规则 1:IF $x_1<0.2$ AND $x_5<3.066$ THEN=2。

规则2：IF $x_1<0.2$ AND $x_5\geqslant 3.066$ AND $x_3<0.00115$ THEN=1。

规则3：IF $x_1<0.2$ AND $x_5\geqslant 3.066$ AND $x_3\geqslant 0.00115$ THEN=2。

规则4：IF $x_1\geqslant 0.2$ AND $x_2<29.0095$ AND $x_8<3.99105$ THEN=4。

规则5：IF $x_1\geqslant 0.2$ AND $x_2<29.0095$ AND $x_8\geqslant 3.99105$ THEN=3。

规则6：IF $x_1\geqslant 0.2$ AND $x_2\geqslant 29.0095$ THEN=3。

以轴承振动信号提取的统计特征属性为依据，从IF-THEN规则表示上，可以直观地看到轴承的故障分类。

3. 主成分分析方法降维

(1) 主成分分析方法。

主成分分析(principal component analysis，PCA)是一种从繁杂数据集中提取相关信息的简单统计方法，是目前应用广泛的数据降维技巧。它把给定的一组线性相关的多指标通过矩阵变换映射成一组线性不相关的综合指标。这些综合指标虽然数量少但涵盖了原始指标的大多数信息，且各指标之间保持独立，避免重叠，因此我们称之为主成分。它的本质是保持原始变量主要信息的同时实现数据维度的下降，寻找数据复杂表象背后的简单结构。PCA通过对原始变量执行数学变换，去除冗余，简化问题处理的难度，改善对外界干扰的抵抗力。

假设复杂数据集的样本数为n，每个样本的指标数为p，构成一个$n\times p$阶的数据矩阵$\boldsymbol{X}$如式(4.15)所示。

$$\boldsymbol{X}=\begin{bmatrix} X_{11} & X_{12} & \cdots & X_{1p} \\ X_{21} & X_{22} & \cdots & X_{2p} \\ \vdots & \vdots & \ddots & \vdots \\ X_{n1} & X_{n2} & \cdots & X_{np} \end{bmatrix}=(X_1\ X_2\ \cdots\ X_p) \quad (4.15)$$

当指标p较大时，在p维空间考虑问题比较复杂。PCA用较少的几个综合指标代替原来较多的变量指标，使这些综合指标既能尽量多地反映原来的信息，同时彼此独立，即寻找原指标的线性组合F：

$$\begin{cases} F_1=a_{11}X_1+a_{21}X_2+\cdots+a_{P1}X_p \\ F_2=a_{12}X_1+a_{22}X_2+\cdots+a_{P2}X_p \\ \vdots \\ F_p=a_{1p}X_1+a_{2p}X_2+\cdots+a_{Pp}X_p \end{cases} \quad (4.16)$$

满足式(4.17)的条件

$$\begin{cases} a_{1i}^2+a_{2i}^2+\cdots+a_{pi}^2=1 \\ \text{Cov}(F_i,F_j)=0,(i\neq j,i,j=1,2,\cdots,p) \\ \text{Var}(F_1)\geqslant \text{Var}(F_2)\geqslant \cdots \geqslant \text{Var}(F_p) \end{cases} \quad (4.17)$$

则新变量指标$F_1,F_2,\cdots,F_p$为原来变量$X_1,X_2,\cdots,X_p$的第一、第二……第p主成分。

PCA的基本思想是坐标轴的旋转变化，如图4-21所示。n个样本分布在坐标空间中，将其直接投影到蓝色的x_1,x_2坐标系中，它们落在x_1和x_2轴的离散程度相当，无法反映它们之间的关系(图 4-21(a));将蓝色的 x_1,x_2 坐标轴旋转到红色的 F_1,F_2 位置,再将它们投影到 F_1 和 F_2 轴上,可以看出,投影到 F_1 轴的离散程度(图 4-21(b))远远大于投影到 F_2 轴(图 4-21(c))。旋转变换坐标轴是为了使 n 个样本点在 F_1 轴方向上的投影长度最大,即 F_1 的方差最大,代表原始变量的主要信息最多,F_2 次之,依次递减。PCA 将样本映射到新的坐标空间,使数据投影的最大方差落在第一坐标,次方差落在第二坐标,以此类推,相应的数据指标称为第一主成分、第二主成分等。

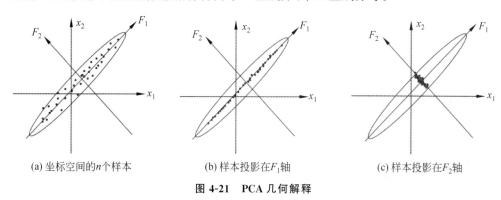

(a) 坐标空间的 n 个样本　　(b) 样本投影在 F_1 轴　　(c) 样本投影在 F_2 轴

图 4-21　PCA 几何解释

PCA 算法的主要步骤如下:

第一步:输入样本矩阵 $\mathbf{D}=(x_1,x_2,\cdots,x_n)^\mathrm{T}$,行代表样本数,列代表维度。

第二步:计算列的均值

$$\bar{x}=\frac{\sum_{i=1}^{n}x_i}{n} \tag{4.18}$$

第三步:样本矩阵中心化,生成新的矩阵 $\mathbf{M}$

$$\begin{cases}\theta_i=x_i-\bar{x}\\ \mathbf{A}=[\theta_1,\theta_2,\cdots,\theta_n]\\ \mathbf{M}=\mathbf{A}\mathbf{A}^\mathrm{T}\end{cases} \tag{4.19}$$

第四步:计算特征值和特征向量

$$\begin{cases}\mathbf{M}\mathbf{U}=\lambda\mathbf{U}\rightarrow\lambda_1>\lambda_2>\cdots>\lambda_n\\ \mathbf{A}\mathbf{U}=\lambda\mathbf{U}\rightarrow\mathbf{U}=\{u_1,u_2,\cdots,u\}\end{cases} \tag{4.20}$$

第五步:决定最终维度 k

$$\frac{\sum_{i=1}^{k}\lambda_i}{\sum_{i=1}^{n}\lambda_i}\geqslant e\rightarrow\lambda_1,\lambda_2,\cdots,\lambda_k \tag{4.21}$$

特征值的累计贡献率用来衡量新生成的主成分对原始数据的代表度。一般而言,e 大于或等于 85% 即可提取前 k 个主成分作为样本特征。

第六步:输出主成分

$$\begin{cases} \boldsymbol{U}_k = (u_1, u_2, \cdots, u_k) \\ \boldsymbol{P} = x \times \boldsymbol{U}_k \end{cases} \quad (4.22)$$

为了消除量纲影响,在 PCA 降维之前先将原始数据标准化。标准化变量的协方差矩阵 $\boldsymbol{S}$ 等价于相关系数矩阵 $\boldsymbol{R}$,所以用标准化变量进行主成分分析相当于从原变量的相关系数矩阵 $\boldsymbol{R}$ 出发进行主成分分析。一般来说,样本中心化矩阵 $\boldsymbol{M}$ 采用协方差的方式获得,则称为 S 型分析;若 $\boldsymbol{M}$ 采用相关系数获得,则称为 R 型分析。通常,各变量的量纲不同,采用 R 型分析占多数。不论 R 型分析,还是 S 型分析,对象都是维度而非样本,即样本中心化操作对象是列而非行。实验数据集在导入模型之前被分成训练集和测试集,在使用 PCA 降维时,必须分开处理。对测试集而言,执行样本矩阵中心化操作时,务必要减去训练集而非测试集自身的均值,使用训练集的转换矩阵,才能确保训练集和测试集映射到相同的坐标系。实验中,原始的 10 个特征属性经过 PCA 降维后,选取前 4 个主成分即满足特征累计贡献率大于或等于 85% 的条件。部分样本的主成分如表 4-6 所示。

表 4-6　部分样本的主成分

class	PCA1	PCA2	PCA3	PCA4
1	−2.3766	−0.2516	−1.2603	−0.3232
1	−0.7916	0.3352	−1.0069	−0.8758
1	−2.1495	−1.1721	−0.3661	−0.1276
2	−1.3596	−0.4329	−0.7309	−0.4841
2	1.4969	−0.2858	−0.8621	−1.2210
2	−0.4314	−0.0916	−0.7855	−0.1473
3	2.8324	1.5790	0.6283	−0.6787
3	2.8847	0.7989	−0.4486	−0.6237
3	1.5730	0.0116	−1.9958	1.1500
4	2.6448	−0.8315	1.1072	1.1521
4	5.1769	0.0898	−1.0498	−0.9411
4	3.0341	−0.5264	−1.5611	1.5093

(2) LVQ 神经网络降维后的性能分析。

从占用内存和计算时间的角度出发,计算数据量越少,成本越低,时间越快。将 PCA 和 LVQ 联合使用可以获得更好的性能,此时的模型称为 LVQ-PCA。将轴承振动信号提取的 10 个特征属性替换成降维以后的 4 个主成分,选取同样的 1200 组训练集、600 组测试集,其他网络参数不变,获得如图 4-22 和图 4-23 所示的结果。

图 4-22 和图 4-23 显示了训练集的接收者操作特征曲线(receiver operating characteristic curve,ROC),ROC 是反映敏感性和特异性的综合指标。横坐标表示伪正

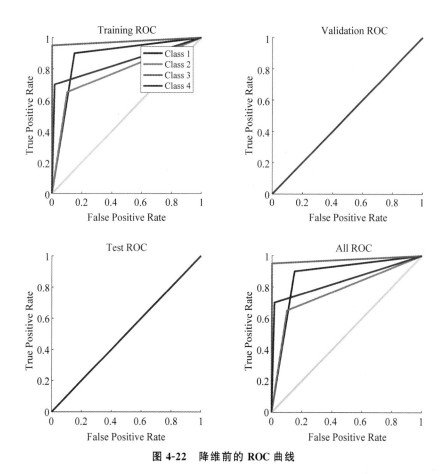

图 4-22 降维前的 ROC 曲线

类率(false positive rate,FPR),预测为正但实际为负的样本占所有负例样本的比例,与特异性相关联;纵坐标表示真正类率(true positive rate,TPR),预测为正且实际为正的样本占所有正例样本的比例,与敏感性相关联。横轴 FPR 越大,预测正类中实际负类越多;纵轴 TPR 越大,预测正类中实际正类越多。理想情况下,TPR=1,FPR=0,即图中(0,1)点,故 ROC 曲线越靠拢(0,1)点,敏感性、特异性越大,效果越好。ROC 曲线上的 class1、class2、class3、class4 分别代表轴承故障类型,依次是正常、外圈故障、内圈故障、滚珠故障。对比图 4-22 和图 4-23,降维前的 ROC 曲线相对比较分散,不紧凑,最小的纵坐标约为 0.65,与理想值(0,1)相距较远;降维后的 ROC 曲线非常接近图的左上边缘,最小的纵坐标约为 0.85,与理想目标(0,1)点较近,表明降维后的分类器具有更好的分类性能。

图 4-24 显示了训练回归线。回归 R 值代表预测值与真实值之间的相关性。R 值为 1 意味着密切相关,R 值为 0 是随机关系。观察得出,降维前的回归 $R=0.95919$(图 4-24(a)),表明二者之间的关系不是很紧密,与图 4-22 表示的 ROC 曲线相对较分散吻合;降维后的回归 $R=0.97011$(图 4-24(b)),表明二者之间的关系紧密,与图 4-23 表示的 ROC 曲线紧凑趋向于左上角吻合,进一步表明,降维后的分类器具有更好的分类性能。LVQ-PCA 的分类准确性进一步说明将在下一节中阐述。

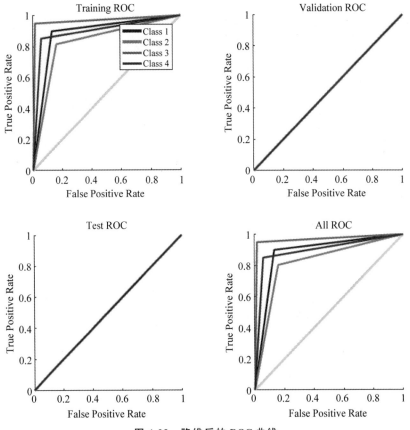

图 4-23 降维后的 ROC 曲线

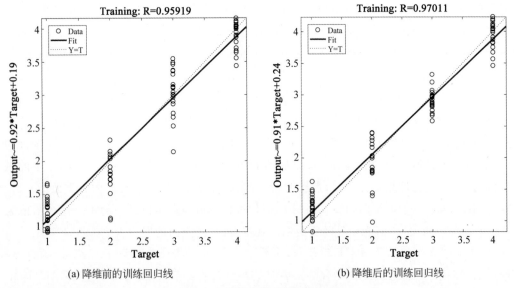

(a) 降维前的训练回归线 (b) 降维后的训练回归线

图 4-24 降维前后的训练回归线

(3) 决策树降维后的性能分析。

将 PCA 和决策树联合使用的模型称为 Tree-PCA。采用先前 C4.5 算法创建决策树的参数,将输入由原来的 10 个特征属性替换成降维后的 4 个主成分,选取同样的 1200 组数据作为训练集,600 组数据作为测试集,可以获得图 4-25 所示的决策树。

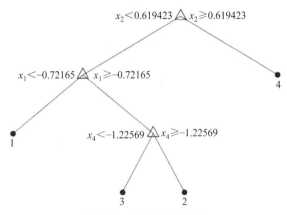

图 4-25 降维后的决策树

图 4-25 所示的决策树的叶子节点代表轴承故障类型,即 1 代表正常状态,2 代表外圈故障,3 代表内圈故障,4 代表滚珠故障;非叶子节点代表轴承的特征属性,依次是 x_1 代表第一主成分 PCA1,x_2 代表第二主成分 PCA2,x_4 代表第四主成分 PCA4,第三主成分 PCA3 则被抛弃。降维后的决策树的分类正确率有所提升,表 4-7 的结果很好地证明了这一点。

表 4-7 降维前后的误差对比

	降 维 前	降 维 后
重代入误差	0.0680	0.0320
交叉验证误差	0.0840	0.0820
平均分类准确率/%	88.74%	90.15%
时间/s	3.02	2.53

表 4-7 表明降维以后的决策树重代入误差比剪枝还要低(0.0320<0.0680),而交叉验证误差和剪枝前后约等(0.0820≈0.0840),平均分类准确率略高于剪枝(90.15%>88.74%),但是程序运行时间有所降低,因为特征属性从 10 个变成了 4 个。因此,降维对于构建决策树是必要而且有效的,尤其是统计特征属性值非常多的情况。将图 4-25 产生的决策树转换为 IF-THEN 规则表示如下。

规则 1:IF x_2<0.619423 AND x_1<−0.72165 THEN=1。

规则 2:IF x_2<0.619423 AND x_1≥−0.72165 AND x_4<−1.22569 THEN=3。

规则 3:IF x_2<0.619423 AND x_1≥−0.72165 AND x_4≥−1.22569 THEN=2。

规则 4:IF x_2≥0.619423 THEN=4。

相对于降维前的规则表示,降维后的规则数目有所减少,从而节约计算时间,减少内存占用,提高效率。Tree-PCA 的分类准确率进一步说明将在下一节中阐述。

4.3.5 基于 IDS 融合 LVQ 和 DT 的多模融合诊断结果分析

盒子图是 1977 年由美国的统计学家约翰·图基(John Tukey)发明的,用来展示一组数据样本离散分布情况的统计图,它的组成部分如图 4-26 所示。

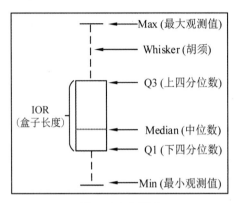

图 4-26 盒子图

模型实际输出的数据样本存在不同类型的异常值,即"离群点"。为了真实地呈现模型总体的特征性能和变化趋势,不因存在少数的异常值导致总体特征发生偏移,将单独绘制此类异常值,而盒子图胡须的两端则调整为最小观测值 Min 与最大观测值 Max。

IQR=Q3−Q1,即上下四分位数之间的差。

Min=Q1−1.5×IQR,倘若数据样本出现某个异常值小于 Min,则设置 Min 作为盒子图胡须的下限,单独绘制该异常值;如果没有比 Min 小的数据样本,则设置 Min 作为胡须的下限。

Max=Q3+1.5×IQR,倘若数据样本出现某个异常值大于 Max,则设置 Max 作为盒子图胡须的上限,单独绘制该异常值;如果没有比 Max 大的数据样本,则设置 Max 作为胡须的上限。

在对模型输出数据的整体性能进行评价时,借助于盒子图可以清晰直观地识别样本中是否存在异常值。通过观察盒子图的长度、胡须长度和中位线的位置可以明确地判断样本整体的分布趋势,同时在一张盒子图中即可进行多批次数据样本的对比分析,便于挑选性能较优者。

由于决策树和 LVQ 神经网络都无须对数据进行预处理,并且它们的原理简单,计算量小,泛化性能好,因此被广泛应用于故障诊断。但它们的分类准确率偏低。为了解决这个问题,引入信息融合的证据理论。将实验设计的轴承的四种状态,即正常、外圈故障、内圈故障、滚珠故障分别记为 F_1、F_2、F_3、F_4。在实验过程中,每个故障样本只属于这 4 种故障模式,满足证据理论互斥的条件,由此建立目标识别框架 $\Omega = \{F_1, F_2, F_3, F_4\}$。将单一诊断模型的输出结果进行处理后转换为基本概率赋值 BPA。LVQ 的输出结果作为第一个证据 m_1,决策树的输出结果作为第二个证据 m_2,利用第 3 章改进的 IDS 理论即可获得融合结果。为了减少随机性和偶然性对实验结果的影响,设计该实验运行10次以获得可靠的结果。记录每次运行的训练和测试集的分类精度,并将最终的性能对比绘制为盒子图,如图4-27所示。

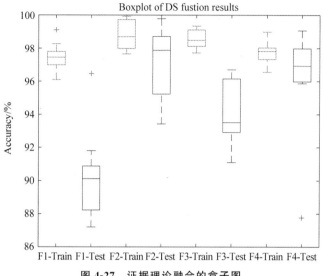

图 4-27　证据理论融合的盒子图

图 4-27 显示,轴承四类故障训练集的准确率在98%左右波动。F_1-Train 的准确性很低,并且具有一个异常值。F_2-Train 的准确率较高,最高可达 100%。F_3-Train 的准确率介于 F_1-Train 和 F_2-Train 之间,变化较小。F_4-Train 的准确率略高于 F_1-Train 而低于 F_2-Train 和 F_3-Train。训练集准确率的小幅度变化表明预测模型是稳定的。测试集的准确率整体而言相对分散。F_1-Test 的准确率集中在 90% 附近,并且有一个高达 97% 的异常值。F_2-Test 的准确率集中在 98% 附近。F_3-Test 的准确率接近 94%,而 F_4-Test 的准确率集中在 97% 附近,出现了一个低至 88% 的异常值。为了减少误差,将 10 次实验结果的平均值作为数据融合的最终结果,如表4-8所示。

表 4-8　不同模型的诊断结果对比

轴承状态	分类准确率						
	LVQ	BP	LVQ-PCA	Decision-tree	Tree-pruning	Tree-PCA	IDS
正常-F_1/%	75.0	10.3	86.5	87.5	92.4	89.2	94.4
外圈故障-F_2/%	89.7	49.1	90.9	83.7	86.0	85.0	96.6
内圈故障-F_3/%	100.0	98.0	100.0	90.7	85.4	89.3	94.9
滚珠故障-F_4/%	80.3	30.6	93.3	85.6	91.2	97.1	95.7
平均准确率/%	86.3	47.0	92.7	86.9	88.7	90.1	95.4
时间/s	2.99	1.62	2.10	4.68	3.02	2.53	4.99

表4-8给出了本章使用的所有算法的结果。每个算法运行10次,记录4种故障类型的平均预测精度。BP神经网络的平均准确率仅为47.0%,落入局部最优(见表4-8的第2列,图4-28的第2组)。因此,我们认为它是一种失败的实验方法。采用PCA降维以后,LVQ神经网络的平均准确率从86.3%提高到92.7%。决策树的性能通过剪枝略有提高(从86.9%提升到88.7%),但通过组合PCA降维技术准确率增加到90.1%。结果表明,PCA降维是提高两种基本分类模型预测性能的有效手段。本专著中提出的IDS融合模型通过融合LVQ-PCA和Tree-PCA的平均准确率达到了95.4%,这是实验涉及的7种方法中最高的。这证明了IDS融合方法充分利用了LVQ和决策树分类器的互补预测性能,这从表4-8的第2行、第3行和第4行可以清楚地看出。在外圈故障下,相比于LVQ-PCA的90.9%的精度,Tree-PCA只有85.0%;而在内圈故障下,LVQ-PCA实现100.0%的精度,而Tree-PCA的精度却只有89.3%;在滚珠故障情况下,相比于LVQ-PCA的93.3%的精度,Tree-PCA获得更高性能的精度,达到97.1%。通过IDS融合之后,三种故障状态的预测性能分别达到96.6%、94.9%和95.7%,避免了单模型预测某些特定故障类型的局限。

彩图

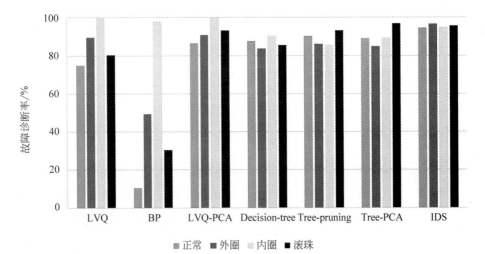

图4-28 不同模型的故障诊断性能对比

从图4-28中的柱形图可以很直观地看出,BP神经网络得到的结果陷入了局部最优;LVQ-PCA相对于降维前而言,故障诊断率更高;Tree-PCA比降维前的性能更加平稳,IDS融合模型获得轴承的4种故障状态的诊断率高于单模型的诊断结果,且在实验涉及的多个模型结果中最稳定,进一步证实了IDS融合在故障诊断应用中的有效性和实用性。

4.4 基于CNN的多源信号多传感器融合智能诊断

振动信号因接触式测量信号,在特殊工况下使用受限。非接触式测量的声音信号,既能反映设备的运行状态,又能有效适应复杂环境,成为设备故障诊断的新途径。本章的研究工作针对信号源单一、无法全面反映设备运行状态的问题,以齿轮为研究对象,提出一种多信号源融合诊断方法。在半消声室环境中搭建齿轮箱故障诊断平台,根据实验需求利用电火花技术人为破坏齿轮,设计不同工况条件的齿轮运行状态,利用振动传感器和声音传感器采集齿轮不同工况条件下的振动和声音信号。将振动信号预处理后利用小波变换获取时频图并送入自适应堆叠式卷积神经网络模型获得振动信号的初级诊断结果,同时将声音信号直接切片送入端到端的堆叠式卷积神经网络模型,获得声音信号的初级诊断结果。将振动和声音信号的初级结果作为证据,利用改进的证据理论融合策略进一步融合决策,获得更准确的齿轮诊断率[90]。

4.4.1 多源信号多传感器融合诊断的实验装置及数据准备

通过实验平台采集齿轮箱不同故障状态下的振声信号。该实验在某声学研究所的半消声室实验环境下完成数据采集工作。该平台主要由异步电机、JZQ200 齿轮减速器、变频器、磁粉制动器、传感器、采集卡、终端等部分组成[91],如图 4-29 所示。整个实验平台位于传声器阵列架下方,传声器固定在阵列架上用于采集齿轮不同运行状态的声音信号,在齿轮箱侧面安装 CY1010L 压电式加速度传感器用于采集振动信号,所采集到的信号经数据采集卡接入终端进行保存并分析。实验中,大齿轮为故障齿轮,采用电火花加工的人为破坏方式设置了三个故障状态,包括点蚀、断齿和磨损,如图 4-30 所示。在实验过程中,由电机驱动整个齿轮传动系统的运转。电机的转速由变频器调节为 900r/min、1800r/min、2700r/min。通过磁粉制动器控制载荷情况,实验设置了有负载和无负载两种情况。采样频率为 16kHz,采样间隔为 5min,采样时长为 60s。

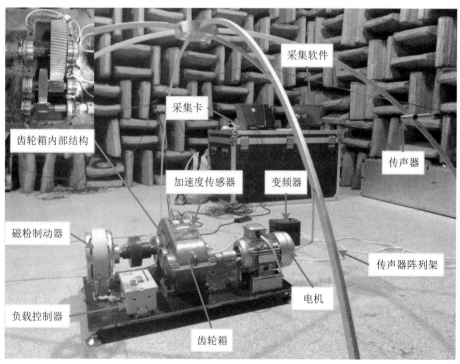

图 4-29 齿轮故障实验平台

图 4-30 齿轮的不同故障

为了保证实验数据的多样性,实验模拟了 10 种不同的工况,对应电机的三种转速(本章实验统一为无负载状态运行),借助加速度传感器采集振动信号,借助传声器采集声音信号。为了获得客观结果,通过随机采样的方式在原始数据中获取实验数据。每一种故障类型的总样本为 400 个,对应为 200 个振动样本和相应时间的 200 个声音样本,共计 2000 个振动样本和 2000 个声音样本。随机选取每种齿轮故障状态总样本的 75% 作为训练集,剩下的 25% 作为测试集送入模型学习和训练,具体的单源模型、多源模型、不同融合方法所需的实验数据集描述如表 4-9 所示。

表 4-9 齿轮实验数据集描述

故障状态		正常	点 蚀			断 齿			磨 损			样本总数
故障类型(标签)		1	2	3	4	5	6	7	8	9	10	
电机转速(r/min)		900	900	1800	2700	900	1800	2700	900	1800	2700	
振动	训练集	150	150	150	150	150	150	150	150	150	150	2000
	测试集	50	50	50	50	50	50	50	50	50	50	
声音	训练集	150	150	150	150	150	150	150	150	150	150	2000
	测试集	50	50	50	50	50	50	50	50	50	50	
融合	训练集	300	300	300	300	300	300	300	300	300	300	4000
	测试集	100	100	100	100	100	100	100	100	100	100	

在表 4-9 中,针对信号和声音信号分别准备了 1500 个训练样本和 500 个测试样本,对于每一种齿轮故障类型各自有 150 个训练样本和 50 个测试样本,送入模型进行训练和预测,对于融合振声信号的不同融合方法则使用融合数据进行诊断。

4.4.2 基于振动信号的 ASCNN 融合诊断模型构建

1. 自适应堆叠式卷积神经网络模型

在实际应用中,齿轮箱运行时的工况随电机转速和负载的大小而变化,导致加速度传感器采集到的振动信号具有非平稳特性,再者,工况的时变性使故障表征也是变化的,从而使齿轮箱振动信号分析更为复杂。当系统高度复杂时,传统的特征提取方法需要选择合适的特征函数才能提取有效的特征用于故障诊断,而这往往依赖丰富的机械专业背景知识和深厚的数学基础。因此,运用传统的时域特征和频域特征难以有效地诊断齿轮箱的运行状态。

为了准确描述齿轮箱的故障特征随时间的变化规律,通常采用时频分析的方法。CNN 最初为处理二维图像而诞生,因而利用小波变换将振动信号加工处理为时频图作为 CNN 的输入,利用 CNN 的卷积运算和池化操作预测齿轮箱的故障状态[92]。因此,针对齿轮箱变转速工况下的故障问题,通过卷积运算作用于振动信号的时频图,自适应地提取所需特征和池化操作合并相似语义,减小计算规模,搭建了 ASCNN 的齿轮箱故障诊断模型,如图 4-31 所示。

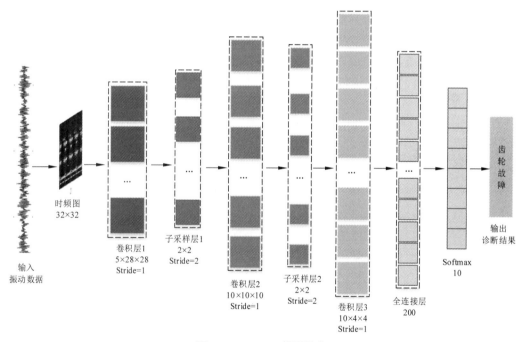

图 4-31 ASCNN 模型结构

该 ASCNN 模型包括输入层、三个卷积层、两个子采样层(池化层)、一个全连接层和输出层。通过多个卷积层和池化层的堆叠运算实现对振动信号时频图的自适应特征提取和降维。深度模型的训练需要大量的样本,ASCNN 也不例外。对于加速度传感器采集到的每一个振动信号,需要对其分片并进行时频变换,获得时频图,进而调整时频图的尺寸为 32×32 以符合 ASCNN 的输入要求。接着是一个"卷积—池化"的堆叠运算,设置了 5 个尺寸为 28×28 的卷积核作用于卷积层 1,移动步长为 1,采用 2×2 的最大池化操作,移动步长为2；第二个卷积层则有10个尺寸为10×10的卷积核，移动步长为1，子采样层2的参数等同于前一个池化层；第三个卷积层设置有步长为1的10个4×4的卷积核。为了尽可能多地提取局部特征，在卷积部分均采用了小尺寸的卷积核过滤时频图。然后是包含200个隐藏单元的全连接层和使用Softmax()进行故障分类的Logistic-regression层，最后的输出层则输出齿轮箱的10种故障类型的识别精度。网络训练开始则随机初始化权值，在训练过程中通过计算预测值和真实值的误差，反向传播并修正网络权值，直至满足终止条件。从每一种齿轮箱故障对应的200个时频图样本中，随机选择75%的样本作为训练集，剩下的25%作为测试集。ASCNN利用75%的训练样本自适应地学习和记忆故障特征，获得一个训练好的预测模型，再将25%的测试集送入训练好的ASCNN模型，借助Softmax函数获得预测结果。具体的诊断步骤如下。

第一步：采集齿轮箱变转速工况下不同故障状态的振动信号，利用4.3.1节的数据增强方式，设置滑动窗口大小为512，移动步长为200，也就是重叠312个数据点的方式采集样本共200个，利用小波变换对样本进行时频分析，获得时频图。

第二步：对时频图进行压缩降维，调整尺寸至32×32，以满足ASCNN的样本输入要求。

第三步：按照表4-9的描述，从200个时频图样本中随机挑选75%作为训练集送入ASCNN模型，剩下的25%作为测试集留作测试。

第四步：训练集送入ASCNN模型后，误差反向传播。通过链式法则，从后向前逐层计算目标函数权值的导数，更新网络权重，调整网络参数，直至满足终止条件，获得训练好的网络模型。

第五步：将测试集输入训练好的ASCNN模型，诊断输出齿轮的故障状态。

2. 振动信号特征提取

(1) 时频分析方法。

在时域内对振动信号进行监测，只能简单地判断振动值是否超标，不能确定振动的部位和原因。频域内，傅里叶变换是一种常用的处理方法，可以从数值上实现对信号与系统的频域分析。但是，傅里叶变换是一种全局变换，反映的是信号的总体平均信息，不能体现信号分量随时间的变化情况。因此，对于非平稳信号和时变信号这类特殊信号而言，需要使用时间和频率的联合函数来表示，即信号的时频表示。时频分析实际上是将一维的时间信号映射到二维的时间尺度上，以便看清在细小时间内信号频率的变化。

① 短时傅里叶变换。

短时傅里叶变换(short-time Fourier transform, STFT)也叫加窗傅里叶变换，借助时间窗把信号的长的、非平稳的时域过程平均拆分成多个短的、平稳的随机过程，对每一个随机过程执行FFT。在STFT过程中，信号频谱图的时间和频率分辨率依据时间窗的大小确定。如果时间窗较长，那么截取源数据的信号越长，FFT后频率分辨率越高，时间分辨率越低；相反，倘若时间窗越短，则截取源数据的信号就越短，频率分辨率越低，时间分辨率越高，即二者不能在STFT中同时择优，依据实际需求对时间和频率分辨率有所取舍。换句话说，STFT就是选择一个窗函数$g(t)$和信号$f(t)$相乘，执行一维的FFT，

通过滑动 $g(t)$ 获得一系列的 FFT 结果,并将该结果依次逐层堆叠便得到二维的时频图像。短时傅里叶变换的公式为

$$\text{STFT}_x(t,f) = \int_{-\infty}^{+\infty} x(\tau) g^*(\tau - t) e^{-j2\pi ft} d\tau \tag{4.23}$$

其中,$x(t)$ 表示信号,t 代表时间,f 代表频率,$g(t)$ 表示窗函数,$\text{STFT}_x(t,f)$ 表示信号 $x(t)$ 在 t 时刻,频率为 f 的能量分布,它既是时间的函数,也是频率的函数。

以图 4-29 所示的实验平台采集到的振动信号为例,采用汉宁窗来防止频谱泄漏,滑动窗口大小为 512,移动步长为 200,扫描截取信号样本。利用 SFTF 进行时频分析,获得如图 4-32 所示的时频图。

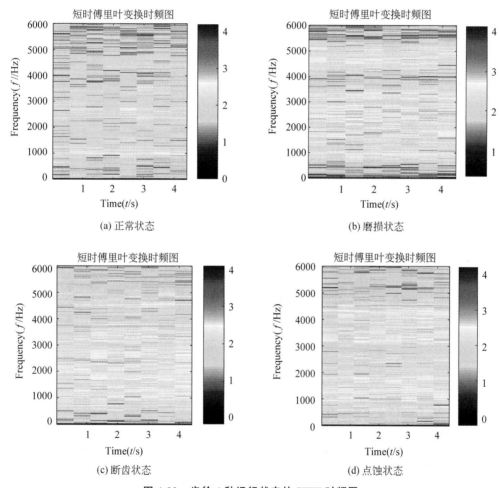

图 4-32 齿轮 4 种运行状态的 STFT 时频图

② 小波变换。

STFT 中时间窗的大小是固定的,无法随频率的变化而改变窗口尺寸。小波变换(wavelet transform,WT)继承了 STFT 局部平稳化的思想,同时引入一个随频率改变大小的"时间-频率"窗口,避免了 STFT 的不足,是一种新的信号时频分析的方法。WT 的

基本思想是用定长的小波基代替 FFT 的不定长的三角基,从而可以在获取频率的同时定位到时间。WT 通过尺度控制小波基的伸缩,平移量控制小波基的平移,进而实现信号的时间和频率细化,最终满足高频处时间细分,低频处频率细分的要求。WT 最典型的特点是自适应信号的时频要求,通过变换能够凸显信号的局部细节成分,它的数学公式定义为:设平方可积函数 $x(t)=L^2(R)$,$\Psi(t)$ 是母小波函数,则

$$\mathrm{WT}_x(a,\tau) \leqslant x(t),\Psi_{a\tau}(t) \geqslant \frac{1}{\sqrt{a}}\int x(t)\Psi^*\left(\frac{t-\tau}{a}\right)\mathrm{d}t \tag{4.24}$$

称为 $x(t)$ 的小波变换,其中,$a>0$ 表示尺度因子,用于控制小波函数的伸缩,对应频率;τ 表示可正可负的位移量,用于控制小波函数的平移幅度,对应时间;* 代表共轭,$<x(t)$,$\Psi_{a\tau}(t)>$ 表示内积,$\Psi_{a\tau}(t)=\frac{1}{\sqrt{a}}\Psi\left(\frac{t-\tau}{a}\right)$ 表示母小波的位移和伸缩。

以图 4-29 所示的实验平台采集的振动信号为例,设置滑动窗口大小为 512,移动步长为 200,扫描截取信号样本。选用带宽参数和中心频率均为 3 的复 morlet 小波进行小波分析,获得如图 4-33 所示的时频图。

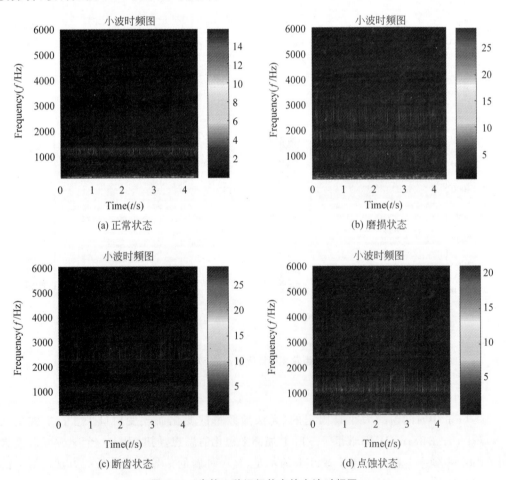

图 4-33 齿轮 4 种运行状态的小波时频图

对比图 4-32 和图 4-33 可知，STFT 可以反映信号的局部特性，但局限于所选时窗尺寸固定，使得分辨率相对固定。虽然它能够呈现信号的联合时频特征，但齿轮四种运行状态的时频图很相似，整体分辨率较低，不能完全区分。小波变换的窗口尺寸根据需要可以调节大小，具有较强的自适应能力。它在低频段具有较好的频率分辨率，在高频段具有较好的时间分辨率，可以较好地反映齿轮箱不同运行状态的局部特征，能够基本区分 4 种不同的状态。因此，本节后续的时频分析选择小波变换来进行。

（2）齿轮箱故障时频分析。

在本实验中，以图 4-29 所示的实验平台采集的振动数据为例，设计了 10 种齿轮状态。为便于齿轮故障时频分析，选取电机转速为 900r/min 的 4 种状态：正常、磨损、断齿和点蚀，分析绘制其时域波形及频谱图和时频图，如图 4-34～图 4-37 所示。

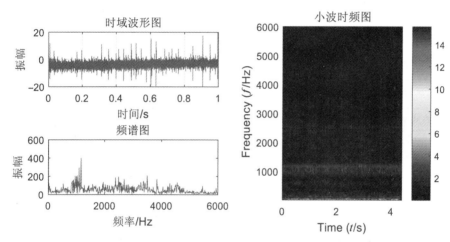

图 4-34　齿轮正常状态的时域图、频谱图、时频图

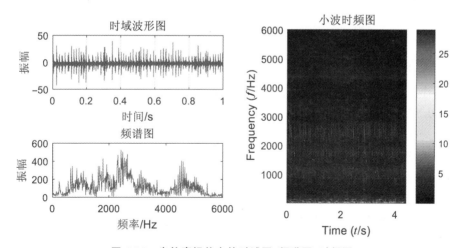

图 4-35　齿轮磨损状态的时域图、频谱图、时频图

对比图 4-34～图 4-37 的时域波形图可知，齿轮正常状态的振动信号振幅较小，磨损、

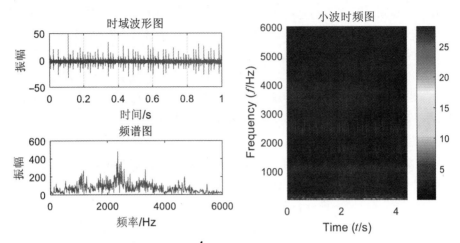

图 4-36 齿轮断齿状态的时域图、频谱图、时频图

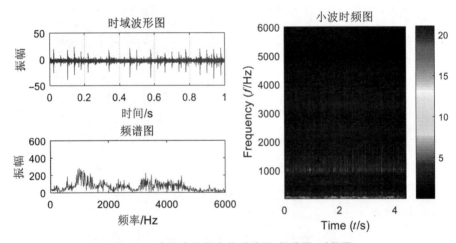

图 4-37 齿轮点蚀状态的时域图、频谱图、时频图

断齿和点蚀三种故障的设置使得振动的振幅变大,并呈现一定程度的冲击现象,对振动信号有监测作用。观察 4 种状态的频谱图可知,信号的时域波形经过傅里叶变换已分解至频域,可以获得振动信号的频率成分及其分布范围,但它反映的是信号的总体平均信息,是一种全局变换,无法体现某一特定分量随时间变换的情况。因此,需要联合使用时间和频率的时频信号来分析此类时变信号。时频分析能将信号映射到二维时间尺度,将所有频率成分随时间变化的趋势映射到二维空间,以便看清在细小时间内信号频率的变化,包含了丰富的信息。观察 4 种状态的时频图可知,无故障齿轮的能量聚焦在低频带,振动信号激起了齿轮的固有频率。随着齿轮故障的发生,振幅加大,故障部位的冲击和啮合激起了齿轮的中高频固有振动,呈现高频带。直观地看,这 4 种状态的时频图较相似,需要找出同类型故障的共同特点,同时又要将其与其他故障类型区分开。鉴于 CNN 在图像识别领域获得的佳绩,故选择 CNN 做齿轮箱的故障识别与诊断。CNN 模型的输入要求是二维向量,时频图刚好满足此要求。因此,在采集了齿轮 10 种运行状态的数据后,需要对

其进行小波时频变换处理,再将获得的小波时频图输入 ASCNN 模型中。本节 ASCNN 模型输入的时频图像尺寸为 32×32,需要对小波时频处理得到的时频图进行尺寸调整。

3. ASCNN 模型参数的设置

采用 ASCNN 模型对齿轮 10 种运行状态的时频图进行分类识别时,模型参数的选择对于分类精度的影响很大,调参的过程才能真正凸显 CNN 模型的性能。由于深度学习模型训练需要丰富的样本,按照表 4-9 的设置,每一类信号构造了 200 个时域图样本,随机选择其中的 150 个样本作为训练集送入 ASCNN 模型训练,剩下的 50 个样本作为测试集测试模型的分类精度。在 3.2.4 节中,已对模型的评价指标进行阐述,由于我们的数据不论是训练集还是测试集都源于实验平台,属于人工干扰下的平衡数据,故选择准确率作为模型的评价指标。对模型精度有较大影响的参数包括迭代次数、学习率和批量尺寸。下面将对这三个参数对模型精度的影响进行分析。为了简化分析复杂度,分析其中一个参数的时候,另外两个参数取固定值,即分析迭代次数时,只有迭代次数是变化的,学习率和批量尺寸是固定的。

(1) 迭代次数。

在模型训练过程中,如果迭代次数过少,拟合效果不理想,特征学习不完全,出现欠拟合现象;如果迭代次数过多,特征学习过于严格,使模型在训练集表现良好,而测试集性能则相反,出现过拟合现象,使得模型泛化能力差。同时,当迭代次数增加到一定程度后,误差不再降低,而系统耗时却随着迭代次数的增加而延长。因此,在符合模型预设的误差前提下,挑选适当的迭代次数,可以获得较好的故障识别率。我们设置学习率为 0.005,批量尺寸为 10,迭代次数为 50,则故障的识别准确率随迭代次数的变化曲线如图 4-38 所示。

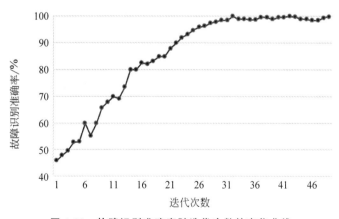

图 4-38 故障识别准确率随迭代次数的变化曲线

从图 4-38 可知,训练开始后,故障识别准确率随着迭代次数的增加而增加,虽然有少许的波动,但总体趋势上升。当迭代次数达到 15 次的时候,故障识别准确率已达到 80%;当迭代次数增加至 30 次,准确率已超过 98%;继续增加迭代次数,故障识别准确率不再明显上升,处于平稳状态。因此,实验的迭代次数选择为 30 次。

(2) 学习率。

深度学习模型通常由随机梯度下降(stochastic gradient descent, SGD)算法进行训练。学习率(learning rate)是 SGD 过程的梯度系数,它决定了在一个小批量中,权重在梯度方向要移动的距离,它对最终识别结果有较大影响。如果学习率较高,每次迭代权值向量变化大,学习速度快,训练可能不会收敛,甚至会发散,无法优化参数;如果学习率较低,每次迭代权值向量变化小,学习速度慢,训练会更加可靠,但优化会耗费较长的时间,容易陷入局部最优。目前,如何选择合适的学习率尚无完善的理论支持,更多偏向基于经验选择学习率。模型训练开始时,随机初始的权重远离最优值,在训练中梯度下降学习率,以允许细粒度的权重更新。因此,从相对较大的学习率开始训练,如 0.5,然后再以指数级速率下降学习率,如 0.05、0.005 等。本节实验将对比分析不同的学习率对故障识别准确率的影响。我们设置学习率依次为 0.5、0.05、0.005,批量尺寸为 10,迭代次数根据 4.4.1 节的实验结论选择 30 次,则故障的识别准确率随学习率的变化曲线如图 4-39 所示。

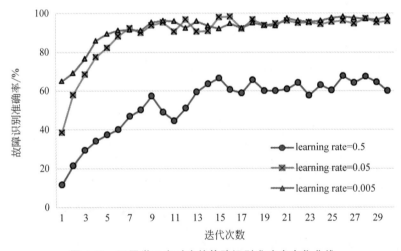

图 4-39 不同学习率对应的故障识别准确率变化曲线

从图 4-39 中可知,当 learning rate=0.5 时,ASCNN 模型对齿轮箱故障的识别准确率维持在 60% 附近,波动较大,极不稳定。当学习率设置为 0.05 和 0.005 时,模型的故障识别率维持在 90% 附近。相对而言,学习率为 0.005 时的准确率较为平缓,波动较少,稳定性更好。因此,学习率为 0.005 是最好的选择。

(3) 批量尺寸。

批量尺寸(batch size)是在训练 ASCNN 模型中,一次性将 batch size 数量的样本送入模型进行前向传播,然后根据误差反向调整权重,完整完成这样一次迭代过程所能处理的样本数量即批量尺寸。如果数据集规模较小,可以采用全数据集的方式一次性导入模型训练;如果数据集规模较大,则需要小批量导入模型。首先将样本按照 batch size 大小分批送入 ASCNN 模型,其次,根据整个批量样本的误差调整参数。batch size 大小对模型的参数优化和收敛速度有明显的影响。如果设置较大的 batch size,则加快收敛速度,但减少了权重被调整的机会,使得模型的识别准确率降低;如果设置较小的 batch size,可以提高模型的识别准确率,但容易陷入局部最优,参数优化缓慢,导致较长的系统耗时。因此,在设置 batch size 时,需要在识别准确率和系统耗时之间求得平衡,在确保较高故障识别准确率的同时减少时间成本。一般遵循的原则是 batch size 尺寸可以被样本集个数整除,因此,本节的 batch size 尺寸设置为 1、5、10、25。本节实验将对比分析不同的 batch size 对故障识别准确率的影响。根据前面的实验结论,我们设置学习率为 0.005,迭代次数选择 30 次,则故障的识别准确率随 batch size 的变化曲线如图 4-40 所示。

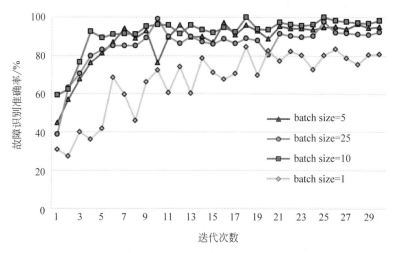

图 4-40 不同批量尺寸对应的故障识别准确率变化曲线

从图 4-40 中可知,当 batch size 设置为 1 时,相当于在线学习,每次权重修正方向以各自样本的梯度方向为准,难以达到收敛,模型识别准确率低;当 batch size 设置为 5、10、25 时,模型快速收敛,随着 batch size 尺寸的加大,模型训练波动较小,相对平缓。当 batch size 由 5 增大到 10 时,模型的识别准确率随之提高,但继续增大至 25 时,识别准确率不但没有上升反而下降。因此,在本节实验样本总数一定的情况下,batch size 设置为 10,有助于齿轮箱故障的识别诊断。

4. ASCNN 模型诊断性能分析

为了验证 ASCNN 对齿轮不同故障状态的振动时频图良好的识别率,将其与常见的 FFT-SVM(support vector machine,SVM)和 FFT-MLP(multi-layer perceptron,MLP)模型的诊断结果进行对比分析[93]。将图 4-29 的实验台采集的振动信号送入模型训练,得到如下结果:图中的 1～10 代表故障标签,即 1 表示 900r/min 的正常状态、2 代表 900r/min 的点蚀故障、3 代表 1800r/min 的点蚀故障、4 代表 2700r/min 的点蚀故障、5 代表 900r/min 的断齿故障、6 代表 1800r/min 的断齿故障、7 代表 2700r/min 的断齿故障、8 代表 900r/min 的磨损故障、9 代表 1800r/min 的磨损故障、10 代表 2700r/min 的磨损故障,后续结果分析中的表示方法与此一致。

从图 4-41 中可知,FFT-SVM 模型的诊断率为 60%～76%,整体偏低;FFT-MLP 模型的诊断率为 78%～87%,相对于 FFT-SVM 提高了近 18%;ASCNN 模型的诊断率进

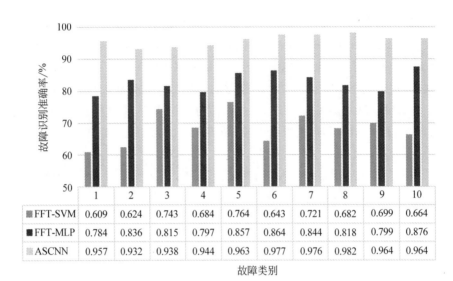

图 4-41 不同模型对齿轮箱故障的诊断效果对比

一步提升,在 900r/min 的磨损故障上甚至达到了 98.2%。前面提到过混淆矩阵是用 n 行 n 列的矩阵形式来表示精度评价的一种标准格式,它的每一列代表了预测类别,每一行代表了数据的真实归属类别,它是展示分类算法有效性的一个可视化工具。将三种模型的诊断结果用混淆矩阵展示如图 4-42~图 4-44 所示。

真实标签	1	2	3	4	5	6	7	8	9	10	
1	30	5	4	2	0	1	3	2	3	0	60.9%
2	5	31	1	4	2	3	2	1	1	0	62.4%
3	1	1	37	0	2	3	1	1	1	3	74.3%
4	4	1	0	34	3	1	0	2	2	3	68.4%
5	1	2	2	0	38	2	0	1	3	1	76.4%
6	3	0	2	2	1	32	4	3	1	2	64.3%
7	0	2	3	1	1	2	36	3	1	1	72.1%
8	3	2	1	1	0	4	2	34	1	2	68.2%
9	2	1	2	0	3	2	2	1	35	2	69.9%
10	2	1	1	4	3	0	1	5	0	33	66.4%
	58.8%	67.4%	69.8%	70.8%	71.7%	64.0%	70.6%	64.2%	72.9%	70.2%	68.3%
	1	2	3	4	5	6	7	8	9	10	
	预测标签										

图 4-42 FFT-SVM 模型诊断结果的混淆矩阵

图 4-42~图 4-44 展示三种不同模型分别诊断齿轮 10 种故障运行状态的诊断结果。从图可知,FFT-SVM 模型对于每一种故障类型能够正确识别的测试样本个数最高为第 5 类故障的 38 个,最低为第 1 类故障的 30 个,整体对样本真正正确的识别准确率为 68.3%;FFT-MLP 模型对于每一种故障类型能够正确识别的测试样本个数最高为第 10 类故障的 44 个,最低为第 1 类故障的 39 个,整体对样本真正正确的识别准确率为 82.9%;ASCNN 模型对于每一种故障类型能够正确识别的测试样本个数最高为第 6、7、8 类故障的 49 个,最低为第 2、3、4 类故障的 47 个样本,整体对样本真正正确的识别准确率为 95.9%,错误率为 4.1%,是三种模型中整体识别率最高的。因此,ASCNN 模型对齿轮

故障的诊断是有效的。

真实标签											
1	39	1	0	2	0	1	1	2	2	2	78.4%
2	2	42	1	0	2	1	0	1	1	0	83.6%
3	1	1	41	0	2	0	1	1	1	2	81.5%
4	4	2	0	40	1	0	0	1	2	0	79.7%
5	1	0	0	0	43	2	2	1	0	1	85.7%
6	1	0	1	1	0	43	0	3	1	0	86.4%
7	0	1	0	1	2	2	42	0	0	2	84.4%
8	0	2	1	1	0	1	1	41	1	2	81.8%
9	1	1	0	0	3	2	2	1	40	0	79.9%
10	0	1	1	1	1	0	1	1	0	44	87.6%
	79.6%	82.4%	91.1%	86.9%	79.6%	82.7%	84.0%	78.8%	83.3%	83.0%	82.9%
	1	2	3	4	5	6	7	8	9	10	

预测标签

图 4-43 FFT-MLP 模型诊断结果的混淆矩阵

真实标签											
1	48	0	0	1	0	0	1	0	0	0	95.7%
2	0	47	1	0	1	0	0	0	1	0	93.2%
3	0	0	47	1	1	1	0	1	0	0	93.8%
4	0	1	0	47	0	1	0	0	0	1	94.4%
5	0	0	0	0	48	0	0	1	0	1	96.3%
6	0	0	0	0	0	49	0	0	1	0	97.7%
7	1	0	0	0	0	0	49	0	0	0	97.6%
8	0	0	1	0	0	0	0	49	0	0	98.2%
9	0	0	0	0	1	0	1	0	48	0	96.4%
10	0	1	0	0	0	0	1	0	0	48	96.4%
	97.9%	94.0%	95.9%	95.9%	94.1%	92.5%	98.0%	100.0%	96.0%	96.0%	95.9%
	1	2	3	4	5	6	7	8	9	10	

预测标签

图 4-44 ASCNN 模型诊断结果的混淆矩阵

4.4.3 基于声音信号的 ESCNN 融合诊断模型构建

1. 端到端的堆叠式卷积神经网络模型

在上一节中,利用小波变换处理振动信号获得时频图送入 ASCNN 中训练学习,从而识别齿轮不同的故障状态。在提取时频图的过程中,因选择时频分析的方法不同,获得的时频图也各不相同,它们所能表示的时频特征也不相同,使得 ASCNN 模型的识别精度有一定的差异。换言之,ASCNN 模型的诊断精度受人工提取的时频特征的局限。CNN 在图像识别领域的硕果表明,可以将原始图像本身直接送入 CNN 的输入端,而输出端直接得出结果,无须人工干预的特征提取等预处理环节。本节将此种"端到端"(end to end)的识别过程应用于齿轮箱的声音信号上,将原始声音信号直接输入 CNN,首先利用卷积层自动学习和提取模型所需要的特征,再对齿轮的运行状态进行故障识别。因此,我们搭建了一种 ESCNN 的齿轮故障诊断模型,如图 4-45 所示。

该 ESCNN 模型包括输入层、4 个卷积层、2 个子采样层、1 个全连接层和输出层。端到

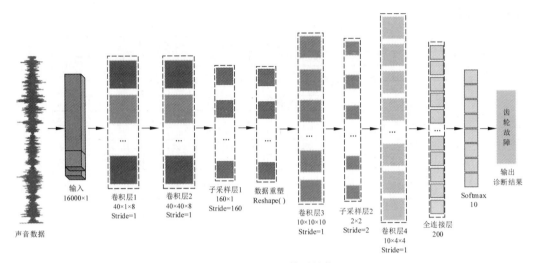

图 4-45 ESCNN 模型结构

端的优势则体现在输入层直接输入声音信号,略去了人工提取特征的步骤,将特征提取交给前两个卷积层完成。采用小尺寸的卷积核滑动在卷积层 1 和卷积层 2 来提取声音信号的局部特征。在对原始声音信号提取特征时,设置第一个卷积层有步长为 1 的 40 个 1×8 的卷积核,第二个卷积层有步长为 1 的 40 个 40×8 的卷积核来提取不同的声音特征。将切分后时长为 1s 的声音片段送入输入层,经过两层卷积以后,采用大小为 160×1,移动步长为 160,不重叠的最大池化操作获取时间序列的输出特征。由于卷积和池化作用于时间序列上,每个 40 维向量表示相应的 10ms 时间区域的类频率特征。下一步的卷积目标为故障识别,将类频率特征作为图像送入识别阶段。经过 Reshape()重塑数据获得 40×160 的二维矩阵,类似于时频图送入下一层的卷积操作。接着是两个卷积层继续提取和学习不同声音信号的特征;然后是包含 200 个隐藏单元的全连接层,为故障识别做准备;下一层使用 Softmax()进行故障分类的 Logistic-regression 层,该层包含样本相应的类标签;最后的输出层则输出齿轮的 10 种故障精度。每一层的权重在模型开始时随机初始化,并在训练过程中利用误差反向传播不停地修正与优化。训练结束后,测试样本被送入 ESCNN 模型,通过对比每个样本的真实标签和预测标签,获得每类故障的识别精度。

与标准 CNN 结构不同的是,我们没有完全采用"卷积-池化"的多个组合来堆叠网络模型,而是根据实际需求,选择小尺寸卷积核的多层堆叠来尽可能地提取更多的故障信号的声音特征。在整个模型训练过程中,均采用 ReLU 做激活函数,在全连接层采用批量归一化操作加速模型的学习进程,同时采用 50% 的概率执行 dropout 操作以防止过拟合。按照表 4-9 的设计,为每一种齿轮箱的故障提取 200 个样本,随机选择 75% 的样本作为训练集,剩下的 25% 作为测试集。具体的操作步骤如下。

第一步:采集齿轮箱变转速工况下不同故障状态的声音信号。原始声音信号为 60s 时长,采用 4.3.1 节的数据增强方式,将窗口大小设置为 1024,以 50% 的步长移动窗口分割原始音频,获得固定长度为 1s 的声音片段,包含约 16000 个数据点。

第二步：随机选择原始音频的声音片段送入 ESCNN 模型训练，在迭代学习过程中，同一个原始音频的不同声音片段拥有相同的类标签。

第三步：从 200 个音频样本中随机挑选 75% 作为训练集送入 ESCNN 模型，剩下的 25% 作为测试集留作测试。

第四步：训练集在 ESCNN 模型中迭代学习和提取相关特征，直到 Softmax 层，将预测标签和真实标签对比获得误差，然后通过链式法则反向传播，更新权值，直至满足终止条件，获得训练好的模型。

第五步：将测试集样本输入训练好的 ESCNN 模型，诊断输出齿轮的故障状态。

2. 声音信号数据准备

本节实验所需的声音信号源自图 4-29 的实验平台，利用阵列架上的传声器采集得到。按照表 4-9 的设置共计 10 种齿轮箱运行状态，采样频率为 16kHz，每一种故障状态的原始音频信号的时长为 60s。在语音识别、声场分类、环境声音分类的研究表明，1~2s 的声音片段已包含足够的信息进行特征分析并分类[94]。受此启发，我们将 60s 的原始音频切分成固定时长为 1s 的声音片段。利用数据增强方式，设置滑动窗口大小为 1024，移动步长为 50%，切分原始音频，获得固定长度为 1s，包含约 16000 个数据点的音频样本。采用这种方式，每一种故障状态提取 200 个样本供 ESCNN 模型训练和测试使用。

在 ESCNN 模型中，特征提取的步骤由卷积层 1 和卷积层 2 自动完成，无须人工干预。我们选取了电机转速为 1800r/min 的 4 种状态：正常、磨损、断齿和点蚀。分析绘制每一种运行状态的时域波形及频谱如图 4-46 所示。

观察图 4-46 可知，齿轮声音信号的时域图随齿轮运行状态的变化而变化，正常状态的振幅最大，磨损状态的振幅最小。观察频谱图发现不同故障类型的齿轮信号的振幅大小和分布也不一致，4 种状态在低频段都有不同程度的共振峰，正常状态有 3 个较明显，磨损状态有 2 个较明显，断齿状态有 2 个较明显，点蚀状态有 3 个较明显，说明齿轮的声音信号可以反映齿轮的故障状态。

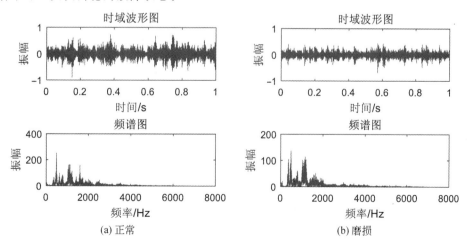

图 4-46 齿轮声音信号的时域图和频谱图

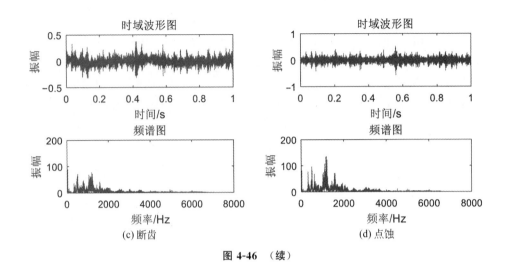

图 4-46 （续）

3. ESCNN 模型参数的设置

将齿轮 10 种运行状态的原始音频信号直接送入 ESCNN 模型进行故障识别，模型参数的选择方式同 ASCNN 模型，依然选择迭代次数、学习率和批量尺寸三个参数来分析模型的识别精度，具体过程同 ASCNN 模型，此处不再赘述。根据实验分析结果，在 ESCNN 模型中，迭代次数设置为 50，学习率选择 0.005，批量尺寸设置为 10。

4. ESCNN 模型诊断性能分析

ESCNN 模型最大的优势在于端到端的处理信号，将齿轮不同故障状态下的原始音频信号直接输入 ESCNN 模型，经过一系列的卷积和池化运算，最后可以获得不同故障的识别准确率，将其与以往的人工提取特征并预处理后再送入网络完全区分开。传感器采集的数据通常是复杂冗余且富有变化的，需要依靠专业知识和专家经验提取所需特征再送入网络学习和训练。多余的特征会导致模型复杂度高，降低模型的泛化能力；特征过少，则模型得不到充分的训练。因此，不同的主体由于自身专业背景和所认可的经验不一致，导致他们所提取的特征各不相同，从而使得分类器的性能各有千秋。端到端的 ESCNN 处理方式则完全略去了人工提取特征这一步骤，由前两层卷积网络自适应地处理，避免了特征的因人而异使分类器性能更稳定。为了验证 ESCNN 对齿轮不同故障状态的音频信号良好的识别率，将其与常规的人工提取特征方法，以文献[95]中的音频信号进行故障分类的方法进行对比分析，采用小波变换将数据从时域转换为时频域，并提取统计特征送入人工神经网络（artificial neural network，ANN）分类器训练。将图 4-29 的实验台采集的声音信号按照表 4-9 的计划提取样本并送入 ANN 和 ESCNN 模型，得到图 4-47 所示的结果。

从图 4-47 中可知，ANN 模型的诊断率为 75.5%～95.9%，振幅较大，陷入了局部最优；ESCNN 模型的诊断率比 ANN 模型整体有所提高，且比较平缓，为 92.2%～98%，比

第 4 章 制造大数据背景下旋转设备的智能故障诊断

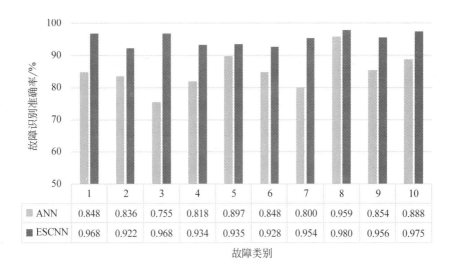

图 4-47 ANN 和 ESCNN 对齿轮箱故障的诊断效果对比

ANN 的稳定性好。将这两种模型的诊断结果用混淆矩阵展示如图 4-48 和图 4-49 所示。

真实标签	1	2	3	4	5	6	7	8	9	10	
1	42	0	2	0	2	0	1	0	0	3	84.8%
2	0	42	1	1	1	0	0	0	2	3	83.6%
3	2	0	38	3	1	3	0	0	0	3	75.5%
4	2	1	2	41	0	1	2	0	0	1	81.8%
5	0	1	0	0	45	0	2	0	1	1	89.7%
6	2	0	1	0	1	42	0	2	0	2	84.8%
7	1	3	0	3	0	0	40	1	2	0	80.0%
8	1	0	0	0	0	0	0	48	1	0	95.9%
9	0	0	2	0	1	1	2	0	43	1	85.4%
10	1	0	0	2	0	1	0	2	0	44	88.8%
	82.4%	89.4%	82.6%	82.0%	88.2%	87.5%	85.1%	90.6%	87.8%	75.9%	85.0%
预测标签	1	2	3	4	5	6	7	8	9	10	

图 4-48 ANN 模型诊断结果的混淆矩阵

真实标签	1	2	3	4	5	6	7	8	9	10	
1	48	0	0	0	1	0	0	0	0	1	96.8%
2	1	46	0	0	0	1	1	0	1	0	92.2%
3	0	1	48	0	0	0	0	0	0	1	96.8%
4	0	0	1	47	1	0	0	1	0	0	93.4%
5	0	1	0	1	47	0	0	1	0	0	93.5%
6	1	0	2	0	0	46	0	0	0	1	92.8%
7	0	1	0	0	0	0	48	0	0	0	95.4%
8	0	0	0	0	0	0	0	49	1	0	98.0%
9	1	0	0	0	0	1	0	0	48	0	95.6%
10	0	0	0	0	0	0	0	1	0	49	97.5%
	94.1%	93.9%	94.1%	97.9%	94.0%	95.8%	98.0%	94.2%	96.0%	94.2%	95.2%
预测标签	1	2	3	4	5	6	7	8	9	10	

图 4-49 ESCNN 模型诊断结果的混淆矩阵

图 4-48 和图 4-49 分别展示了 ANN 和 ESCNN 两种不同模型对齿轮 10 种故障运行状态的诊断结果。由图可知,ANN 模型对于每一种故障类型能够正确识别的测试样本个数最高为第 8 类故障的 48 个,最低为第 3 类故障的 38 个,整体对样本真正正确的识别准确率为 85%,ANN 模型的最高准确率为 95.9%,最低准确率只有 75.5%,中间差距过大,明显陷入了局部最优;ESCNN 模型对于每一种故障类型能够正确识别的测试样本个数最高为第 8、10 类故障的 49 个,最低为第 2、6 类故障的 46 个,整体对样本真正正确的识别准确率为 95.2%,错误率为 4.8%,整体性能比 ANN 提高了约 10%。在 ESCNN 模型中,第 8 类故障的诊断率最高,第 2 类故障的诊断率最低,与 ASCNN 模型的诊断一致。因此,ESCNN 模型对齿轮故障的诊断是有效的。

4.4.4　基于 IDS 的振声信号的融合诊断模型构建

机械设备组成零部件种类繁多,使得设备运转时产生的振动信号容易出现耦合现象。因此,依赖单一的振动信号源进行故障诊断分析存在一定的局限性。如果能引入多源信号相互补充,相互增强将有利于提高故障的诊断率。此外,机械设备运行状态的振动信号由加速度传感器接触式测量获得。在工程实际应用中,由于受工况环境的限制,在高温、高腐蚀、有毒的环境下,接触式测量采集设备状态信息变得不现实,使得振动测量法受限。再者,由于设备故障类型的多样性,其故障表征也不尽相同。某些情况下,振动特性优于声音特性,某些情况则相反。因此,采用非接触式测量采集信号的声音特性显得尤为重要。声音是物体振动产生的声波通过空气传播并被声音传感器接收的波动现象,同样能够反映设备的健康状况。在车间里,拥有丰富维修经验的技工根据设备发出的异响可以判断机械设备故障。针对同一个工件,如果能够同时采集其运行状态的振动和声音信号,二者互为补充,其故障表征将被增强,对于该工件的故障诊断是有益的。Lu[96]利用声学信息克服振动信号接触式测量的局限,提出一种轴承故障的声场特征提取方法,利用近场声全息算法建立声场特征与轴承状态的联系,结合支持向量机进行故障的模式分类。Zhao[97]用声音传感器非接触式测量的便捷性,提出一种振声联合诊断方法,利用小波包和特征熵理论对振声信号进行分解,送入支持向量机进行分类识别。该方法有效提高了高压断路器故障诊断的正确性和实用性。Khazaee[98]提出一种基于振声数据融合的行星齿轮箱精确故障诊断的有效方法,通过两个单独的传感器同时接收振动和声音信号,传送到本地分类器进行局部分类,再利用数据融合获得 98% 的精度。

机器学习借助于智能算法,从大量的样本训练中寻找、学习并记忆相关特征,实现测试集的分类或预测。从发展历程看,机器学习经历了两个阶段:浅层学习和深度学习。浅层学习依靠人工经验来提取特征并训练模型进行分类或预测;深度学习通过构建多个隐含层,自动从训练集中逐层学习、提取、记忆特征规律,进而实现测试集的分类或预测,有效避免了对人工经验的依赖,更能充分体现数据之间的内在关联,因而被广泛应用在各领域。CNN 是深度学习应用较为广泛的模型之一,它对图像的识别性能吸引了大量学者的研究兴趣。Krizhevsky[99]在 ImageNet 视觉比赛中,利用深层 CNN 结构对图像进行分类,取得了大赛最好成绩,从此拉开了 CNN 学习的热潮。2015 年,He[100]设计了以残差卷积为思想的 ResNet 网络,在计算机视觉领域首次获得高于人眼的识别率,同时该模型在 ImageNet 挑战赛中,错误率仅为 4.94%。2016 年,Aytar[101]提出了著名的 SoundNet 网络,用二维 CNN 提取视频特征,用一维 CNN 提取音频特征,大幅度提高了语音识别率。同年,Silver[102]的 AlphaGo 战胜了围棋世界冠军李世石,震惊世界,完美呈现了当下人工智能的最高水平,其本质仍然是 CNN。2017 年,Esteva[103]设计了一个诊断皮肤癌的 CNN 网络,首次达到了人类专家的水平,并发在 *Nature* 杂志上发表。从以上广泛的学术成果看,CNN 在各领域均取得了丰硕的成果。

以上研究表明工件对象的振动和声音的有效融合对于设备状态的监测与诊断有积极的增强作用,结合 CNN 强大的识别能力,本章以机械设备最常见的零部件——齿轮为研究对象,在振动信号的基础上引入声音信号,构成多源信息,二者相互补充,提出一种基于 IDS 理论的融合算法,利用卷积神经网络实现齿轮箱的故障诊断(fault diagnosis method based on improved evidence theory and convolution neural network,IDSCNN)。首先,针对齿轮箱的振动信号,提出一种自适应堆叠式卷积神经网络模型(adaptive stacked convolution neural network,ASCNN),按照常规的特征提取方法,利用小波变换将信号从时域转化到时频域,将调整尺寸后的时频图送入 ASCNN 模型诊断;其次,针对齿轮箱的声音信号,提出一种端到端的堆叠式卷积神经网络模型(end to end stacked convolution neural network,ESCNN),避免了人工提取特征的背景依赖,将特征提取和故障分类两大步骤合二为一在一个模型中自适应地完成,将原始的声音信号切片处理后直接送入 ESCNN 模型,交由卷积层完成特征提取和分类识别的操作;最后,为了解决单信息源无法充分反映被测对象全面信息的局限性,利用多传感器融合算法 IDS 理论将振动信号和声音信号的诊断输出进一步融合决策,得到更精确、更可靠的设备运行状态。齿轮箱的故障诊断过程如图 4-50 所示。

4.4.5 基于 IDS 的振声信号的融合诊断模型性能分析

1. 融合诊断流程

齿轮是传递动力的变速机械元件,它的健康状态直接关系着传动系统的整体性能,而齿轮因故障失效是致使齿轮箱无法正常运转的主要原因。因此,对齿轮进行状态监测和故障诊断是必要且有意义的。在经典状态监测中,故障诊断通常是基于振动或声学信号来进行。大量的研究表明,仅仅使用单一的信息源进行状态监测有许多局限性,尤其是针对一些精密设备或者特定应用场景的设备监测,单信号源无法全面反映监测对象的状态。考虑到这些原因,在机械故障诊断中引入多传感器数据融合方法得到了广泛的应用。多传感器数据融合充分利用传感器获得的多个信息源,利用融合算法对多源数据合理支配和使用,去除冗余信息,使多个传感器在时间和空间上互补,产生对监测对象的一致性解释和描述。本节实验旨在利用 IDS 理论对齿轮的振动和声音信号进行融合,综合诊断齿轮的运行状态。

在图 4-29 所示的实验台上安装了一个压电式加速度传感器采集齿轮的振动信号,按

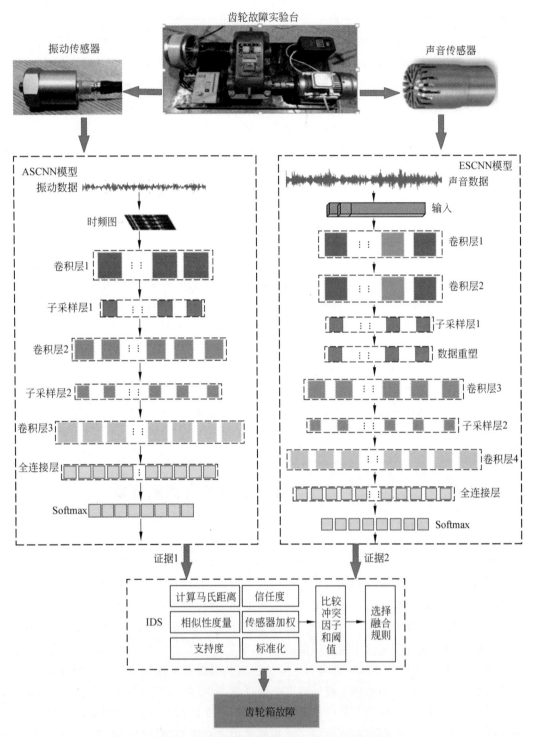

图 4-50 基于振声信号的 IDSCNN 故障诊断模型

照表 4-9 的计划提取 200 个样本,经过小波变换处理后获得时频图送入 ASCNN 模型;同时,在实验台的传声器阵列架上安装传声器采集齿轮箱的声音信号,按照计划提取 200 个样本送入 ESCNN 模型。ASCNN 模型和 ESCNN 模型在 Softmax 输出层的结果概率之和刚好为 1,恰好满足证据理论的基本概率(BPA)之和为 1 的要求。因此,假设齿轮箱的 10 种运行状态作为证据理论的识别框架,将 ASCNN 模型的 Softmax 输出结果作为第一个证据(m_1),而 ESCNN 模型的 Softmax 输出结果作为第二个证据(m_2),利用第 3 章修订的 IDS 理论将这两个模型的结果进一步决策融合,以期获得更精确的齿轮箱的故障识别准确率。整个过程的具体流程如图 4-51 所示。

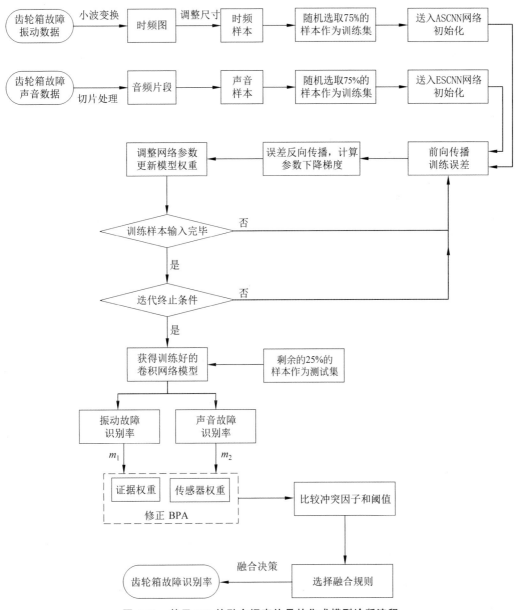

图 4-51　基于 IDS 的融合振声信号的集成模型诊断流程

2. 融合诊断性能

为了验证所提出的融合振声信号的 IDSCNN 模型诊断结果的有效性,将其诊断结果与单信号源的诊断结果(ASCNN 和 ESCNN)进行对比,同时与其他融合方法获得的结果对比。在图 4-29 的实验台上,按照表 4-9 的设置,将数据送入不同的模型可获得不同的诊断结果。为了减少随机性和偶然性对实验结果的影响,我们设计单信息源模型(ASCNN 和 ESCNN)和多信息源模型(IDSCNN)的实验各自运行 10 次并记录每次运行的故障识别精度,并绘制为盒子图,如图 4-52～图 4-54 所示。

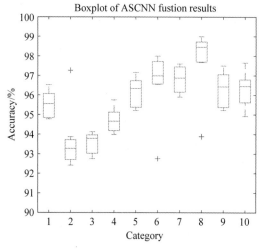

图 4-52 ASCNN 融合结果的盒子图

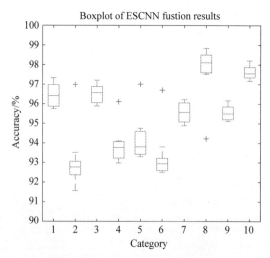

图 4-53 ESCNN 融合结果的盒子图

从图 4-52～图 4-54 中可以看出,ASCNN 模型最高诊断率为第 8 类故障,最低为第 2 类故障,且各出现一个异常点,第 6 类故障也出现异常点,模型整体性能分散在 93%～

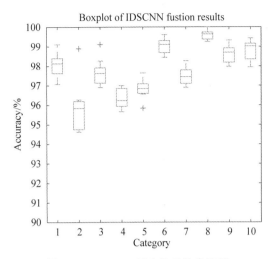

图 4-54　IDSCNN 融合结果的盒子图

98%中,观察每一类故障的盒子长度,相对较长,表明这10次诊断结果呈离散分布,除第6类以外,其余9类盒子图的中位线偏上,趋向于每一类的最大值;ESCNN模型最高诊断率为第8类故障,最低为第2类故障,异常值出现在第2、4、5、6、8类故障,这5类故障的诊断率在整个ESCNN中忽高忽低,在界限处出现异常点,模型整体性能分布在92%~98%中,相对ASCNN模型,性能偏低且较分散,观察每一类故障的盒子长度,相对ASCNN而言,长度变短,表明这10次诊断结果有所收敛,除第5类故障的中位线偏下以外,其余9类的中位线均居中趋势,呈稳定状态;IDSCNN模型最高诊断率为第8类故障,最低为第2类故障,这一点与ASCNN模型和ESCNN模型一致,表明三个模型对最高和最低诊断率的故障类别给出了一致的结论,在第8类故障的诊断率中还出现了高达100%的诊断率,在第2、3、5类故障处出现异常值,且异常值本身距离盒子较近,模型整体性能分散在95%~99%中,相对ASCNN和ESCNN模型,性能有所提升且比较集中,观察每一类故障的盒子长度,除第2类故障的盒子较长以外,其余9类故障的盒子长度较短,中位线偏上,表明这10次的诊断结果收敛性好,比较集中。对比三个模型,IDSCNN模型中,除第2类故障外,每一类故障的盒子长度最短,彼此之间浮动范围小,因此,IDSCNN模型较ASCNN模型和ESCNN模型更有效。

为了进一步验证IDSCNN模型的有效性,我们还与其他融合方法,如中值表决融合(median voting fusion,MVF)和比例冲突分配规则5(proportional conflict allocation rule 5,PCR5)以及原始的证据理论融合振声信号(DSCNN)进行对比。同样,为了减少误差,实验设计将每个模型运行10次,将10个实验结果的平均值作为数据融合的最终结果,如图4-55所示。

图4-55表明,单信号源和多信号源产生了不同的诊断结果。单独的振动传感器(ASCNN)和声音传感器(ESCNN)由于自身精度、安装位置、环境等因素的影响,故障识别准确率低至92%,高达98%,误差大、波动范围广,无法准确、全面地反映齿轮的健康运行状态,有必要对振动和声音信号源的数据进一步融合分析,从而获得对齿轮运行状态一

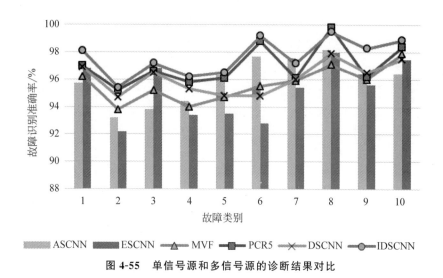

图 4-55 单信号源和多信号源的诊断结果对比

致性的描述。IDSCNN 模型利用改进的 IDS 理论融合来自振动传感器的振动信号和声音传感器的声音信号,充分发挥二者优势互补的性能,利用故障特征在时间和空间上的表征一致性,对齿轮的故障做出更精确的诊断。

对比图 4-56 中 4 种融合方法诊断结果可知,笔者改进的 IDSCNN 模型计算得到的平均故障识别率最高(97.7%),PCR5 融合规则次之(97%),原始的证据理论融合方法 DSCNN 位居第三(96.1%),MVF 融合方法最低(95.6%)。这是因为改进的融合算法利用证据权重和传感器权重修正了证据的 BPA,并对修正后的证据依据阈值和冲突因子的关系来选择融合规则,从而使得置信水平高的证据越来越高,置信水平低的证据越来越

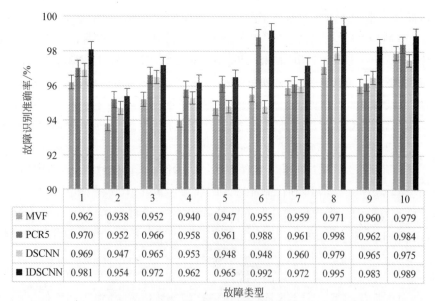

图 4-56 不同融合方法获得的诊断结果对比

低，获得理想的诊断率。PCR5 融合规则主要考虑的是证据完全冲突的情况，本节的证据没有完全冲突，无法体现出 PCR5 融合的优势，其置信水平分配方式按照原有的置信水平来分配，相对较为保守，获得第二高的诊断率。原始 DS 融合方法得到的诊断率要高于单一信号源的结果，充分体现了融合的优势。中值表决融合算法本质是"投票选举，多数通过"，是一种不需要复杂运算，简单、快速的融合方法可以在最短的时间内完成，但其诊断率是 4 种方法中最低的。

第 5 章
制造大数据多源融合及分析系统开发与实现

基于前面研究工作的积累,以贵州某电器企业的数控车间为实施对象,开发了一个多源数据融合与大数据分析系统。由生产车间的多源数据场景引出制造大数据,并构建制造大数据的技术架构,为实施开发准备理论基础。根据走访调研获取系统的功能需求,设计系统的感性模型和技术框架,对设备状态进行检测和诊断,在 Node.js 平台完成开发任务,并将该系统应用在贵州某电器企业。该系统的实施降低了企业的设备维修成本,提高了企业的生产效益,为企业的智能化生产提供有效的数据支持[104]。

5.1 多源异构制造大数据场景

随着智能制造的发展,制造车间机械设备正朝着精密化、集成化、智能化方向飞速发展,伴随物联网、传感器、"互联网+"等技术在制造业的广泛应用,制造车间的产品全生命周期数据、运营数据、价值链数据、市场舆情数据、行业竞争对手数据、信息系统数据等,每日呈指数级速度增长,从而产生了制造大数据,如图 5-1 所示。

图 5-1 所示的数据即为多源制造大数据,具有海量、多源、异构、实时、低价值密度的特点。它的处理环节主要包括如图 5-2 所示的部分:①传感器,是制造大数据的主要采集工具;②采集中间件,不仅采集传感器的数据,还采集生产过程其他终端的数据,同时对数据进行预处理,消除数据不确定性;③存储中间件,为存储设备实现性能和容量的线性扩展;④处理中间件,利用高效的人工智能、机器学习算法进行规则约束下的有效挖掘;⑤安全管理中间件,制造大数据的应用涉及车间、工厂、企业、市场,其数据的安全性和准确性直接关系应用的有效性;⑥制造大数据应用,制造业信息化、网络化、智能化的最终体现。

基于数据驱动的多源制造大数据处理环节分析,提出图 5-3 所示的多源制造大数据技术架构,主要包括数据采集、数据预处理、数据分析、数据应用 4 部分。

(1) 数据采集。以传感器为主要采集工具,结合 RFID、条码扫描器、PDA、智能终端等手段采集制造领域多源、异构数据信息,并通过物联网、无线网、红外、蓝牙等技术实现源数据的实时传输,最终实现在正确的时间,将正确的信息以正确的方式传送给正确的系统的目的[105]。数据采集质量的高低和当前的传感器技术、信号处理技术是密不可分的。一般而言,多源制造大数据分为结构化、半结构化、非结构化三类数据,相应的数据说明如表 5-1 所示。

第 5 章 制造大数据多源融合及分析系统开发与实现

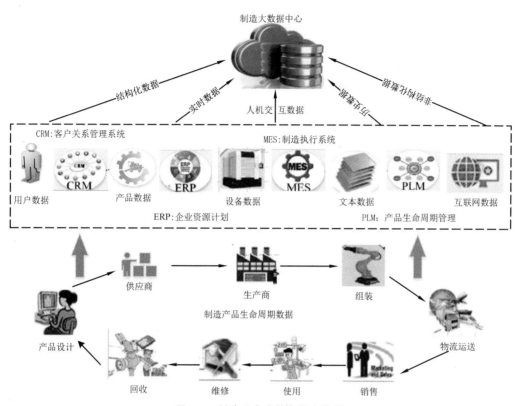

图 5-1 制造业产生的多源大数据

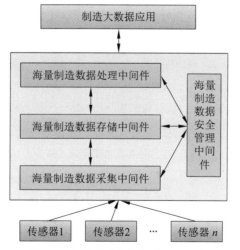

图 5-2 多源制造大数据的处理环节

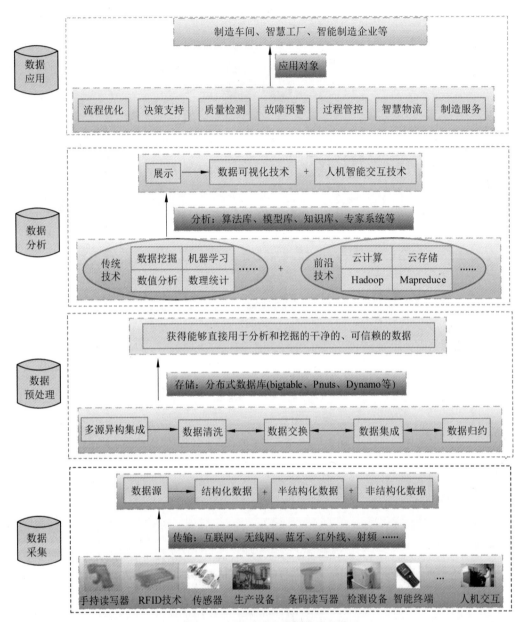

图 5-3　多源制造大数据技术架构

表 5-1　数据类型说明

数据类型	存储方式	数据说明	例　子
结构化数据	RDBMS	使用二维逻辑表存储的数据，一般是静态数据	字符、数值、单价等
半结构化数据	XML	生产过程中采集的实时数据，一般是动态数据	邮件、报表、网页、温度、湿度等
非结构化数据	FILE	通过终端、设备采集的数据，一般是动态数据	视频、音频、图片、文档等

(2) 数据预处理。从制造生产线上采集的原始数据是多源异构的，为避免噪声或干扰项给后期分析带来的困难，必须执行同构化处理，同时将处理结果有效存储在性能和容量都能线性扩展的分布式数据库中。数据预处理包括 4 个步骤：①数据清洗，利用数据过滤器，通过分析源数据的来源和存在方式，识别和删除异常数据，达到修正不同类型数据的目的，提高整个数据集的质量；②数据变换，将数据转换成与挖掘模式相匹配的格式，利用数据的特征值，使用维变换减少变量数，使不同来源的数据在形式上表现一致，便于满足后期挖掘的需求；③数据集成，将来源不同的数据进行整合，包括逻辑整合和物理整合，使之形成统一的格式便于存储在分布式数据库中；④数据归约，根据对挖掘任务和数据本身的理解，删除一部分与挖掘任务无关或相关性较小的数据，以缩小数据规模，降低时间复杂度，获得表示数据信息的紧凑描述形式，提供高效的数据调用。

(3) 数据分析。在传统数据挖掘的基础上，结合新兴的云计算、Hadoop、专家系统等对同构数据执行高效准确的分析运算，并用可视化技术展示结果。在数据预处理阶段，云计算可以提供按需扩展的计算和存储资源，过滤出企业所需要的有效数据，尤其公有云是处理防火墙外部网络数据的最佳选择；在数据分析阶段，可引入混合云的概念用于数据集中处理；在数据应用阶段，通过私有云确保数据信息的安全，避免企业数据的泄露，改进企业的管理模式；MapReduce 是基于 Hadoop 分布式平台下的一种计算机编程模型，适用于大规模数据集的并行计算，它为底层程序员提供了一种快速开发、分析处理海量数据的环境，并且使这种模型下开发出来的程序能够在一些大型的商业集群上以一种高速、稳定、容错的方式运行；数据可视化主要是借助于图形化手段，清晰有效地传达与沟通信息，便于非专业人士根据需要从不同的角度观察和分析数据。人类从外界获得的信息以视觉为主，当数据结果以直观可视化的图形展示在决策者面前时，决策者能够一眼洞悉数据背后隐藏的信息并转化成生产力。

(4) 数据应用。融合分析的结果主要应用于车间、工厂的流程管控和优化，产品质量检测和故障预警等。借助于多源制造大数据的预测分析能力，规定每个制造因素的最合适的范围，一旦超出其可接受的范围，问题将被标记，并以警报或建议的方式发送给管理员及时进行调整，通过综合时间因素和因果关系，建立基于相关大数据算法的车间生产异常预警模型，挖掘时间序列中的特征模式和异常事件的趋势，预测是否以及何时出现生产异常，从而提高制造过程的管控性；基于制造过程的多源数据，通过数据集成和数据挖掘来阐明不太明确的生产问题原因，不仅可以自动识别和去除低质量或失败的产品，而且还可以消除或控制导致质量缺陷的因素，及时检测、诊断和解决产品质量缺陷问题，提供全方位的质量监控；结合智能传感器的设备状态数据以及领域知识，专家系统经验和设备维护的历史记录，利用大数据技术可以预测设备恶化的趋势和组件的寿命，还能发现季节性、周期性、组合式和其他故障模式，使设备维护从被动维护转变为主动维护，从而延长设备寿命并最大限度地降低维护成本。凭借灵活性、准确性和更少的计算时间，大数据分析技术利用多源海量异构数据，确保相应的生产设备正常运行，以实现制造企业收益的稳步增长。

5.2 制造大数据多源融合与分析系统总体设计

5.2.1 需求分析

1. 功能性需求分析

从上一节的分析可以看出，制造车间产生了海量的多源异构大数据。伴随着工业生产规模的提高，集成化生产的进一步推广，机械设备的自动化、数字化程度的增强，每日的数据量以指数级增长。这些数据中很重要的一部分是故障数据，包含了故障产生的时间、类型、程度等表征信息。如何充分利用这些多源异构故障数据来分析检测机械设备的运行状态，使企业能够以最少的支出获得最大的利润是当前面临的一个亟待解决的问题，急需开发一个多源数据融合的设备状态监测和诊断系统，通过对制造大数据的分析，获知机械设备的工作效率，预测机械设备的故障，给予决策者更精确的数据支持。以贵州某电器企业的数控车间为研究对象，通过实地调研、专家座谈、现场勘查等方式了解制造过程数控设备的运行状态，发现了一些问题：①数控机床的型号、厂商不一致，无法对所有机床统一管理。有的机床自带网口，有的自带串口，通过网口或串口很容易对机床的运行状态进行采集，汇聚到数据服务器。部分机床则不具备此功能，需要单独添加硬件采集卡才能对其进行实时监控和统一管理。②数控机床没有全部入网（车间局域网）。为了响应《中国制造 2025》的要求，满足制造业数字化、信息化、自动化需求，企业新建生产线上的数控机床已全面入网，但同一车间的老旧机床则没有，需要依靠人工巡查来监测，成本高且准确率低。③当加工任务轻时，存在故意调慢进给速度，延长工时，或者为了赶订单而加快进给速度，导致加工设备缩短使用寿命或出现残次品，此类信息无法第一时间发现并制止。④管理层从车间管理员处获知车间效能，缺乏第一手资料，在制定一些奖惩制度时，缺乏数据支持，没有说服力。

为了实现制造车间数控设备统一入网，有效采集数控机床的运行状态，融合分析制造大数据，获得有意义的决策支持，待开发的多源数据融合与大数据分析系统功能需求如下：

- 制造车间数控设备的统一入网。借助于数控设备本身的网口、串口和硬件采集器，实现制造车间接口不一致、型号不一致、厂商不一致的所有数控设备的统一入网，为后续对车间制造大数据的采集、传输、存储、分析做准备。
- 数控设备实时监测和数据采集。借助于数控设备本身的控制系统和外接传感器实时采集数控机床的状态信息，包括开关机、工件加工开始时间、结束时间等，统一传送到制造大数据服务器并存储。
- 数控设备故障报警及诊断处理。监控数控设备关键零部件，如主轴、齿轮等的运行状态，利用其振动信号、声音信号和其他故障表征结合智能算法对设备做出诊断，主要包括设备故障、操作故障、程序故障等，记录报警时间、次数、机床名称，按照不同数控设备统计故障事件，及时反馈给车间管理者，便于全面掌握故障设备的情况，做出维修决策。

- 海量多源异构数据融合分析。利用数据库中的制造大数据信息,实现数控机床的利用率、开机率、加工信息、报警次数、故障率等统计报表分析,使车间管理者更清晰了解车间机床的运行状态,快速准确地进行车间调度,确保车间维持较高的生产效率。
- 电子看板的可视化展示。为了方便不同用户群体一目了然地明白数控设备的实时状态、生产效能,将融合分析的结果以柱状图、饼状图、折线图等可视化的方式呈现在电子显示屏上。
- 附加需求。该系统要求支持较高的并发请求,有较快的响应速度,有良好的稳定性和可移植性;在数据传输和存储上要求确保数据安全,保障企业和客户的利益;系统开发力争成本低且周期短。

2. 非功能性需求分析

为了满足用户的业务需求必须具有除了功能需求以外的特性,即非功能性需求,包括界面、易用性、可执行性、安全性、完整性、可维护性等。

界面需求:体现的是客户的主观感受,包括对控件及其使用范围进行规范,界面布局方便用户操作。

易用性需求:使系统操作符合用户的行为习惯,对用户使用系统的生产效率以及对新系统的接受程度产生很大的影响。

可执行性需求:该系统在给定的时间或者按照特定的精确度来执行某些操作,包括它的完成速度、执行精度、误差率、两次故障之间的平均无故障时间等。

安全性需求:该系统消除潜在风险的能力和对风险的承受能力,包括程序是否有漏洞,数据是否会流失,用户数据是否会被共享等;

完整性需求:为确保系统能够正常运行而具有的功能:联机帮助、用户管理、数据备份、日志管理、软件发布安、在线升级等。

可维护性需求:包括可修复和可改进的难易程度。前者强调故障发生后能够排除或者控制故障并进行修复,使其能够返回到原来正常运行状态;后者则在原有的基础上,可以根据需要增加新功能。

5.2.2 总体结构设计

1. 系统架构选择

随着 IT 技术和 Internet 的迅猛发展,越来越多的软件系统架构模式涌现出来。目前最常见的架构有客户/服务器(Client/Server,C/S)和浏览器/服务器(Brower/Server,B/S)结构。C/S 是传统的软件体系结构,如图 5-4(a)所示。通过将任务分配到客户端和服务器端来降低系统的通信开销,可以充分利用两端的硬件资源。客户端需要安装专用软件,使得安装工作量大,且任意一台计算机出问题都需要维护,其时间成本、维护成本和升级成本非常高。B/S 是对 C/S 结构改进的一种 Web 应用程序,如图 5-4(b)所示。随着互联网的兴起，用户更愿意通过浏览器处理事务。为了满足用户的需求，B/S将部分事务逻辑在浏览器端实现，主要事务逻辑在服务器端实现。B/S结构统一了客户端，丢弃了专用软件，用户只需安装一个浏览器即可在能联网的任何地方操作，业务扩展简单、方便，通过增加页面即可增加服务器功能，实现所有用户的同步更新，易于维护。

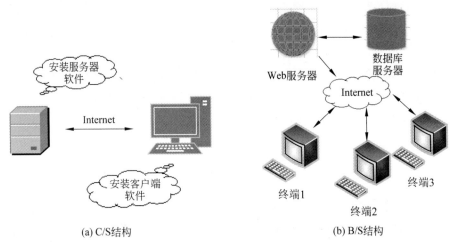

图 5-4　C/S 和 B/S 结构

结合实际需求，所需系统面向制造车间，包括领导层、决策层、管理层、技术层、技工人员等，使用者人数众多且文化程度不同、教育背景不同，如果采用 C/S 架构，需要培训每个使用者，教授使用方法，提醒注意事项，为他们安装专业客户端，并安排专业人员负责维修和更新，成本高且效率低。因此，为了照顾更多的用户群体，本系统采用 B/S 架构，将大部分系统开发维护工作放在服务器端，浏览器用于呈现车间设备的实时状态和统计信息，并向后端发送请求，服务器响应并处理前端请求。用户只需通过浏览器即可实现操作，大大减少维护和更新成本。

2. 系统感性模型设计

为了保障设备安全可靠服役，有效预防重大事故发生，消除状态监测和设备管理之间的信息孤岛现象，设计了多源数据融合与大数据分析系统的感性模型，主要包括 3 个功能模块。第一个模块是数据感知汇聚，借助于传感器采集有关用户、产品、设备的结构化数据，实时数据，人机交互数据，历史数据，非结构化数据，通过工业局域网传输到制造大数据中心，为上层分析处理提供基础数据；第二个模块是数据融合分析，对多个信号来源的数据执行同构化的预处理，以标准化格式统一封装和存储，根据诊断需求执行相应的特征提取，借助于计算机的智能算法实现设备状态的大数据综合分析。由于设备的复杂性和故障形式的多样性，采用数据融合的思想，从数据级、特征级、决策级出发，结合神经网络、模糊理论、证据理论、逻辑推理、机器学习等多种方法，进行多参数、多模型的有机融合，实现设备状态的决策级融合诊断；第三个模块是数据应用的可视化，将上一阶段的大数据综合分析结果显示在车间显眼位置的 LED 电子看板和系统界面上，提供数据的可视化服务,可以根据需要从控制台了解设备的属性性质,查看设备的状态监控情况、设备的预警和故障信息、历史维修记录等,根据显示屏展示的设备工作状态做出相应的智能决策,指导车间生产,完成生产任务,提高车间设备的利用率。通过制造车间大数据的采集和融合分析、协同应用,促进制造资源和数据的集成共享,使企业信息化程度进一步提高[106]。整个系统的开发和设计在国家标准、行业标准和企业标准的指导下完成。该系统的感性模型如图 5-5 所示。

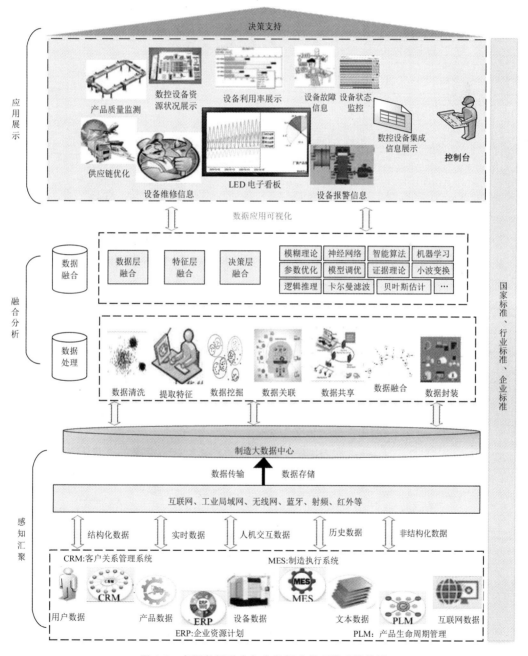

图 5-5　多源数据融合与大数据分析系统感性模型

3. 系统的技术架构

根据多源数据融合与大数据分析系统感性模型的设计，结合系统的需求分析，制定如图 5-6 所示的技术框架。

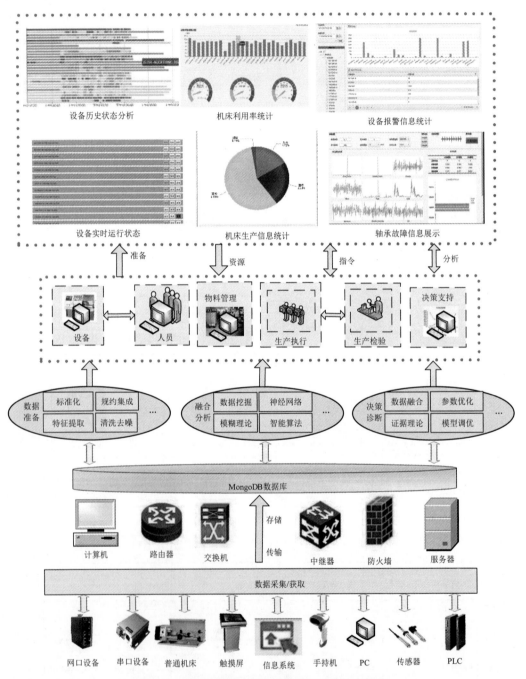

图 5-6 多源数据融合与大数据分析系统技术框架

首先,以传感器为主要的采集工具,结合通信协议、手持机、触摸屏、智能终端、PLC、人机交互、自动化信息系统(MES、ERP、PLD、CRM)等手段采集多源制造大数据,通过交换机、路由器、中继器等传输到 MongoDB 数据库;其次,对源数据进行预处理,借助于智能算法进行综合分析并融合决策;最后,根据不同用户层级的功能需求提供不同的可视化界面,利用多种图表方式提供辅助生产决策的数据支持。

5.2.3 数据库设计

1. 数据库的选择

数据库(Database,DB)是按照一定的数据结构来组织、存储和管理存储设备上的数据仓库,具有冗余度小、独立性高和扩展性强的特点,可在一定范围内为多个用户共享。目前经常使用的数据库模型分为关系型和非关系型两种。关系数据库是把错综复杂的数据结构归纳总结为简单的二元行列关系(表),利用外键关联来建立表与表之间的关系,通过对关联表格的分类、合并、链接或选取等操作实现数据管理,在确保数据一致性方面性能较优,满足 ACID(Atomic,原子性;Consistency,一致性;Isolation,隔离性;Durability,持久性)理论,典型的产品如 MySQL 和 Oracle。非关系数据库也称为 NoSQL 数据库,即 Not Only SQL,并非完全否定关系数据库,而是作为一个有效补充,在特定场景下发挥相应的高效率和高性能,数据以对象的形式存储,通过对象的自身属性来维持彼此关联,典型的产品如 Redis 和 MongoDB。二者之间的优缺点对比如表 5-2 所示。

表 5-2 关系数据库和非关系数据库的优缺点对比

DB 类型	优 点	缺 点
关系数据库	易于理解:使用表结构,格式一致; 操作便利:通用 SQL 语言便于复杂查询; 保持数据一致性,支持 ACID 理论; 以标准化为前提,数据更新开销小	读写性能差,尤其是海量数据; 固定的表结构,灵活度欠佳; 硬盘 I/O 是高并发的瓶颈
非关系数据库	存储格式灵活:key、value、文档、图片等; 使用硬盘或随机存储器作为载体,速度快; 开源软件,部署简单,成本低; 分布式,高扩展性	数据结构相对复杂,查询效果欠佳; 无事务处理,不支持 ACID 理论; 不支持 SQL 语言,学习使用成本高

MongoDB 可以为 Web 用户提供高性能、复杂类型的数据存储,是一个支持 BSON 格式的分布式数据库。MongoDB 的查询语法类似于面向对象的查询语言,且支持数据索引。MongoDB 数据库中有 3 个基本概念:文档(Document)、集合(Collection)、数据库(Database)。文档是 MongoDB 的基本单位,相当于关系数据库中的行,但比行复杂,多个键值对按照一定的顺序存放在一起就构成文档;集合相当于关系数据库中的表,即各式各样的一组无模式文档存放在一起构成集合,可以按文档的性质、类别存放于不同的集合中,便于查询等操作;数据库由多个集合组成,一个 MongoDB 实例可以对应多个数据库,存放在不同的磁盘位置,彼此互不干扰。MongoDB 有 3 个经常使用的系统数据库:

Admin 数据库、Local 数据库、Config 数据库。综上，一个 MongoDB 实例能够包括一组 DataBase，一个 DataBase 能够包括一组 Collection，一个 Collection 能够包括一组 Document，一个 Document 能够包括一组 Field(字段)，每一个 Field 都是一个 key/value pair(键值对)。MongoDB 数据库与关系数据库的对应关系如图 5-7 所示。

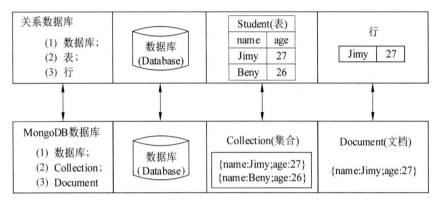

图 5-7　MongoDB 数据库与关系数据库的对应关系

MongoDB 的设计目标是高性能、可扩展、易部署、易使用。其主要功能特性有：采用无模式结构存储、支持复制和数据恢复、采用自动处理分片数据、支持网络远程访问等。结合实际需求，根据生产制造车间应用信息系统及用户对信息的不同需求，本书开发的系统选择非关系数据库 MongoDB。

2. 数据库的概念设计

从系统功能需求出发，数据库设计了 CACULATE(车间运行效率)、GD_USER(用户管理)、LOGRECORD(用户登录记录)、MDC_DSSLAYOUT(车间设备布局)、MDC_FACTORY(工厂管理)、MDC_MACHINELAYOUT(车间布局背景图)、MDC_MACHINETOOLS(车间设备信息)、MDC_MASTATUS(车间设备运行状态)、MDC_MTGROUP(车间管理)、INSPECT_HIS(轴承状态信息)、MDC_BEARINGS(轴承诊断结果)、MDC_MAERROR(报警信息)、HS_MAINTAIN(设备维修信息)、PPTCONFIG(幻灯片配置)、environment(车间环境信息)等集合。这些集合之间的多源数据融合分析系统 E-R 图如图 5-8 所示。

3. 数据库表设计

GD_USER 是管理系统用户的文档，当用户登录系统时需要进行用户名和密码验证。用户首次登录系统需要注册，包括账号、密码、职务、部门等，然后才能访问系统。系统将登录信息与数据库中的信息匹配以校验不同用户层级的权限，详细字段描述如表 5-3 所示。

第 5 章　制造大数据多源融合及分析系统开发与实现

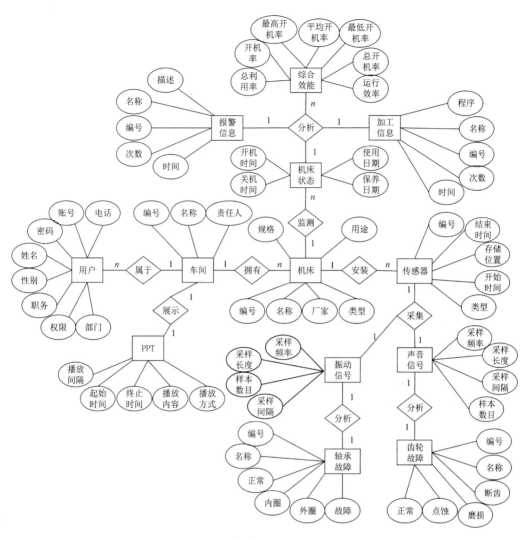

图 5-8　多源数据融合分析系统 E-R 图

表 5-3　GD_USER 详细字段描述

字段编号	字段名称	字段类型	解释
0	RECORDId	Number	登录账号
1	USERPASSWORD	String	登录密码
2	NAME	String	姓名
3	SEX	String	性别
4	DUTY	String	职务
5	ISADMIN	Number	权限
6	IMAGEID	String	照片

续表

字段编号	字段名称	字段类型	解释
7	PHONE	Number	电话
8	DEPARTMENT	String	部门
9	NOTE	String	备注

MDC_MASTATUS 是管理机床状态信息的文档,用来记录机床的实时工作状态,包括机床编号、名称、类型、开机时间、关机时间等,便于后续统计分析机床的利用率、运行效率等,详细字段描述如表 5-4 所示。

表 5-4 MDC_MASTATUS 详细字段描述

字段编号	字段名称	字段类型	解释
0	Id	Number	机床编号
1	NAME	String	机床名称
2	TYPE	String	机床类型
3	MANUFACTURER	String	制造厂家
4	STANDARD	String	设备规格
5	USETIME	Date	投入使用日期
6	MAINTAINTIME	Date	保养日期
7	TASK	String	用途
8	BEGINTIME	Date	机床开机时间
9	ENDTIME	Date	机床关机时间
10	STATUS	String	机床状态

MDC_MAERROR 是管理机床报警状态的文档,用来记录机床实时运转过程中出现报警的时间、次数、描述等,便于后续统计分析机床的故障率等,详细字段描述如表 5-5 所示。

表 5-5 MDC_MAERROR 详细字段描述

字段编号	字段名称	字段类型	解释
0	Id	Number	报警机床编号
1	NAME	String	报警机床名称
2	TIME	Date	报警时间

续表

字段编号	字段名称	字段类型	解释
3	ERRORNUMS	Number	报警次数
4	ERRORTATU	String	报警描述

INSPECT_HIS 是管理机床轴承状态信息的文档，用来记录机床运转过程中轴承的运行状态，包括编号、厂家、投入使用日期、上次检测日期等，便于后续统计分析机床轴承的故障率，详细字段描述如表 5-6 所示。

表 5-6 INSPECT_HIS 详细字段描述

字段编号	字段名称	字段类型	解释
0	Id	Number	轴承编号
1	SERIALNUMBER	String	轴承序列号
2	MANUFACTURER	String	轴承厂家
3	STANDARD	String	轴承规格
4	USETIME	Date	投入使用日期
5	LASTINSPECT	Date	上次检测日期

MDC-BEARINGS 是存储机床轴承诊断结果的文档，用来记录轴承的故障状态，包括轴承的编号、名称、诊断结果等信息，详细字段描述如表 5-7 所示。

表 5-7 MDC-BEARINGS 详细字段描述

字段编号	字段名称	字段类型	解释
0	Id	Number	轴承编号
1	Name	String	轴承名称
2	GOOD	String	正常
3	INNER	String	内圈
4	OUTER	String	外圈
5	BALL	String	滚珠
6	RESULT	String	诊断结果

借助于 Robo 3T 可以对 MongoDB 进行可视化操作，更直观地看到 MongoDB 数据库的内容，可以提高数据文件的编辑和保存效率，如图 5-9 和图 5-10 所示。

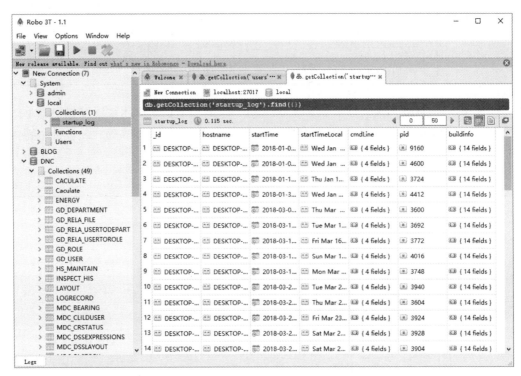

图 5-9 MongoDB 可视化操作（1）

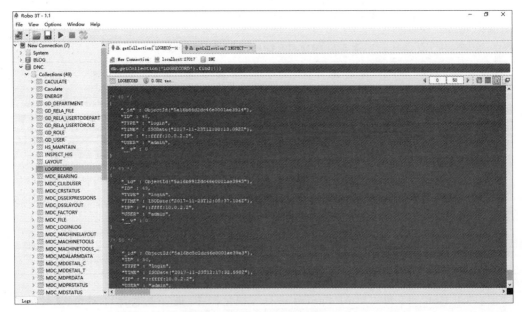

图 5-10 MongoDB 可视化操作（2）

5.3 制造大数据多源融合与分析系统详细设计与实现

5.3.1 系统详细设计

1. 设备状态监测

制造车间数控设备生产状态数据的采集需要将设备状态等信息转换为数字信息,才能存储在数据库中,用于计算机融合分析。根据需求的不同,相应采集系统的接口也不相同,而车间数控设备种类繁多且具有封闭性,致使设备的工作状态信息无法通过单一方式获取。随着计算机网络化的普及,为数控设备的状态信息采集提供了便捷通道。在数控车间存在一部分仍然处于工作状态但没有网络接口的老旧机床。如果需要采集所有车间数控设备的状态数据,针对不同的数控系统,必须设计不同的数据采集方案。以贵州某电器企业的数控车间为实施对象,设计如图 5-11 所示的数据采集整体架构。

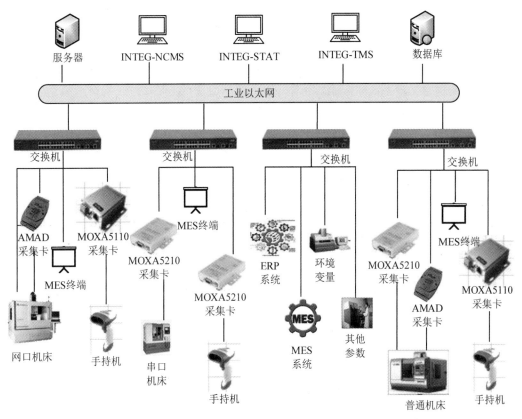

图 5-11 数控设备数据采集整体架构

针对有网口的机床,无须添加硬件采集卡,借助于网卡接口可以直接采集设备状态信息。通过设置数控机床的参数和调用相关函数库,直接可以读取数控机床的状态信息,包括开关机时间、空闲时间、空转时间、加工时间、报警时间、报警次数、机床工作状态、程序信息、当前机床转速、进给、倍率、主轴负载、坐标信息等；针对留有串口的机床，通常为 RS232 串口，它是一种接口简单、传输可靠的串口标准，应用最广泛。该串口提供外部通信宏指令，通过宏指令可以获取存储在地址变量中的数控机床状态信息；对于既没有网口也没有串口，但仍然处于生产加工状态的老旧机床，通过增加外部硬件采集卡（如 ADAM 采集卡、MOXA 采集卡）和传感器，再结合人工辅助方式，采用手工填表、条码扫描仪、手持终端等模式来采集机床状态信息。数控机床的采集方式如表 5-8 所示。

表 5-8 数控机床的采集方式

序号	采集方式	适 用 系 统
1	网卡采集模块	适用于 FANUC 0i、16i、18i、21i 等带网卡机床
2	PLC 采集模块	适用于 Siemens840D、Siemens802D 等串口机床
3	硬件采集模块	适用于绝大多数机床
4	人工辅助方式	所有机床

2. 数据汇聚

制造车间海量多源异构大数据不仅来源于数控设备生产过程的感知数据，还包括车间自动化的信息管理系统（如 MES、ERP、PDM、CRM、PLM 等）数据、制造产品全生命周期数据、互联网数据等。这些数据有实时数据，也有历史数据；有结构化数据，也有非结构化数据；有关系数据库数据，也有非关系数据库数据，所有的数据要么通过硬件接口，要么通过软件接口获取。为了打破原始的信息孤岛现象，实现制造大数据的实时共享，必须将多源异构数据先汇聚再融合，才能在多信息源、多平台和多系统内相互协调，从而确保数据处理单元与汇集中心的连通性。常见的多源异构数据汇聚方式有 4 种[107]。①通过可扩展标记语言（eXtensible Markup Language，XML）集成。XML 具有自描述性，反映不同应用系统的数据信息，通过访问不同系统的 XML 文件可实现异构数据的交互集成。②通过 WebService 集成。WebService 提供独立的中间服务，通过 HTTP 协议访问服务器信息实现不同系统的数据集成。③通过数据库底层集成。在各自数据库建立一个链接，作为通道连接不同的数据库，实现跨平台数据访问。④通过组件方式集成。不同系统开发 DLL 或 COM 组件，通过组件调用实现数据的传递与交互。多源异构数据汇聚方式如图 5-12 所示。

3. 系统功能模块设计

根据多源数据融合与大数据分析系统功能需求、感性模型设计和技术架构分析，再结合制造车间生产过程实际特点，设计系统的软件功能模块如图 5-13 所示。

本系统从功能上划分为三大模块，分别是设备状态数据感知与汇聚、设备状态数据融合与大数据分析及大数据应用。

(1) 设备状态数据感知与汇聚。该模块包括用户、配置、管理、视图和帮助 5 个子模

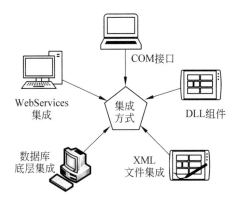

图 5-12 多源异构数据汇聚方式

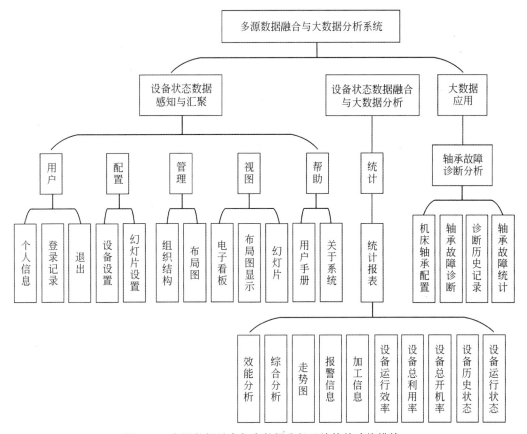

图 5-13 多源数据融合与大数据分析系统软件功能模块

块。用户模块负责用户的注册和登录信息;配置模块负责管理和配置制造设备的基本信息,包括增加、删除、查询和修改设备信息等,还负责幻灯片参数设置,包括切换时间、切换方式、播放内容等;管理模块负责车间制造设备、数控机床的组织结构图、布局图的设置和管理,便于视图模块进行可视化播放;视图模块包括电子看板,显示不同编号机床的实时状态,包括运行、暂停、报警,并用不同的颜色予以标注,能够醒目示人;帮助模块则是系统的使用手册和版本信息。

(2) 设备状态数据融合与大数据分析。该模块展示的主要是多源制造大数据综合分析的结果,包括效能分析,对比不同日期、不同机床的总体效能;综合分析,对生产制造过程信息汇总,产生分析报告;走势图,对比、分析不同机床总体运转效率的趋势;报警信息,实时展示当前报警机床的属性信息、记录报警时间和次数等;加工信息,记录当前机床的加工任务、加工程序、加工次数等;设备运行效率,统计、分析单个或多个机床一段时间内的运行效率;设备总利用率,统计、分析单个或多个机床一段时间内的总体利用率;设备总开机率,统计、分析单个或多个机床一段时间内的开机率,便于评估机床的工作效能;设备历史状态,以甘特图的形式展示过去某个时间、区间内数控机床的工作状态;设备运行状态,实时展示制造车间所有机床的运转情况。

(3) 大数据应用。该模块以数控机床主轴轴承故障诊断为例来设计,包括机床轴承配置的基本信息、轴承故障诊断的过程和结果、诊断历史记录及故障情况统计。

5.3.2 系统实现

1. 开发环境搭建

(1) 软件。多源数据融合与大数据分析系统是基于 B/S 架构的软件体系结构,在开发成本低廉、数据库访问方便、快捷的 Node.js 平台上完成开发任务,其软件配置如表 5-9 所示。

表 5-9 开发环境软件配置

名称	工具
操作系统	Windows 10
开发工具	Visual Studio Code
开发语言	JavaScript、HTML、CSS
开发平台	Node.js、Express
数据库	MongoDB
辅助软件	Postman、Google Chrome、Robo 3T

(2) 硬件。多源数据融合与大数据分析系统开发过程中所用到的硬件包括计算机终端、服务器、MOXA 采集器、路由器、交换机、串口数据线、网线等。

2. 功能模块实现

(1) 机床状态实时监测模块。

后端借助于数据采集卡采集数控机床的实时状态,主要的参数配置如下。

```
var interval = 1000;                    //数据周期读取时间
var post_options = {                    //上传数据配置
```

```
        host: '127.0.0.1',
        port: '9988',
        path: '/api/MDC_MDSTATUS/Batch_Create'
}
var MTSTATUS = [                              //采集机床配置
    {
        IP: '192.168.127.254',
        MTID: 34,
        STATUS: "OFFLINE",
        BEGINTIME: null,
        ACTIVE: '0110000000000000',           //运行
        ALARM:  '0000000000000000',           //报警
        ONLINE: '0100000000000000',           //开机
        OFFLINE: '1000000000000000',          //关机
    }
]
module.exports = {
    MTSTATUS: MTSTATUS,
    post_options: post_options,
    interval: interval,
}
```

前端通过 Websocket 协议与后端实时通信,实时展示机床状态,关键代码如下。

```
<div ng-repeat="mt in devices" style="margin:10px 0px">
<a href="/views/detail?ID={{mt.ID}}">
  <div ng-class="{true: 'active', false: 'inactive', undefined: 'inactive'}
[(mt.online && mt.params.STATUS && mt.params.STATUS!=='OFFLINE')]"
       style="width:100%;height: 50px;margin:10px 0px 0px 0px">
       <p style="padding-left: 20px;display: inline-block">
{{mt.MATOLNAME}} ({{mt.MATOLIP}})</p>
       <button type="button" ng-class="{true: 'MTALARM'}
[mt.online && mt.params.STATUS=='ALARM']"
         class="imageButton1">报警</button>
       <button type="button" ng-class="{true: 'MTONLINE'}
[mt.online && mt.params.STATUS=='ONLINE']"
          class="imageButton2">暂停</button>
       <button type="button" ng-class="{true:'MTRUNNING'}
[mt.online && mt.params.STATUS=='RUNNING']"
          class="imageButton3">运行</button>
  </div>
</a>
</div>
```

(2) 故障诊断模块。

部分特征提取关键代码如下。

```
Mean = np.array(Mean_list)                    #均值
Kurtosis = np.array(Kurtosis_list)            #峭度
Var = np.array(Var_list)                      #方差
```

```
Standard_deviation = np.sqrt(Var)          #标准差
Skewness = np.array(Skewness_list )        #歪度
RMS = np.array(RMS_list)                   #均方根
Peak = Peak_former10 / RMS                 #峰值
Crest_Factor = Peak / RMS                  #峰值因子
Kurtosis_Factor = Kurtosis / (RMS ** 4)    #峭度因子
Skewness_Factor = Skewness / (RMS ** 3)    #歪度因子
```

融合诊断关键代码如下。

```
%求解证据体之间的支持度 sup
s=sum(sim,2);
  sup=[];
  for i=1:r
s1=s(i)-sim(i,i);
sup=[sup s1]
  end
%求解证据的可信度 Cred
sss=sum(sup)
Cred=sup/sss
%修正证据的 BPA
mm=m'*Cred'*w(i)
%求解冲突因子 k
k1=prod(M);
k=sum(k1);
%合成结果
for i=1:c
if k<kk
F(i)=1/(1-k) * k1(i)
else
F(i)=k1(i)+k * q
end
F(c+1)=1-sum(F)
```

5.4 制造大数据多源融合与分析系统应用及效果展示

5.4.1 系统安装与配置

以校内实训中心和贵州某电器企业的数控车间为研究对象，车间硬件包括机床和计算机，参与本次项目实施的数控机床约 100 台，从数据采集方式的角度可以分为网口机床、串口机床和普通机床，采用不同的方式采集机床设备的运行状态信息。针对网口机床，以数控车床的 FANUC 系统为例。FANUC 系统通过 FOCAS 程序的 API 接口与服务器通信，可以通过内嵌的网口调用 FOCAS 函数库的方式实现机床状态采集，如图 5-14 所示。

针对串口机床，以加工中心的 SIEMENS840 系统为例，通过添加 Moxa 公司的 ioLogik E1200 集成信号采集器，借助于串口实现终端与加工中心之间的通信。此外，还

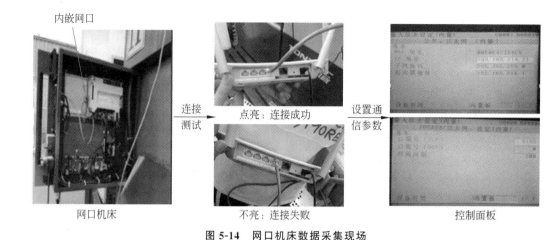

图 5-14 网口机床数据采集现场

可以通过串口与网口的转换设备转换成网口以后按照网口机床的采集方式采集设备状态信息,如图 5-15 所示。

图 5-15 串口机床数据采集现场

针对既没有网口也没有串口的老旧机床,则通过添加外部硬件采集卡 Moxa 公司生产的 ioLogik E1200 采集器实现计算机与数控机床之间的连接,从而采集机床的状态数据,如图 5-16 所示。

当数控机床都可以采集状态信息以后,需要借助于路由器、交换机等设备将所有机床接入车间局域网,从而使机床状态信息汇聚到数据库服务器,为后续融合分析做准备。车间设备接入局域网现场如图 5-17 所示。

5.4.2 应用效果展示

多源数据融合与大数据分析系统是一个自动化的信息管理系统,根据不同用户层级

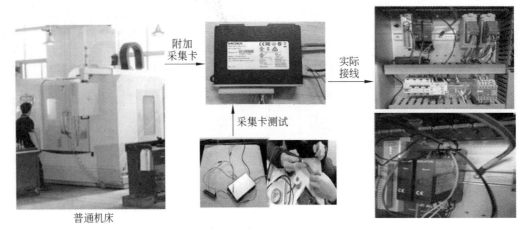

图 5-16　普通机床数据采集现场

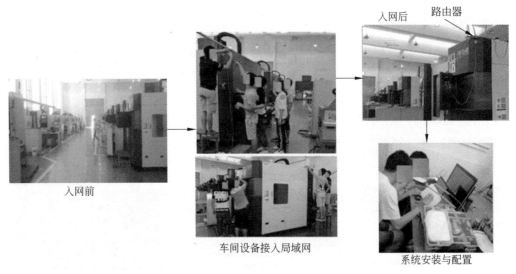

图 5-17　车间设备接入局域网现场

的功能需求提供不同的可视化界面。下面展示与本书相关的部分用户界面。

1. 系统登录

用户需要注册获得权限以后才能登录并访问系统功能,不同用户群体拥有不同的权限,登录系统的界面如图 5-18 所示。

2. 设备状态监测

电子看板显示当前车间数控设备的实时运行状态。电子看板颜色条灰色代表关机,蓝色表示开机,左侧表示机床的编号和 IP 地址,右侧表示机床的运行状态,第一个按钮表示"运行",用蓝色标亮;第二个按钮表示"暂停",用黄色标亮;第三个按钮表示"报警",用

图 5-18 登录界面

红色标亮。当单击所选设备时可以进一步查询机床的运行状态,如主轴转速、程序信息、报警信息等,其页面如图 5-19 所示。

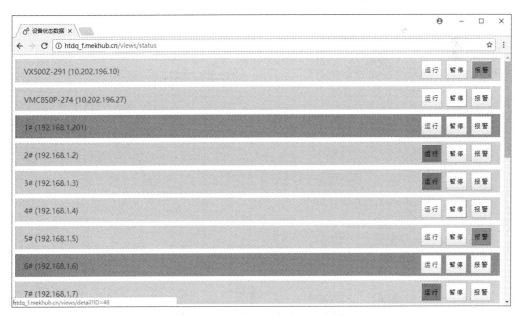

图 5-19 设备运行状态实时监测

3. 融合分析

(1) 效能分析。它提供所选设备及其指定运行期间的运行效率统计,其中包含设备运行效率、设备总利用率、设备总开机率和设备状态统计。以设备状态统计为例,在页面左上部分可以选择日期和时间；左下部分选择机床对象；右侧则以表格形式更加详细地呈现每台设备的不同状态，最下端对其显示内容进行统计计算和显示，这些分析结果可以以 Excel 格式导出保存以备留档查看，其页面如图 5-20 所示。

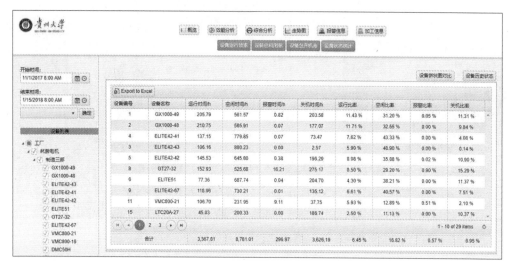

图 5-20　效能分析

（2）综合分析。它展示了设备的整体性能，在页面左上部分设置统计对象覆盖的日期和时间；左下部分选择机床对象；右侧以柱形图的形式展示数控设备的整体运转效率，可以在同一个页面将设备的运行效率、总开机率、总利用率对比查看，这些分析结果可以导出为 Image 格式保存以备留档查看，其页面如图 5-21 所示。

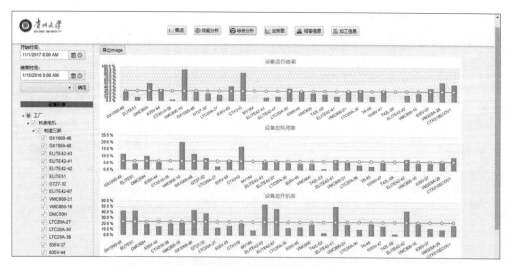

图 5-21　综合分析

（3）报警信息。它显示所选设备在指定时间内的运转过程中出现故障的情况。左上部分选择时间和日期；左下部分选择数控设备；右上部分以柱形图展示设备报警信息，横坐标表示设备名称,纵坐标表示报警次数;右下部分以表格形式呈现报警的设备名称和次数,便于统计设备的故障率。柱形图可以导出为 Image 格式,表格可以导出为 Excel 格式以备留档查看,其页面如图 5-22 所示。

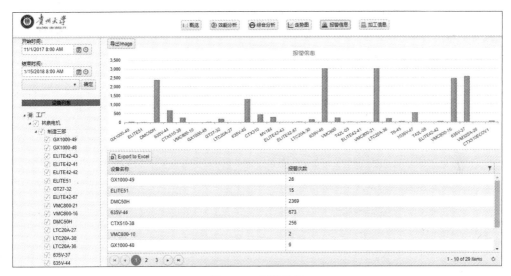

图 5-22　报警信息

4. 故障诊断

大数据应用分析以机床主轴的轴承故障诊断的案例来可视化,该模块还在结合实际不断完善。在"概览"页面,可以查看机床主轴轴承的工作状态。只有当机床所有的轴承处于正常状态,才能判定该机床处于正常状态。只要机床的任意一个轴承出现故障而不论是何种故障,都认为该机床处于故障状态,其页面如图 5-23 所示。

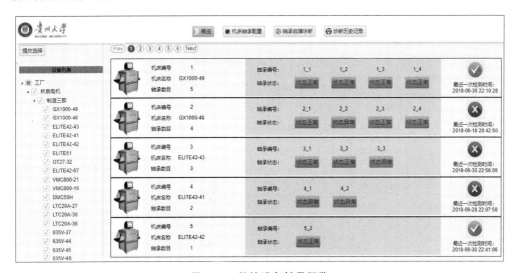

图 5-23　数控设备轴承概览

在"机床轴承配置"页面，可以为机床添加新的轴承，也可以对该机床已有的轴承信息进行编辑。在左侧设备列表选择机床，右侧弹出该机床已加载的轴承，根据需要可以为机床添加多个轴承。加载新的轴承需要先完善基本信息，包括轴承编号、类型和位置，保存以后单击"诊断"按钮即可跳转到故障诊断页面，如图5-24所示。

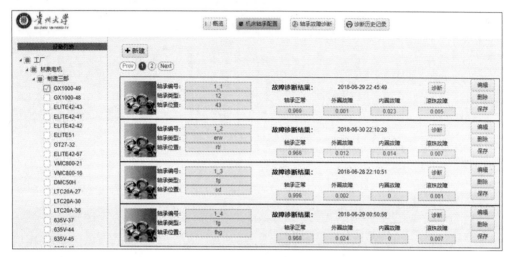

图 5-24 机床轴承配置

"轴承故障诊断"页面的结果主要根据第 4 章的算法来进行可视化呈现。该页面可以设置诊断的基本参数，包括采样频率、采样长度、样本数目以及信号源。在该页面上可以显示原始信号的时域波形，提取的统计特征波形以及智能融合模型的诊断结果，如图 5-25 所示。

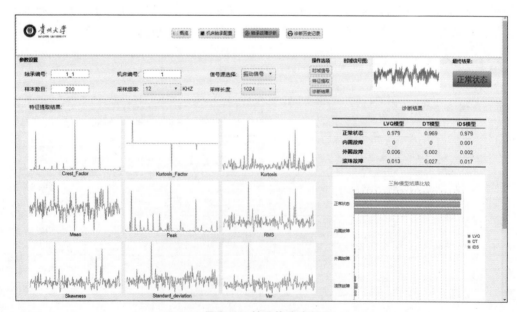

图 5-25 轴承故障诊断

轴承"诊断历史记录"页面的内容主要是轴承诊断的维修记录。在该页面可以按照机床编号来搜索诊断记录，也可以按照轴承编号来搜索诊断历史，同时还可以选择一段时间区间的诊断记录，便于管理员查看轴承的健康状态，其页面如图 5-26 所示。

图 5-26　轴承诊断历史记录

贵州某电器企业在实施该系统之前，一个车间存在不同数控系统的多个机床，包括常见的发那科、西门子、三菱等，它们有各自的通信方式，彼此处于离散状态，缺乏统一管理；车间管理者无法实时查看数控机床的运行状态，在产能分析时缺乏数据支撑，盲目采用增加设备和招工的方式来提高产能，导致生产成本上升，企业效益却得不到提升；排产人员无法实时了解数控设备的健康状况，只能按照现有的排产计划进行下一步安排，无法充分发挥机床的使用效率；如若购买市场的自动化管理系统，则成本过高，给企业带来压力。本书开发的多源数据融合与大数据分析系统成本低，开发周期短，且按照企业实际需求个性化定制，采用图 5-11 所示的数据采集整体架构，将车间所有设备的状态信息汇聚到 MongoDB 数据库进行综合分析；车间管理者通过图 5-20 所示的效能分析、图 5-21 所示的综合分析即可准确评估车间效能，更加理性地决定是否需要增加设备或工人；排产人员通过查看图 5-19 所示的设备实时状态，可以实时监控机床的空闲状态；查看图 5-22 所示的机床报警信息，可以及时了解机床当前的健康状态，更加柔性地制定下一个生产排产，避免反复开关机造成的能源消耗、机器耗损，充分发挥数控机床的使用效率。此外，该系统采用 Node.js、Express 平台开发，方便后续增加模块进行功能拓展。该系统的实施，使企业传统的管理模式向先进的大数据靠拢，降低企业的生产和维修成本，改善企业的生产和经济效益，为企业的产业结构升级、智能化生产提供有效的数据支持。

参 考 文 献

[1] 李少波. 推动贵州制造业高质量发展[J]. 当代贵州, 2019, (3): 119.

[2] 姚雪梅, 李少波, 璩晶磊, 等. 制造大数据相关技术架构分析[J]. 电子技术应用, 2016, 42(11): 10-13.

[3] 李少波. 制造大数据技术与应用[M]. 武汉: 华中科技大学出版社, 2018.

[4] 李少波, 陈永前. 大数据环境下制造业关键技术分析[J]. 电子技术应用, 2017, 43(2): 18-21, 25.

[5] 邹旺, 李少波. 数字化车间生产现场数据采集与智能管理研究[J]. 组合机床与自动化加工技术, 2018, (1): 150-153.

[6] 李少波. 推进大数据资源治理与共享应用[J]. 当代贵州, 2019, (11): 80.

[7] 李少波. 坚定不移推动大数据服务高质量发展[J]. 当代贵州, 2021, (16): 80.

[8] Ali M, Khan S U. Security in Cloud Computing: Opportunities and Challenges[J]. Original Research Article Information Sciences, 2015, (305): 357-383.

[9] Liu H W, Cao W M. Public Proof of Cloud Storage from Lattice Assumption[J]. Chinese Journal of Electronics, 2014, (1): 186-190.

[10] 刘鹏. 云计算[M]. 北京: 电子工业出版社, 2010.

[11] Tian W H, Zhao Y. A Introduction to Cloud Computing[J]. Optimized Cloud Resource Management and Scheduling, 2015, (1): 1-15.

[12] 姚雪梅. 基于数据加密技术的云存储安全的应用研究[D]. 贵阳: 贵州大学, 2015.

[13] 张继平. 云存储解析[M]. 北京: 人民邮电出版社, 2013.

[14] 杨云江, 王佳尧. 计算机网络基础[M]. 北京: 清华大学出版社, 2023.

[15] 杨云江. RSA算法缺陷分析[J]. 贵州大学学报(自然科学版), 2006, (1): 35-39.

[16] 姚雪梅, 杨云江. 数字签名在云存储环境下的应用[J]. 贵州大学学报(自然科学版), 2014, 31(5): 62-65.

[17] 璩晶磊, 李少波, 张成龙. 基于模糊证据理论的多传感器数据融合算法[J]. 仪表技术与传感器, 2017, (10): 118-122.

[18] 姚成玉, 李男, 冯中魁, 等. 基于粗糙集属性约简和贝叶斯分类器的故障诊断[J]. 中国机械工程, 2015, 26(14): 1969-1977.

[19] 吴定海, 张培林, 任国全, 等. 基于Bayes的超球分类器及在柴油机异常检测中的应用[J]. 机械工程学报, 2011, 47(6): 22-26.

[20] Hamed S, Vamegh R, Behzad T. A Combined Bayesian - wavelet - data Fusion Approach for Borehole Enlargement Identification in Carbonates[J]. International Journal of Rock Mechanics & Mining Sciences, 2010, 47(6): 996-1005.

[21] Marco G, Lennart S, Peter W. Bayesian Data Fusion for Distributed Target Detection in Sensor Networks[J]. IEEE Transactions on Signal Processing, 2010, 58(6): 3417-3421.

[22] 司景萍, 马继昌, 牛家骅, 等. 基于模糊神经网络的智能故障诊断专家系统[J]. 振动与冲击, 2017, 36(4): 164-171.

[23] 赵伟, 白晓民, 丁剑, 等. 基于协同式专家系统及多智能体技术的电网故障诊断方法[J]. 中国电机工程学报, 2006, 26(20): 1-8.

[24] 王远航,邓超,吴军,等. 基于混合型专家系统的重型机床故障诊断[J]. 计算机集成制造系统, 2010, 16(10):2139-2147.

[25] 汪惠芬,梁光夏,刘庭煜,等. 基于改进模糊故障 Petri 网的复杂系统故障诊断与状态评价[J]. 计算机集成制造系统, 2013, 19(12):3049-3061.

[26] 温阳东,宋阳,王颖鑫,等. 基于模糊神经网络的电力变压器故障诊断[J]. 计算机测量与控制, 2013, 21(1):39-41.

[27] Chen Y, Ma S B, Wen X L. Application of Natural Gradient Algorithm for the Aircraft Engine Vibration Signal Separation and Fault Diagnosis[J]. Journal of Convergence Information Technology, 2012, 7(12):382-388.

[28] Yu L, Sun Y, Li K J, et al. An Improved Genetic Algorithm Based on Fuzzy Inference Theory and Its Application in Distribution Network Fault Location[C]. Industrial Electronics and Applications, 2016:1411-1415.

[29] 龚瑞昆,马亮,赵延军,等. 基于量子神经网络信息融合的变压器故障诊断[J]. 电力系统保护与控制, 2011, 39(23):79-84.

[30] 张强,王海舰,井旺,等. 基于模糊神经网络信息融合的采煤机煤岩识别系统[J]. 中国机械工程, 2016, 27(2):201-208.

[31] Xiong G J, Shi D Y, Chen J T, et al. Divisional Fault Diagnosis of Large-scale Power Systems Based on Radial Basis Function Neural Network and Fuzzy Integral[J]. Electric Power Systems Research, 2013, 105:9-19.

[32] Fenineche H, Felkaoui A. Electric Motor Bearing Diagnosis Based on Vibration Signal Analysis and Artificial Neural Networks Optimized by the Genetic Algorithm[C]. 2014 International Conference on Condition Monitoring of Machinery in Non-Stationary Operation, 2014:277-289.

[33] Ma B, Hao L C, Zhang W J, et al. Research on Equipment Fault Diagnosis Method Based on Multi-Sensor Data Fusion[J]. Advanced Materials Research, 2012, 466:1222-1226.

[34] 向阳辉,张干清,庞佑霞. 结合 SVM 和改进证据理论的多信息融合故障诊断[J]. 振动与冲击, 2015, 34(13):71-77.

[35] 孙伟超,李文海,李文峰. 融合粗糙集与 D-S 证据理论的航空装备故障诊断[J]. 北京航空航天大学学报, 2015, 41(10):1902-1909.

[36] Pan Q, Wang Z F, Liang Y, et al. Basic Methods and Progress of Information Fusion(Ⅱ)[J]. Acta Automatica Sinica, 2012, 29(4):599-615.

[37] Ashkan M, Meghdad K, Gholamhassan N, et al. Spark Plug Fault Recognition Based on Sensor Fusion and Classifier Combination Using Dempster–Shafer Evidence Theory[J]. Applied Acoustics, 2015, 93(2):120-129.

[38] Sufian O M, Zaki N M, Ramizi M. Vibration and Acoustic Emission Signal Monitoring for Detection of Induction Motor Bearing Fault[J]. International Journal of Engineering Research & Technology, 2015, 4(5):924-929.

[39] Reza G, Javad P, Majid P. Improving Stator Winding Fault Diagnosis in Induction Motor using Dempster-Shafer Theory[J]. Electrical and Electronics Engineering:An International Journal, 2014, 3(2):161-173.

[40] 吕瑞,孙林夫. 基于多源信息融合故障树与模糊 Petri 网的复杂系统故障诊断方法[J]. 计算机集

成制造系统，2017，23(8)：1817-1831.

[41] 张明，江志农. 基于多源信息融合的往复式压缩机故障诊断方法[J]. 机械工程学报，2017,53(23)：46-52.

[42] Jiang W, Hu W W, Xie C H. A New Engine Fault Diagnosis Method Based on Multi-Sensor Data Fusion[J]. Applied Sciences，2017，7(3)：1-18.

[43] 李少波，陈永前. 基于云模型与证据理论的故障诊断方法[J]. 组合机床与自动化加工技术，2017,(4)：99-102.

[44] Zhao H，Liu Z，X Yao, et al. A Machine Learning-based Sentiment Analysis of Online Product Reviews with a Novel Term Weighting and Feature Selection Approach[J]. Information Processing & Management，2021，58(5)：102656.

[45] Li S, Yao Y, Hu J, et al. An Ensemble Stacked Convolutional Neural Network Model for Environmental Event Sound Recognition[J]. Applied Sciences, 2018; 8(7): 1152.

[46] Yager R R. On the Dempster-Shafer framework and new combination rules[J]. Information Sciences，1987，41(2)：93-137.

[47] Sun Q，Ye X Q，Gu W K. A New Combination Rules of Evidence Theory[J]. Acta Electronica Sinica，2000，28(8)：117-119.

[48] Eric L，Olivier C，Patrick V，et al. A Generic Framework for Resolving the Conflict in the Combination of Belief Structures[C]. International Conference on Information Fusion，2002：1-8.

[49] Zhang S Y，Pan Q，Zhang H C. A New Kind of Combination Rule of Evidence Theory[J]. Control & Decision，2000，15(5)：540-544.

[50] Li B C, Wang B, Wei J, et al. Efficient Combination Rule of Evidence Theory[J]. Journal of Data Acquisition & Processing，2002，17(1)：237-240.

[51] Zhu W D，Sun Y B，Liu J Y. A New Evidence Combination Rule Based on Weight of Evidence[J]. International Journal of Simulation Systems Science & Technology，2016，17(36)：1-4.

[52] Kuenz M C. Combining Belief Functions when Evidence Conflicts[J]. Decision Support Systems，2000，29(1)：1-9.

[53] Deng Y, Shi W K, Zhu Z F. Efficient Combination Approach of Conflict Evidence[J]. Journal Infrared Millimeter & Waves，2004，23(1)：27-32.

[54] Yao X. Application of Optimized SVM in Sample Classification[J]. International Journal of Advanced Computer Science and Applications，2022,13(6)：540-547.

[55] 姚雪梅,李少波,璩晶磊. 基于神经网络和证据理论的样本预测方法[J]. 组合机床与自动化加工技术,2017,(6)：110-113.

[56] Yao X, Zhang J, Wang J, et al. A Novel Digital Recognition Method Based on Improved SVD-DHNN[J]. International Journal of Advanced Computer Science and Applications，2023,14(10)：662-669.

[57] 姚雪梅,李少波,璩晶磊. 基于证据理论的多传感器多目标识别方法[J]. 仪表技术与传感器，2017,(5)：23-26.

[58] Yao X, Li S, Yao Y, et al. Health Monitoring and Diagnosis of Equipment Based on Multi-sensor Fusion[J]. International Journal of Online Engineering，2018，14(4)：4.

[59] 张星星，李少波，柘龙炫，等. 基于机器学习算法的滚动轴承故障诊断研究[J]. 组合机床与自动

化加工技术，2020，(7)：36-39,44.

[60] 姚雪梅. 多源数据融合的设备状态监测与智能诊断研究[D]. 贵阳：贵州大学，2018.

[61] 郑凯，李少波. 基于联想神经网络的轴承剩余使用寿命预测[J]. 机械设计与制造，2020，(11)：203-206.

[62] 高甜容，于东，岳东峰. 基于自适应误差修正模型的概率神经网络及其在故障诊断中的应用[J]. 计算机集成制造系统，2013，19(11)：2824-2833.

[63] 张云强，张培林，王怀光，等. 基于双时域微弱故障特征增强的轴承早期故障智能识别[J]. 机械工程学报，2016，52(21)：96-103.

[64] 古莹奎，承姿辛，朱繁泷. 基于主成分分析和支持向量机的滚动轴承故障特征融合分析[J]. 中国机械工程，2015，26(20)：2778-2783.

[65] 贾峰，武兵，熊晓燕，等. 基于多维度排列熵与支持向量机的轴承早期故障诊断方法[J]. 计算机集成制造系统，2014，20(9)：2275-2282.

[66] 徐小力，刘秀丽，蒋章雷，等. 基于主观贝叶斯推理的多传感器分布式故障检测融合方法[J]. 机械工程学报，2015，(7)：91-98.

[67] 严新平，李志雄，张月雷，等. 船舶柴油机摩擦磨损监测与故障诊断关键技术研究进展[J]. 中国机械工程，2013，24(10)：1413-1419.

[68] 沈怀荣. 信息融合故障诊断技术[M]. 北京：科学出版社，2013.

[69] Yao X，Li S，Hu J. Improving Rolling Bearing Fault Diagnosis by DS Evidence Theory Based Fusion Model[J]. Journal of Sensors，2017(1)：1-14.

[70] 赵川. 特征降维与自适应特征提取方法及其在行星齿轮箱故障诊断中的应用研究[D]. 北京：北京科技大学，2018.

[71] 解晓婷，李少波，杨观赐，等. 基于FFT与CS-SVM的滚动轴承故障诊断[J]. 组合机床与自动化加工技术，2019(4)：90-94.

[72] Li S B，Liu G K，Tang X H，et al. An Ensemble Deep Convolutional Neural Network Model with Improved D-S Evidence Fusion for Bearing Fault Diagnosis[J]. Sensors，2017，17(8)：1-19.

[73] Xie Z J，Xie C G，Ping C. Fault Diagnosis of Rotating Machinery Based on Self-learning Fuzzy Spiking Neural Network[J]. Journal of Chongqing University，2013，36(2)：18-22.

[74] Zhou B，Cheng Y J. Fault Diagnosis for Rolling Bearing under Variable Conditions Based on Image Recognition[J]. Materials，2016，10(6)：1-14.

[75] Li C，Sánchez R V，Zurita G，et al. Fault Diagnosis for Rotating Machinery Using Vibration Measurement Deep Statistical Feature Learning[J]. Sensors，2016，16(6)：1-19.

[76] Zhao M B，Jin X H，Zhang Z，et al. Fault Diagnosis of Rolling Element Bearings via Discriminative Subspace Learning：Visualization and Classification[J]. Expert Systems with Applications，2014，41(7)：3391-3401.

[77] Wang J J，Wei Y H，Feng R Z，et al. Roller Bearing Fault Type Identification Based on LMD and Logistic Regression[J]. Mechanical Engineering and Technology，2016，5(2)：174-181.

[78] Zhang Y，Li B W，Wang Z B，et al. Fault Diagnosis of Rotating Machine by Isometric Feature Mapping[J]. Journal of Mechanical Science & Technology，2013，27(11)：3215-3221.

[79] Jia G F，Yuan S F，Tang C W. Fault Diagnosis of Roller Bearing Based on PCA and Multi-class Support Vector Machine[M]. Berlin Heidelberg：Springer，2011.

[80] Lu X L, Zhou H L. Based on Sample Entropy and Decision Tree Algorithm for Regulation of Bearing Fault Diagnosis[J]. Journal of Anhui Agricultural University, 2017, 44(5): 936-940.

[81] Muniyappa A, Sugumaran V, Hemantha K. Exploiting Sound Signals for Fault Diagnosis of bearings using decision tree[J]. Measurement, 2013, 46(3): 1250-1256.

[82] Gangadhar N, Hemantha K, Narendranath S, et al. Fault Diagnosis of Single Point Cutting Tool through Vibration Signal Using Decision Tree Algorithm[J]. Procedia Materials Science, 2014, (5): 1434-1441.

[83] Sugumaran V, Ramachandran K I. Fault Diagnosis of Roller Bearing Using Fuzzy Classifier and Histogram Features with Focus on Automatic Rule Learning[J]. Expert Systems with Applications, 2011, 38(5): 4901-4907.

[84] Liu X, Jia Y X, Sun L, et al. A Research of Gearbox Fault Diagnosis Based on BP Neural Network[J]. Computer Measurement & Control, 2017, 25(1): 12-15.

[85] Xu Z B, Xuan J P, Shi T L, et al. Application of a Modified Fuzzy ARTMAP with Feature-weight Learning for the Fault Diagnosis of Bearing[J]. Expert Systems with Applications, 2009, 36(6): 9961-9968.

[86] Padma T, Madhavi L, Jayakumar K. Decision Making Algorithm through LVQ Neural Network for ECG Arrhythmias[C]. 13th International Conference on Biomedical Engineering, 2009: 85-88.

[87] Jiang W, Wei B Y, Xie C H, et al. An Evidential Sensor Fusion Method in Fault Diagnosis[J]. Advances in Mechanical Engineering, 2016, 8(3): 1-7.

[88] Xiang H, Wang D S. The Application of Genetic BP Neural Network and D-S Evidence Theory in the Complex System Fault Diagnosis[J]. Lecture Notes in Electrical Engineering, 2012, 124: 219-224.

[89] 冯乃勤, 南书坡, 郭战杰. 对学习矢量量化神经网络中"死"点问题的研究[J]. 计算机工程与应用, 2009, 45(4): 64-66.

[90] Yu L, Yao X, Yang J, et al. Gear Fault Diagnosis through Vibration and Acoustic Signal Combination Based on Convolutional Neural Network[J]. Information. 2020, 11(5): 266.

[91] Yao Y, Wang H L, Li S B, et al. End-To-End Convolutional Neural Network Model for Gear Fault Diagnosis Based on Sound Signals[J]. Applied Sciences, 2018, 8(7): 1-14.

[92] 刘慧斌, 李少波, 张安思, 等. 基于深度卷积神经网络的轴承多故障诊断研究[J]. 组合机床与自动化加工技术, 2020, (5): 12-16.

[93] Zhang W, Peng G L, Li C H, et al. A New Deep Learning Model for Fault Diagnosis with Good Anti-Noise and Domain Adaptation Ability on Raw Vibration Signals[J]. Sensors, 2017, 17(2): 1-21.

[94] Li S B, Yao Y, Hu J, et al. An Ensemble Stacked Convolutional Neural Network Model for Environmental Event Sound Recognition[J]. Applied Sciences, 2018, 8(7): 1-20.

[95] Meghdad K, Hojat A, Mahmoud O, et al. Feature-level Fusion Based on Wavelet Transform and Artificial Neural Network for Fault Diagnosis of Planetary Gearbox Using Acoustic and Vibration Signals[J]. Insight: Non-Destructive Testing and Condition Monitoring, 2013, 55(6): 323-329.

[96] Lu W B, Jiang W K. Diagnosing Rolling Bearing Faults Using Spatial Distribution Features of Sound Field[J]. Journal of Mechanical Engineering, 2012, 48(13): 68-72.

[97] Zhao S T, Wang Y X, Li M F, et al. Breaker Fault Diagnosis with Sound and Vibration Characteristic Entropy[J]. Journal of North China Electric Power University, 2016, 43(6): 20-24.

[98] Meghdad K, Hojat A, Mahmoud O, et al. Classifier Fusion of Vibration and Acoustic Signals for Fault Diagnosis and Classification of Planetary Gears Based on Dempster-Shafer Evidence Theory [J]. Proceedings of the Institution of Mechanical Engineers, Part E: Journal of Process Mechanical Engineering, 2014, 228(1): 21-32.

[99] Alex K, Ilya S, Hinton G E. ImageNet Classification with Deep Convolutional Neural Networks [C]. International Conference on Neural Information Processing Systems, 2012: 1097-1105.

[100] He K M, Zhang X Y, Ren S Q, et al. Deep Residual Learning for Image Recognition[C]. 2016 IEEE Conference on Computer Vision and Pattern Recognition (CVPR), 2016: 770-778.

[101] Yusuf A, Carl V, Antonio T. SoundNet: Learning Sound Representations from Unlabeled Video [C]. 29th Conference on Neural Information Processing Systems, 2016: 1-9.

[102] David S, Aja H, Maddison C J, et al. Mastering the Game of Go with Deep Neural Networks and Tree Search[J]. Nature, 2016, 529(7587): 484-489.

[103] Andre E, Brett K, Novoa R A, et al. Corrigendum: Dermatologist-level Classification of Skin Cancer with Deep Neural Networks[J]. Nature, 2017, 542(7639): 115-118.

[104] Yao X, Li S, Zhang A. Equipment Condition Monitoring and Diagnosis System Based on Evidence Weight[J]. International Journal of Online Engineering, 2018, 14(2): 143.

[105] 陈伟兴,李少波,黄海松. 离散型制造物联过程数据主动感知及管理模型[J]. 计算机集成制造系统, 2016, 22(1): 166-176.

[106] 璩晶磊,李少波,姚雪梅,等. 精密电子元器件智能化精益制造平台设计与实现[J]. 现代电子技术, 2017, 40(16): 140-143,147.

[107] Li S B, Chen W X, Hu J, et al. ASPIE: A Framework for Active Sensing and Processing of Complex Events in the Internet of Manufacturing Things[J]. Sustainability, 2018, 10(3): 1-21.